KB211968

예배 이론 · 예배 실천

예배 이론 · 예배 실천

초판 1쇄 인쇄_ 2013년 1월 18일
초판 1쇄 발행_ 2013년 1월 25일

지은이_ 안선희

펴낸곳_ 바이북스
펴낸이_ 윤옥초
편집팀_ 도은숙, 김태윤, 문아람
디자인팀_ 박은숙, 이민영

ISBN_ 978-89-92467-71-1 03230

등록_ 2005. 07. 12 | 제 313-2005-000148호

서울시 마포구 양화로 78 703호(서교동)
편집 02)333-0812 | 마케팅 02)333-9077 | 팩스 02)333-9960
이메일 postmaster@bybooks.co.kr
홈페이지 www.bybooks.co.kr

책으로 아름다운 세상을 만드는- 바이북스

예배 이론 · 예배 실천

안선희 지음

바이북스
ByBooks

이 책은 다음 몇 가지의 일관된 관점과 원칙하에 쓰인 글들로 구성되었다.

첫째, 모든 글의 문제의식은 현실로부터 제기되었다. 교회의 예배적 실천을 바라보고 숙고하면서 생겨난 질문이 글들의 시작이었다. 신학도로서, 목사로서, 예배학을 가르치는 선생으로서 현장에 지속적으로 참여하며, 현실의 물음들에 대해 나름의 답변을 제시해보고자 한 것이 글이 되었다.

둘째, 질문에 대한 답을 구하기 위해 예배 현상을 구체적이고 과학적으로 이해하는 일이 필요했으며, 이를 위해 여러 학문들의 이론을 적용하였다. 여러 학문들의 이론을 적용하여 현실을 분석하고 이해하려는 작업이 이 책의 기본 방법론이다. 달리 말하자면 학제간 연구, 혹은 다학문적 연구라고도 할 수 있을 것이다.

셋째, 이 책은 실천과 이론의 순환을 염두에 두면서 수행한 연구의 결과물이다. 아르놀드 방주네프Arnold Van Gennep, 1873~1957는 그의 책《통과의례》에서 "실천이 없는 이론은 형이상학이며, 이론에 기초한 실천은 학문이다"라고 언급한다. 이 말은 형이상학은 아니지만 학문이어야 할 예배학의 정체성을 직시하게 만든다. 어설프게 다루게 되면 예배학은 교회 현장의 실천과 전혀 상관없는 형이상학으로 전락할 수 있고, 반대로 이론에 기초하지 않을 경우 분석의 틀과 이론이 전무한 현상의 나열에 그칠 수 있기 때문이다. 이 책은 상기한 두 가지 오류를 범하지 않으려고 노력한 연구의 결과물이기도 하다.

넷째, 이 책은 예배학의 실천이 무엇인지를 밝히려고 노력한 연구의 결과물이다. 문제는 예배학이 수행해야 할 실천이 무엇인가이다. 지금 당장 교회 현장에서

"써먹을 수 있는" 무엇인가를 제시하는 것만이 실천은 아니다. 지금 당장 어떠한 행동을 취하는 것보다는, 현장의 현상에 대해 비판적으로 성찰하는 것, 그리고 이론적으로 고찰하는 것 자체가 예배학의 실천이다. 이론적 성찰이 행위의 수단으로 전락할 수는 없다. 예배학 연구의 결과물들이 교회 현장에 적용되어 쓰일 수 있다면, 그것은 마땅하다. 그러나 조급한 적용이 야기할 수 있는 이론적 성찰의 도구화는 또한 피해야 한다. 따라서 현장에 대한 비판적 성찰, 이론적 사유는 예배학이 수행해야 할 매우 중요한 실천적 과제이며, 이 책은 바로 그러한 시도이다.

《예배 이론·예배 실천》이 우리나라 예배학의 지형도를 한층 확대하는 데 일조할 수 있기를 바란다.

2012년 4월 안선희

the theory of worship

한국 교회의 예배 갱신이 미미했던 경향을 지닌 것은 갱신된 예배의 구성에서 찾아볼 수 있다. 한국 교회의 예배 갱신은 그 구성의 차원에서, 단지 제한된 범위에서에만 시도되었기 때문이다. 그렇게 갱신된 예배의 모습은 비록 한국의 전통문화적인 요소를 예배에 수용한 것이기는 했지만, 선교사들에 의해서 전해진 서구문화에 정위된 예배 형태도 아니오, 그렇다고 단전히 한국화된 예배의 형태라고도 볼 수 없었다. 따라서 한국 교회의 예배는 여전히 전이 과정에 있다고 하겠다.

I부 예배이론

1장
예배 이론의 유형

1. 들어가는 말

1) 연구의 필요성

예배에 관한 연구는 신학 분야에서 세 가지 측면의 접근이 가능하다. 그 첫째는 예배의 역사를 연구하는 역사신학적 접근이다. 역사신학적 예배 연구는 초대 교회로부터 종교 개혁기를 지나 오늘날에 이르기까지 예배의 역사적인 발자취를 더듬어보고, 예배의 생성과 발전 및 예배 요소의 소멸에 대한 탐구를 주된 과제로 삼는다. 둘째는 예배에 대한 조직신학적 접근이다. 조직신학의 전통적 주제인 신론, 기독론, 성령론, 인간론, 교회론의 연장선상에서 예배를 조직신학의 한 주제로 다루는 것이다. 이 중에서 예배는 교회론의 한 조항으로 다루어질 수 있다. 조직신학적인 예배 연구는 예배가 무엇인가에 대한 신학적 이론화를 과제로 삼는다. 셋째는 실천신학적 접근으로, 현대 교회 예배의 문제점들을 고찰하고 새로운 예배 구성을 위한 원리를 제시하는 것이다.

필자는 위의 세 가지 과제 중에서, 현대 교회의 예배에 대한 비판적 성찰이 가장 중요하고 시급한 과제라고 생각한다. 그 이유는 세 가지이다. 첫째는 교회 현실에 대한 비판적 성찰이 신학 본연의 과제이기 때문이요, 따라서 신학의 한 분과인 예배학의 중요한 임무 역시 교회 예배 현실에 대한 비판적인 성찰이기 때문이다.

둘째는 예배에 대한 역사신학적 연구와 조직신학적 접근은 이미 다수의 학자들에 의해 연구가 이루어져 있는 반면, 현대 교회의 예배에 대해서는 그 비판적 고찰이 부족하기 때문이다.

셋째는 교회의 현실이 신학의 비판적 성찰을 요구하고 있기 때문이다. 특히 오늘날 한국 교회는 작금의 위기를 새로운 형태의 예배를 도입함으로써 해결하려고 시도하고 있다. 이는 교회 성장이 멈춘 현실을 극복하려는 하나의 시도인데, 이 시도는 앞으로도 일정 정도 확대될 전망이라는 점에서 엄정한 예배학적 성찰이 요구된다. 무엇보다도 일선 목회자들은 예배의 변화를 통하여 교회의 위기를 타개하려는 시도를 하면서도, 새로운 형태의 예배들에 대한 신학적인 정당성에 확신을 가지고 있지 못하다. 이러한 교회의 상황은 예배학의 전문적인 성찰과 적절한 대안의 제시를 매우 시급히 요청하고 있다.

이러한 이유에서 필자는 현대 교회 예배에 대한 비판적 성찰을 현대 예배학의 과제로 수용하고 이 과제를 풀어나가는 데 필요한 학문적인 기초를 놓고자 한다. 그 일을 위하여 필자는 이 글에서 1960년 이후 오늘날까지 독일 신학계에서 등장한 예배에 대한 새로운 연구들에 대해 고찰할 것이다. 연구의 방법은 우선 새로운 예배에 대한 신학자들의 이론과 그 유형의 전형적인 예배 실제 등을 검토하여 그 신학적 관점들을 유형화하는 것이다. 필자는 예배 이해를 유형화하는 작업이 현대 예배학의 과제를 수행해나가는 데 있어서 기초가 되는 학문적인 첫 걸음이 될 것이라 본다. 왜냐하면 예배를 어디에서는 축제라고 했다가 어디에서는 놀이라고 하는가 하면, 어디에서는 예배에서 가장 중요한 것이 복음의 선포라고 하고 또 다른 곳에서는 영적 제사라고도 하는데, 이러한 예배 이해들은 그 예배 이해의 생성 맥락은 물론 이전의 예배 이해들과 신학적으로 어떤 차이가 있는지를 분명히 알 수 없게 하기 때문이다. 예배를 성찰할 신학적 방법론이 체계화되기 전까지는 유형화의 방법이 예배 연구의 유효한 방법임에 틀림이 없다. 그러므로 새로운 예배에 대한 관심이 높아지고 예배 갱신의 새로운 시도들이 많아지고 있는 이때 예배 이론을 유형적으로 파악하는 일은 현대 예배학의 과제를 수행함에 있어서 기초 작업이 될 만하며 예배학의 이론적 발전과 예배 갱신의 실제적인 원리를 제시하는 데 도움이 될 만한 매우 중요한 일이라 생각한다.

2) 기존의 네 가지 유형과 새로운 유형화의 필요성

이런 이유에서 본 장에서는 우선 예배 이해의 네 가지 유형을 간단히 소개하고, 이와 다른 다섯 가지 유형을 다루려고 한다. 일반적으로 예배를 이해하는 데는 네 가지 유형*이 있다. 예배의 제의적 이해, 케리그마적 이해, 정치적 이해 그리고 창의적 이해가 그것이다.

예배를 제의로서 이해하는 입장은 본래 종교 개혁 이전 시대에 기원을 두고 있으며 성聖과 속俗의 철저한 분리에 예배 이해의 기초를 두고 있다. 이 관점은 예배를 그리스도교의 신비스러운 제의로서 이해한다. 이때 예배 공간인 교회는 하나님의 거룩한 신비가 우리가 사는 세속 사회로 내습해오는 사건이 지속되는 곳이다. 따라서 교회는 세속 사회에서 살아가는 인간에게 의미로 가득 차고 하나님의 뜻에 맞는 피난처를 제공한다. 이런 관점에서 이해된 예배는 초이성적, 초세속적 제의 사건이며, 예배의 전체적인 진행이 설교보다, 예배의 공간이 텍스트보다 중요하게 고려됨으로써, 지성적으로 엮여진 설교에 대해 비판적인 경향을 지니게 된다[1]. 이 관점에 따르면 예배는 말씀, 행동, 표현력, 몸짓, 공간과 상징들이 모두 중요한 요소이며, 따라서 이 모든 요소들이 잘 짜맞추어져 구성되어야 한다. 이 유형에서 교육적, 선교적 의도는 상징들이 표현하는 신비의 축제에 우선하지 않는다. 신비의 축제에 이성적인 계산은 어울리지 않기 때문이다.

케리그마적 예배 이해는 위의 제의적 예배 이해와는 정반대되는 입장이다. 제의적인 것이 말씀의 종말론적인 내습에 의해 상대화되기 때문에 예배는 더 이상 성과 속의 차이 위에 기초를 둘 수가 없다는 것이다. 복음 선포의 순수성과 명료함만이 예배에서 중요한 것이며 다른 부분은 인간의 책임적이고 자유로운 응답

---

* 네 가지 유형은 요수티스에 의해 정해졌다. 이에 관해서는 M. Josuttis, "Das Ziel des Gottesdienstes, Aktion oder Feier?" in: *Praxis des Evangeliums zwischen Politik und Religion*, (Muenchen, 1988), 143~147쪽을 참조.

일 뿐이라는 입장이다. 그러므로 모든 예배는 새로운 형태든 전통적인 형태이든 예수 그리스도 안에서 하나님의 은혜를 시인해야만 하고 그럴 때에만 진정한 예배가 된다고 주장한다.

정치적 예배 이해는 케리그마적 예배 이해와 공통점을 갖는다. 무엇보다도 복음의 선포가 중요하다는 면에서 그러하다. 정치적 예배 이해는 현재의 정치적, 사회적 문제들을 관련시킴으로써 복음의 선포를 강화한다. 그리하여 복음의 선포는 사회 비판적인 정보와 엮어지게 된다. 이 견해에 따르면 예배는 성서 전통의 인간 우호적인 복음과 현실 속의 비인간적 관계에 대한 정보들을 대결시킴으로써, 복음의 사회 비판적인 잠재력을 밝히는 동시에 또한 신앙이 곧 행동이 되게 하는 것이다. 즉 케리그마적 예배 이해가 어떤 예배가 교의학적으로 옳은가 하는 질문에 대한 답변을 추구한 것이라면 이 견해는 과연 어떤 예배가 정치적으로 효과가 있는가 하고 묻는 예배 이해이다. 그렇기 때문에 이 주장에 따르면 정치적 효과를 의도하여 갱신된 예배는 사회를 변화시킬 수 있어야 한다. 따라서 예배에 대한 기본적인 평가 기준은 예배의 정치적 효과가 된다.

창의적 예배 이해는 예배를 그리스도교적 자유의 표현으로 보는 입장이다. 정치적 목적들로 가득한 세계에서 인간의 자유로운 자기 발견을 위하여 자유로운 놀이터를 열어주는 것이 바로 예배라는 것이다. 이 예배는 판타지와 축제를 통하여 인간의 창의성을 발견하는 데 그 목적이 있다. 따라서 예배 참석자들의 의식을 규정하고, 창의성을 방해하며, 세상을 향해 협동 단결된 저항을 보여주려는 예배는 좋은 예배가 아니라는 것이다. 그러므로 이 예배 이해에서는 예배가 예배 참석자들에게 어느 정도의 자발성과 자기 발견을 가능하게 하였는지가 예배를 평가하는 기준이 된다.

위에 서술한 예배 이해의 네 가지 유형은 지금까지의 예배 이해를 한눈에 볼 수 있게 해줄 뿐만 아니라 예배 이해들 사이의 차이와 그 신학적 배경을 분명히 인식하게 해준다. 또한 오늘날 새로운 예배 구성의 다양한 시도들을 평가할 수 있는 관점을 제공한다는 점에서 매우 유용하다.

그러나 이 네 가지 유형의 예배 이해는 1960년대 이후에 독일에서 시도된 예배 이해를 유형화하기에는 적절하지 않다. 본디 유형화가 지니는 단순화의 오류를 감안한다고 해도, 매우 다양하고 서로 다른 관점들이 혼재되어 있는 예배를 이해하고 나아가 새로운 예배 이해의 시도들을 파악하기에는 턱없이 부족하다. 그렇기 때문에 필자는 독일에서 등장한 새로운 시도들을 새롭게 유형화하려고 한다. 필자는 이 이론들이 예배를 다섯 차원에서 새롭게 발견하였다고 본다. 그 다섯 차원은 다음과 같다. 첫째, 정치 교육적 차원, 둘째, 사회적 차원, 셋째, 문화적 차원, 넷째, 놀이 예전적 차원, 다섯째, 감성미학적 차원이다. 그리고 각각의 차원으로부터 예배에 대한 다섯 가지 새로운 이론들이 도출되었다고 본다. 학습 과정으로서의 예배, 회중의 적극적인 참여가 있는 예배, 문화화를 고려하는 예배, 축제로서의 예배, 인간의 통전적인 경험으로서의 예배가 그것이다.

1960년대 이후에 독일에서 시도된 새로운 예배들은 필자가 이 글에서 다루려고 한 다섯 가지 유형보다 훨씬 더 다양하고 폭 넓다. 예를 들면 예배의 선교적 차원이라든지 예배의 치유적 차원 등도 예배에 대한 새로운 관점을 제공하는 유형들로 구분될 수 있을 것이다. 그러나 필자가 앞에서 언급한 다섯 가지 차원이 예배학 분야에서 다른 어느 것보다 빈번하게 언급되고 중요하게 다루어지기 때문에 우선적으로 이 다섯 차원으로 한정하여 그 시도들을 대략적으로 파악하려고 한다.

필자가 제시하는 다섯 가지 유형은 예배를 이해하는 일반적인 유형과 비교할 때 케리그마적 차원이 제외되어 있다. 이는 예배를 교의학적으로 이해하는 케리그마적 차원을 가벼이 여기기 때문은 아니다. 여기에는 두 가지 이유가 있다. 첫째는 무엇보다도 오늘의 독일 신학과 한국 신학의 현실에서 예배의 교의학적인 이해는 이미 충분히 논의되었고 그 결과 많은 저술들이 발행되었기 때문이다. 둘째는 케리그마적 차원에 집중하게 됨으로써 예배를 이해하는 시각이 좁아지게 되는 것을 사전에 방지해보려는 것이다. 이 글이 예배의 교의학적인 바탕을 재건하려는 것은 아니기 때문이다.

예배학에서 논의되는 예배에 대한 새로운 이해와 그에 따른 예배 갱신의 신학적 논의들의 입장을 거칠게 둘로 구분한다면 한편은 전통을 고수하는 입장이요, 다른 한편은 혁신을 추구하는 입장이다. 이 장에서 서술될 다섯 가지의 유형들은 후자에 속하는 입장이다. 이는 1960년대 이후 독일 신학의 동향이 적어도 예배학 분야에서는 획기적인 변화를 경험했다는 사실을 간접적으로 증언하는 것이다.

2. 학습 과정으로서의 예배

1) '정치적 밤 기도회'의 예배 이해

예배의 재구성은 일반적으로 신학적 논의의 발전을 따르기 마련이다. 예배는 공동체의 신앙을 실천적인 차원에서 표현하는 것이기 때문에, 새롭게 해석된 신학을 받아들이는 공동체는 새로이 해석된 신학을 표현해낼 새로운 예배를 필요로 하기 때문이다. 이런 의미에서 정치적 밤 기도회는 정치신학의 예배였다.[2]

1960년대 독일에서 시행된 새로운 형태의 예배들은 학생 운동으로 대변되는 사회 전반의 민주화 운동을 계기로 하여 정치적인 성격을 띠게 되었다. 이 정치적 밤 기도회 또한 일상적으로 경험된 현실의 문제들을 교회의 예배에 수용하려는 시도들 중의 하나였다.

정치적 밤 기도회Politisches Nachtgebet의 예배 모형은 독일 중서부 라인 강가에 위치한 도시 쾰른에서 처음으로 만들어졌고, 모든 사회적 관계들을 집약해놓은 현실로서의 정치적인 것을 예배에 도입하려는 예배 갱신의 한 시도였다.

쾰른의 정치적 밤 기도회는 1969년에서 1971년에 이르기까지 에큐메니컬 그룹에 의해서 구성되었다. 이 예배는 지금까지의 예배와는 전혀 다른 예배로 구성되었다. 무엇보다 확정된 틀이 없이 구성되었으며, 예배 구성 책임자에 따라 다양한 형태가 존재했다. 그럼에도 불구하고 이 예배들에는 어떤 통일성이 발견되는데 다음의 네 가지 구성 요소가 그것이다. 정보Information, 명상Meditation, 토론Diskussion, 행동으로의 제안들Vorschlaege zur Aktion.

이 예배에서는 다른 요소들보다 정보에 큰 비중을 둔다. 이 예배에서 정보란 예배에 참석한 사람들이 정치적으로 민감한 자의식을 개발할 수 있도록 작금의 현실을 사회 문제들에 의거해서 설명하는 것을 말한다. 명상과 토론을 통하여 성서적 전통으로 문제가 되는 현실을 소급시켜봄으로써 자신들의 관점에 대해 확신을 얻고 가능한 행위 모형을 추출한다. 그다음 그 예배에 참여한 사람들이 실행에 옮길 수 있는 몇 가지의 구체적인 행동 지침들이 제안됨으로써 예배는 끝난다.

정치적 밤 기도회는 전통적인 예배를 비판함으로써 자신들의 예배를 새로이 정의하는데, 비판의 내용인즉 전통적인 예배가 인간의 구체적인 사회 현실에 대한 실제적인 언급을 회피한다는 것이다. 따라서 새로운 예배는 사회의 변화를 이끌어내는 데 도움이 되어야 한다고 주장한다. 이 경우 예배를 평가하는 기준은 정치적인 효과가 된다.[3] 정치적인 정보는 예배의 기본 요소이고 정치적인 행동은 예배의 최종 목표가 되는 것이다. 이러한 예배 이해로 인하여 정치적 밤 기도회 예배는 논쟁적이고 도발적이며 정보량이 많은 것이 특징이다.

이와 같은 예배 이해는 종말론적으로 규정된 그리스도의 왕적 주권에 관한 교리와 그와 관련된 하나님 나라의 실현, 그리고 그리스도론적인 그리스도 모방 쉐마에 근거를 두고 있다. 이러한 신학적 견해에 따르면 그리스도 주권을 선포하는 것은 바로 그리스도인들의 정치적이고 사회적인 책임을 밝히고 깨우치는 것이라는 것이다.[4]

이런 관점에 따르면 예배에서 정보는 그리스도인들을 새로운 인식에로 안내하는 길잡이로서 중요한 역할을 한다. 정보는 우리에게 이 세상의 추악함을 대면하도록 인도하고 우리를 꿈속으로부터 고통스럽고 삭막한 현실에로 돌아서게 한다는 것이다.[5] 그러므로 예배에서 정보는 그리스도인의 세상을 위한 책임으로 간주되는 구체적인 정치적 행동을 위한 전제인 것이다.

이러한 정치적 밤 기도회의 예배는 예배를 의식화와, 그로부터 야기되는 정치적 행동을 목표로 하는 학습 집회Lernveranstaltung로서 이해한 전형이다. 그렇기 때문에 정치적 밤 기도회는 학습 집회로서의 충실한 예배가 되게 하기 위해서 학습에 필요한 요소들을 도입하여 예배를 갱신하려고 시도한 전형으로 이해될 수 있다. 그러나 정치적 밤 기도회는, "예배를 율법적으로 행동주의화하였다"[6], "정치적으로 전체화하였다"[7] 또는 "예배를 초지성화하였다"는 비판[8]을 받기도 하였다.

2) 디터 트라우트바인의 학습 과정으로서의 예배 이해

1960년대 독일의 신학 동향은 매우 급격하게 변화하여 예배가 그 실제에 있어서 교의학의 전권하에 있지 않고 교육학의 전권하에 놓이기에 이른다. 즉 어떻게 하면 예배에서 잘 가르침을 받을 것인가가 관심의 대상이 된 것이다. 이러한 학습 이론에 의거한 예배 이해는 디터 트라우트바인Dieter Trautwein, 1928~2002에게서 잘 나타난다. 그는 이 관점에서 예배를 새롭게 파악하고자 노력하였다. 이를 위해 그는 학습심리학, 행동심리학, 창의력 연구, 집단역동학, 커뮤니케이션 이론, 놀이 이론 등으로부터 유래한 연구 방법을 예배 과정을 분석하는 데 도입하였다.

그의 주된 결론은 예배가 학습 과정이라는 것이다. 예배는 때에 따라 부분적 혹은 전체적으로 학습 과정이 될 수 있다고 한다. 그리스도교의 예배는 항상 개인과 사회의 실천적 변화를 의도하기 때문이라는 것이다. 이것은 모든 인간에게뿐 아니라 새로워진 인간의 공동체에도 전적으로 유효하다고 주장한다.[9]

트라우트바인은 이 결론에 도달하기 위해 행위 이론적 학습심리학에서 차용해 온 다섯 단계 학습 과정의 모델을 독일 교회의 예배 모범Agenda에 적용시켰다. 다섯 단계의 학습 과정 모델은 동기화 단계⇒문제 설명의 단계⇒혼란 극복의 단계 ⇒소화의 단계⇒전이의 단계를 그 과정으로 하고 있다. 그는 이 모델을 예배에 적용하면서 다섯 단계의 모델을 세 단계의 모델로 수정한다. 비판적 수용의 단계 ⇒내면화의 단계⇒현실화의 단계가 그것이다. 이 연구에 있어서 가장 특징적인 것은 예배의 모든 요소들을 행동 변화, 문제 해결 행위, 생산적인 행위, 새로운 것의 생산 등의 매우 포괄적인 학습 개념으로 표현한 것이다. 이러한 관점에서 예배의 각 요소들은 학습 과정의 일부로서 간주된다. 예를 들면 예배 시작 부분에 위치한 키리에와 글로리아는 질의와 응답으로서 전체 학습 과정을 선취하는 요소 [10]이고, 공동 기도das Kollektengebet는 학습 과정의 두 번째 단계에 해당하는 것으로서 계속될 예배에서 동기화될 문제들을 주제별로 상세화하는 요소[11]이다. 성서 봉독과 설교는 문제 해결의 단계[12]에 해당되며, 축도는 앞서 진행된 예배적인 사건의 종합인 동시에 그 효과를 묻는 순서[13]가 된다.

트라우트바인의 주장에 따르면 예배는 합리적이고 기능적인 계산을 통해 구성된 변화를 목적으로한 학습 집회로서, 합목적적으로 구성되어야 한다. 이러한 트라우트바인의 연구는 독일 예배학계에서 처음으로 이루어진 학제간 연구로서 그 역사성을 인정할 수 있다. 그러나 그가 예배를 "빈틈없이 철저한 교과 과정 lückenloses Curriculum"[14)으로만 이해한 것은 아닌지 의문을 품게 한다.

정치적 밤 기도회가 정보를 통하여 의식화하는 것을 의도한 예배라면, 트라우트바인에게 있어서 예배란 어떤 행동의 변화를 의도하는 학습 과정이다. 정치적 밤 기도회와 트라우트바인의 예배 이해는 공통적으로 예배의 교육적 차원을 강조한 것이다. 이들은 구체적인 예배 모형을 제시하거나, 또는 이들의 예배 이해에 부합되는 예배 갱신의 요소들을 자세하게 제안하지는 않는다. 그러나 이러한 예배 이해들이 예배를 보다 효율적인 학습이 이루어지는 예배로 갱신해가도록 암묵적으로 독려한 것은 사실이다.

3. 회중이 적극적으로 참여하는 예배

1) 제2차 바티칸 공의회 전례 헌장의 예배 이해

제2차 바티칸 공의회는 큰 폭의 예전적 변화를 시도하였으며, 개신교 신학에도 큰 영향을 주었다. 특히 에큐메니컬 진영에서의 예배 갱신에 많은 영향을 미쳤다.

제2차 바티칸 공의회로부터 제기된 예배 갱신의 근본 원리들은 다섯 가지로 요약될 수 있다. 첫째는 예배에 대한 중요성을 새롭게 언급한다[제7조]. 예배는 예수 그리스도의 제사장 직무를 집행하는 것으로서 교회의 삶의 원천과 정점이라는 것이다. 둘째는 예배에서 회중의 전적이고 의식적이고 능동적인 참여가 요청된다는 것이다제14조. 셋째는 예배가 교회의 공적 행위임이 드러나야 한다는 것이다. 교회는 그 자체로 일치의 성례전이며, 예전의 집행은 교회의 신비스러운 몸에 해당되는 것제26조이기 때문에 공동의 의례는 개인의 의례보다 우선되어야 함을 강조하고 있다. 넷째는 교회가 추구하는 것은 본질적인 면에 있어서의 일치를 보존하는 것이지 결코 경직된 동형同形을 추구하는 것은 아니라는 것이다제37,38조. 다섯째는 교회는 건전한 전승과 정당한 진보를 추구한다는 것이다제23조.

전례 헌장Sacrosanctum Concilium에는 이 다섯 원리들 외에도 예배의 공동체적 성격, 각각의 민족 언어에 대한 고려제36조, 민족들의 고유성과 전통에의 적응제37조~40조, 예배의 단순함과 명료함제34조, 그리고 예배 교육제15조~19조이 강조되고 있다. 그런데 제2차 바티칸 공의회가 지향하는 예배 갱신의 원리들은 무엇보다도 전적이고 의식적이고 능동적인 회중의 예배 참여를 활성화하기 위한 구체적인 고안이다. 따라서 이 근본 원리들 중 두 번째의 것이 제2차 바티칸 공의회가 주창한 예배 갱신의 주된 동인임을 알 수 있다.

전례 헌장은 능동적인 예배 참여자로서의 모든 신자들이 하나님의 백성인 동시에 예배하는 주체로서 예배의 담지자가 된다고 천명한다. 필자는 전례 헌장이 밝힌 회중의 능동적인 예배 참여에의 강조는 전례 헌장이 평신도와 사제의 사회적 관계를 새롭게 발견함으로써 이끌어낸 예배 이해의 새로운 관점이라고 생각하여 예배의 사회적 차원이라 명하였다. 즉 제2차 바티칸 공의회 전례 헌장은 사회적 차원에서의 예배 갱신을 목표로 한 것이다.

2) 독일 개신교의 개정 예배 모범의 예배 이해

개정 예배 모범^{Erneuerte Agende}*은 세 가지의 자극으로부터 생겨났다. 제2차 세계
대전 이후 생성된 예배 모범^{Agende I}에 대한 불만족감, 제도들에 대한 일반적인 비
판, 그리고 계속된 세속화에 근거를 둔 예배의 위기가 그것이다.[15]

일반적으로 말하자면 개정 예배 모범은 매우 다양한 예배 갱신의 관점들을 예
배 전통의 틀에다 통합시키려했으며, 개교회들을 예배에 관한 창의적인 작업에
로 인도했다. 개정 예배 모범의 서문에는 개정 예배 모범이 지향하는 다섯 가지의
목표가 제시되어 있다. 첫째, 예배는 회중의 책임과 참여로서 이루어져야 한다.
둘째, 예배는 인식 가능하고 안정적인 기본 구조를 갖추어야 하고 예배 모범에서
다양한 예배 구성의 가능성들을 제시해야 한다. 셋째, 보전된 전통들과 새로운 텍
스트들이 동등하게 다루어져야 한다. 넷째, 에큐메니컬 영성을 통해 종교 개혁의
기본 정신을 확장해야 한다. 다섯째, 제한적인 언어를 사용하지 않고 비차별적 언
어를^{inclusive language}[16] 사용해야 한다.

이 다섯 목표 중에 두 가지의 목표가 예배의 사회적 차원과 직접적으로 관련을
맺고 있는데, 회중의 참여와 비차별적 언어의 사용이 그것이다. 또한 예배가 인
식 가능하고 안정적인 기본 구조를 갖추어야 한다는 것은 전 교인이 예배에 적극
적으로 참여하기 위한 전제가 된다. 개정 예배 모범에서도 제2차 바티칸 공의회
의 전례 헌장과 마찬가지로 회중의 적극적인 참여와 책임이 예배의 핵심적인 요
소임을 진술하고 있다. 회중이 예배의 주체로서 명백히 제시된 것이다. 예배는 회
중 전체의 일이지 성직자의 행위만이 아니라는 것이다. 이 점과 관련해서 개정 예

---

* 《개정 예배 모범》은 독일 개신교가 제2차 세계 대전 후 개정된 예배서를 오랜 과정을 거쳐 다시 개정하여 1990년에 발표한 예
  배서 시안이다. 이 시안은 10여 년의 의견 수렴 과정을 거쳐 2000년에 《개신교 예배서(Evangelisches Gottesdienstbuch)》로 발
  간되었다.

배 모범은 성직자 중심의 예배에서 보이는 교육적인 요소들의 범람을 극복하려고 시도한다. 가능한 한 많은 회중의 협력과 참여를 위해 환호와 교독 형식의 기도 또는 대화적인 요소를 강조한다.

비차별적 언어는 영미 언어권에서 먼저 사용된 표현으로 개정 예배 모범에서는 사회 주변부에 머물러 있는 인간의 현실을 언어적으로 배제하지 않고 진지하게 받아들인다는 것을 의미한다. 교회 안에 있는 여성과 젊은이뿐 아니라 주변적인 그룹과 소수에 속하는 모든 사람들도 그리스도교 예배에서 소외당한다는 느낌을 갖지 않도록 배려해야 한다는 것이다. 실제로 개정 예배 모범은 비차별적 언어를 차용하여 예배문 안에 명사의 남성형과 함께 여성형을 나란히 기재하였다. 필자는 이 부분에서 여성이 남성과 동등한 예배 주체로서 명예를 회복할 가능성과 징조를 본다. 이 비차별적 언어의 사용은 전 교인이 예배에 적극적으로 참여해야 한다는 기본 원칙에 따른 것으로 사회적 차원에서의 예배 갱신에 있어서 필수적인 요소가 된다.

4. 문화화를 고려하는 예배

문화화Inculturation라는 개념이 신학에 도입되면서 그리스도인들의 복음에 대한 성찰이 자신들의 시간적이고 공간적인 환경에서 이루어질 수밖에 없다는 사실을 인식하게 되었다. 문화화란 그리스도교 신앙의 내용이 역사적으로 생성된 문화와 지리적으로 한정된 공간 안에서 만나는 것[17]으로 정의된다. 이때 그리스도교 신앙은 그 문화의 세계관, 가치, 표현, 기호 체계와 만나게 되는 것이다.

지금껏 진행된 그리스도교의 문화화에 관한 논의는 세 단계의 역사적 과정으로 구분될 수 있다.* 첫째는 솟아오르는 서구 문화에서의 문화화 단계이다. 그리스도교의 예배는 본래 유대교적인 의례를 재해석함으로써 터를 잡았다가 그 후 그리스 세계로 문화화되었는데 이 단계가 그리스도교 문화화의 첫 단계이다. 둘째는 서구 그리스도교가 다른 문화, 즉 비서구 문화와 만나는 단계이다. 이 만남은 서구의 그리스도교가 비서구 세계에로 퍼져나감으로써 이루어진 것이다. 이 단계에서는 선교 역사에서 제기된 문화화의 문제가 거론된다. 세 번째는 그리스도교와 현대의 세속 사회, 세속 문화와의 관계 규정에 관한 논의를 포괄하는 단계이다.

　　예배는 그리스도교와 문화 사이에 서 있는 그리스도교 공동체의 주된 모임이다. 그렇기 때문에 예배는 문화화라는 주제를 피해갈 수 없다. 또한 예배는 그리스도교의 의례로서 실천적인 차원의 표현 양식이기 때문에, 예배는 그 신앙 공동체가 고백하는 신앙의 내용이 무엇인지 또한 지향하는 바가 무엇인지를 잘 드러내준다. 그렇기 때문에 그리스도교의 문화화를 가늠하는 척도는 예배이고 따라서 기독교의 문화화란 예배의 문화화로 결론 맺어진다. 바로 이 점에서 필자는 예배를 둘러싼 문화화의 논의를 예배의 문화적 차원으로 유형화하였다.

　　한국 신학에서 문화화에 관한 논의는 두 번째 단계의 논의와 세 번째 단계의 논의를 포괄하지만, 피선교국이 아니었던 독일 신학계는 1960년대 이후 세속 문화와 예배의 관계에 대하여 논의함으로써 예배의 문화적 차원을 새롭게 발견하고 있다.

---

*이 세 역사적 단계는 제2차 Societas Liturgica에서 논의되었다. 이에 관한 상세한 논의는 T. Berger, "Die Inkulturation der Liturgie", *Liturgiesches Jahrbuch* 39, (1989), 255~256쪽을 참조.

1) 칼하인츠 비어리츠

비어리츠Karl-Heinz Bieritz, 1936~2011는 현재 독일에서 시도되고 있는 예배의 문화화 시도에 대해 비판적으로 언급한다. 그는 오늘날의 문화를 체험 문화로서 정의하며*, 예배를 문화화하려는 대부분의 시도를 체험 문화에 대한 어떠한 이의도 제기하지 않은 채 그리스도교 예배를 체험 시장에 적응시키려는 시도로써 파악한다. 그는 예배와 문화의 문제를 다룰 때 문화화와 반문화화의 변증법을 놓쳐서는 안 된다고 주장한다.

비어리츠의 관찰에 의하면 교회는 점점 더 혼합주의적 전술을 사용하고 있다. 교회는 오늘의 체험 문화와 그 문화의 의례들에 적응하고 있는데, 이 체험 문화의 의례들은 다른 종교들과, 다른 의미 체계의 기호들, 신화와 축제들에 깊이 빠져 있고 동시에 매우 효과적인 방법으로 시장화되어 있다는 것이다.[18] 이것은 두 가지를 의미한다. 첫째는 교회가 소비자의 욕구에 굴복하였다는 것이다. 즉 교회가 종교적 생산물을 대중의 욕구에 맞추었다는 것이다. 둘째는 교회가 의례 마케팅을 사용하여 잠재적인 신자들을 기만한다는 것이다. 이러한 적응의 결과 종교적인 내용들이 세속적인 것으로 교환되기에 이르렀고, 의례 마케팅의 전술적인 규칙들을 따라 시장화되기에 이르렀다는 것이다. 즉 전승된 신앙적 진리와 그에 따른 신앙적 실천이 아니라 체험적 가치만이 남았다는 것이다.

---

* 비어리츠는 독일의 문화사회학자인 게하르트 슐체(Gerhard Schulze, 1944~)가 의미하는 체험 사회(die Erlebnisgesellschaft)를 빌어 현대 독일의 문화를 체험 문화라고 표현하고 있다. 슐체가 의미하는 체험 사회란 제2차 세계 대전 이후의 변화된 독일 사회를 표현하는 말로써 매우 포괄적인 의미를 담고 있지만 일차적으로 상품의 질과 기술의 완벽함보다는 디자인과 상품 이미지가 중요하게 작용하는 상품의 미학화를 그 특징으로 하고 있다. 슐체에 의하면 이러한 상품의 미학화는 단지 상품 시장과 서비스 산업의 시장에만 국한된 것이 아니라 삶의 전반에 관한 모토가 되어버렸다는 것이다. 체험 향유라는 개념도 단지 여기를 즐기는 개념이라기보다는 현대 인간의 삶을 살아가는 방식을 주제로 한 큰 개념이라고 한다(Gerhard Schulze, *Die Erlebnisgesellschaft. Kultursoziologie der Gegenwart*, (Frankfurt / New York, 1997), 13~14쪽).

비어리츠는 교회의 이러한 시도는 예배의 문화화가 아니라 예배의 속물화Ver-biederung[19]라고 비판한다. 그렇다면 교회는 아름답고 흥미롭고 주관적인 것을 추구하는 현대 문화에 직면하여 예배의 속물화를 어떻게 다룰 것인가? 비어리츠는 폰 조스텐Joachim von Soosten에 의거해서 이에 대해 답변한다. 교회는 근래의 체험 의례에 도덕적으로 비판할 수만도 없고, 그렇다고 무인도에로 퇴거하여 전혀 이 세상과 상관없이 살아갈 수도 없다. 또한 체험 시장을 놓고 경합을 벌이는 일도 교회의 무미건조함으로 인해 소용없는 일이 되었다. 그러므로 이제 정말로 중요한 것은 교회가 대안적 관점에서 그리스도교 문화의 모형을 제시하고 대조 세계의 상징적인 모델로서 현존할 수 있어야 한다는 것이다.[20]

체험 사회에서 교회의 의무는 교회가 대안적인 삶의 가능성을 제시함으로써 대항 기호의 역할을 수행하는 것이다. 대항 기호는 또한 대항 놀이로서 현실화될 수 있다. 대항 놀이는 체험 문화의 놀이와는 다른 놀이 계획을 가지고 있다. 대항 놀이는 삶의 문화를 지향하는데 이 대항 문화의 원형은 예수가 죽기 전날 밤에 모였던 예수의 식탁 공동체이다. 이것은 매우 유용한 모델로서 그리스도교 신앙이 시장에 등장한 새로운 신들에 굴복한 상황을 극복하기 위한 놀이 안내서의 역할을 한다. 놀이의 규칙은 의심의 여지없이 체험 사회가 독점권을 휘두르는 놀이의 규칙과 정반대되는 것이다. 비어리츠의 의견으로는 그리스도교 예배는 문화화의 관점에서 대항 기호로서의 역할을 수행해야 한다. 대항 기호로서의 역할은 다시 세 가지의 과제를 수행함으로써 완성되는데 첫째는 다른 메시지들과의 의미론적이고 실질적인 차이를 확보해야 하고, 둘째는 그리스도교 공동체가 변화하고 있는 주변 환경과의 관계에서 늘 문화적인 거리를 두면서 새로운 이미지를 형상화해야 하며, 마지막 셋째는 그리스도교 예배가 그 근원과 본질에 있어서 중요하게 보전하는 모든 문화에 대한 종말론적인 항변을 강조해야 한다는 것이다.[21] 즉 복음의 문화화와 반문화화의 변증법은 예배 구성의 본질적인 원리이다.

5. 축제로서의 예배

축제로서의 예배와 아래에 서술될 인간의 통전적인 경험으로서의 예배는 각각 예배의 예전적 차원과 감성미학적 차원이 강조된 것으로 예배 갱신의 실제에 있어서 유사하게 현실화될 수 있다. 축제와 통전적인 경험으로서의 예배는 공통적으로 학습 집회로서의 예배와 이성적 경험으로서의 예배 이해에 동의하지 않는다. 예배를 어떤 목적과 의도로부터 자유로운 놀이 혹은 축제로서 이해하는 것이다. 예배 구성의 실제에 있어서 두 차원 사이의 친화성은 예배에서의 음악, 아름답게 장식된 강단, 특별하게 설치된 예배 공간 등 감성적인 측면을 강조한 예배 구성의 비일상적인 요소에서 드러난다.

예배를 축제로서 이해하는 것은 예배의 놀이 예전적 차원을 새로이 발견함으로써 얻어진 결과이다. 이 관점의 신학적인 배경은 구원과 해방의 현실화에 있다. 구원받은 인간이 선물로 받은 그리스도인으로서의 새로운 현실을 축하한다는 의미에서 예배를 구원의 축제로 이해하는 것이다.

'축제로서의 예배'라는 관점을 발견한 사람은 슐라이어마허Friedrich Daniel Ernst Schleiermacher, 1768~1834였다. 그에 의하면 예배는 표현 행위로서, 표현 그 자체가 목적이다. 그는 예배를 효과가 있는 행위로 이해하는 관점에 반대한다. 즉 예배는 인간의 감정을 정화하고 회복시키고 확장하는 행위로서 어떤 효과를 목표로 하는 행위가 아니라는 것이다. 이와 더불어 회개, 교육, 도덕적 완성을 강조하는 예배의 목적화도 거부하였다. 대신 슐라이어마허는 축제를 예배 설명의 모형으로 끌어들였다.* 예배를 표현 행위와 축제로서 기술하려는 슐라이어마허의 시도는 예배 이해에 있어서 새로운 지평을 열었으며 현재에 이르기까지 중차대한 영향을 미치고 있다. '축제로서의 예배'라는 새로운 관점의 발견은 예배를 정치적 의식화를 위한 방편으로 이해하는 관점, 즉 필자의 유형화에 따르면 정치 교육적 차원에서의 예배 이해에 대한 전반적인 비판과 보충에서 비롯되었다. 이 차원의 발견은 독일 개신교의 교회의 날 운동die Kirchentagsbewegung을 통하여 널리 유포되었다.

개신교 교회의 날 운동은 본질적으로 독일 교회의 예배 갱신을 위하여 '새로운 형태의 예배'라는 주제로 실험 예배를 위한 공공의 포럼을 개최함으로써 시작되었다. 1973년부터는 '축제로서의 예배'를 재발견하는 '예전의 밤Liturgische Nacht'을 개최하기도 하였는데, 이 '예전의 밤'은 정치적인 예배들의 행동주의에 대한 비판에서 비롯된 것이었다. 또한 '생동감 있는 예전Lebendige Liturgie'이라는 유행어를 낳은 것도 교회의 날 운동이었다. 이 '생동감 있는 예전'은 예배를 신앙의 축제로 이해하는 것으로 축제의 구성력과 생동감을 수용한 예배 이해였다.

개신교 교회의 날 운동이 예배를 축제로 이해하는 놀이 예전적 차원의 재발견에 기여한 것은 사실 에른스트 랑에Ernst Lange, 1927~1974의 이론과 밀접한 관련을 맺고 있다. 랑에 또한 예배를 축제로서 이해함으로서 놀이 예전적 차원에서의 예배 갱신을 강조한 바 있다. 랑에가 무엇보다도 강조하는 것은 예배의 놀이적인 요소이다. 놀이는 인간 자유의 연습장이며 놀이에서 문제에 대한 대안적인 해결들

---

* 이 부분에 대한 자세한 설명은 이 책의 2장에서 계속할 것이다. 슐라이어마허의 이 부분에 관한 논의는 그의 저서, Die Prak-tische Theologie nach den Grundsaetzen der evangelischen Kirche im zusammenhange dargestellt. 슐라이어마허 전집 13권(F. Schleiermachers saemtliche Werke, Hrsg. von Jacob Frerichs, Erste Abteilung 13. Bd, Berlin, 1850, Nachdruck, 1983) 70쪽 이하를 참조하라.

을 발견할 수 있고, 삶이 지금과 다르게 전개될 수도 있다는 것을 깨닫게 된다는 것이다. 따라서 예배는 하나님 나라를 선취하는 놀이라는 것이다. 이런 관점에서 랑에는 지금까지 이루어진 예배 연구와 새로운 예배 구성 작업이 전통에로 회귀하려는 시도이거나, 예배의 교육화, 예배의 윤리화 시도였다고 비판한다.

필자는 이러한 예배 이해의 관점들을 예배의 놀이 예전적 차원을 새롭게 발견한 것으로 간주하고 놀이 예전적 차원이라고 유형화하였다.

6. 인간의 통전적 경험으로서의 예배

감성미학적 차원에서 예배를 새롭게 발견한 학자들은 예배 이해에 있어서 놀이 예전적 차원에 속하는 학자들의 예배 이해와 크게 다르지 않다. 그러나 그들이 구성적 차원에서 예배를 축제나 놀이로서 떠올리기는 하지만 그들의 궁극적인 주장은 예배에서 인간은 통전적인 경험을 할 수 있어야 한다는 것이다.

카를 리터Karl Bernhard Ritter, 1890~1968에 의하면 신앙은 신비이며, 인간은 그 신비를 통해 초월적인 현실과 접촉한다고 말한다. 이 신비의 차원은 인간의 통전적인 경험을 통해 발견된다고 한다. 그러나 영혼, 정신, 육체를 지닌 전 인간에 해당되는 예전적 사건 혹은 경험이 없이는 이 차원의 발견이 어렵다. 그러므로 데카르트적으로 축소된 인간학은 통전적인 경험에 직면하여 너무도 부족하다. 리터는 이러한 맥락에서 예배를 순전히 말의 사건으로 축소하는 관점과 태도를 비판한다. 이로 인하여 종교 개혁 이후 말씀의 선포가 수업 혹은 단순한 가르침으로 이해되고, 육체를 가진 전적인 인간에 대한 하나님의 행위로서의 예배의 성격이 제거되었다는 것이다. 이 차원을 회복하기 위해 리터는 예배에 생동감 있는 표현이 포함되어야 한다고 주장한다. 왜냐하면 예배는 목적으로부터 자유로운 행위이며, 그 가치와 효과는 그 행위가 지니는 의미의 깊이와 상징의 힘에 있기 때문이다. 그래서 리터는 예전적인 몸짓, 의복, 공간, 음악 등을 중요하게 여긴다.

디터 슈톨베르크Dietrich Stollberg, 1937~도 감성신학적 차원에서 예배를 새롭게 발견한 학자로 평가된다. 그는 말씀의 교회들이, 즉 개신교회들이 신앙을 표현함에 있어서 통전적이 되어야 할 것을 주장한다.[22] 그에 의하면 예배는 이 세상적인 수단으로 저 세상적인 현실에 관계된 신앙 고백을 표현하는 것으로서[23] 예배 공동체는 그들의 초월적인 것들, 곧 그들의 신앙을 상징적인 상호 작용과 기호들을 통하여 극적으로 드러낸다는 것이다.[24] 이러한 예배 이해를 근거로 슈톨베르크는 예배가 아름다워야 할 것을 주장한다. 눈으로 봐서 즐겁고, 만질 수 있는 무엇인가가 있으며, 그것과 더불어 쉬고 안락함을 누릴 수 있는 맛과 냄새가 있는 아름다움이 예배에 있어야 한다는 것이다. 이러한 관점에서 슈톨베르크 또한 예배를 교육적으로 또는 목회적으로 각인하는 것에 대해 비판적인 입장을 취하며, 인간의 감성이 재발견되어야 한다는 결론을 내린다.

7. 나오는 말

지금까지 1960년대 이후 독일 신학계에서 제기되었던 예배에 대한 새로운 성찰들을 다섯 가지로 유형화하여 보았다. 필자의 견해로는 이 다섯 가지의 유형이 대체로는 오늘날 한국 교회의 예배를 성찰하는 데에도 도움을 줄 수 있다고 본다.

왜냐하면 오늘날 한국 신학계의 논의는 세계 신학계의 논의와 그 주제 면에서 크게 다르지 않을 뿐만 아니라 독일 신학계의 예배에 관한 새로운 성찰들이 이미 한국 신학계에서 논의되고 있거나 또는 교회의 실천에서 이미 수용된 관점들이기 때문이다. 그러나 각 유형을 한국 교회 상황에 맞게 좀 더 세분화할 필요는 있다. 예를 들면 예배를 학습 과정으로 이해한 관점은 예배의 정치 교육적 차원을 새롭게 발견함으로서 얻어진 결과인데, 독일의 경우 예배를 교육으로 이해하는 관점은 늘 정치적인 의식화의 관점과 관련되어 드러나는 반면, 한국 교회의 경우 예배를 학습 과정으로 이해한 경우는 많으나 실제로 그러한 이해가 반드시 정치적 의식화의 문제와 관련된 경우는 매우 드물기 때문이다. 따라서 이 유형은 정치적 차원과 교육적 차원으로 다시 분류되어야 할 것이다. 또한 문화적 차원에서의 예배 이해 역시 독일의 경우 예배와 현대 문화의 관계를 주로 다룬 유형이지만, 한국 교회 상황에서는 전통문화와의 관계와 현대 문화와의 관계로 나누어서 유형화하는 것이 필요하다.

유형화는 사물을 비교 분석하고 또한 체계를 만드는 데 필요한 기본적인 방법이다. 따라서 현대 예배학이 그 과제를 수행하기 위하여 다른 인접 학문들과의 교류를 토대로 나름대로의 방법론을 설정하기 전까지는 현대 교회 예배를 성찰하는 데 있어서 유형화의 방법을 통하여 예배를 성찰하는 작업이 의미 있다고 판단된다. 유형화 방법의 사용으로 얻게 될 장점은 무엇보다도 예배와 관련된 새로운 시도들에 대하여 단지 개인적인 취향이나 감정에 따른 비판을 배제함으로써, 예배 현실을 직시할 수 있도록 도와주며 나아가 예배 현상을 유형적으로 파악하는 가운데 한 유형에로 과도하게 경도되어 발생하게 될 문제들을 예방할 수 있다는 것이다.

2장
슐라이어마허의 예배 이론

1. 들어가는 말

슐라이어마허는 1768년 독일의 브레슬라우에서 태어나 친가와 외가로부터 개혁 교회의 전통을 물려받았으며, 그 자신 일생 동안 개혁 교회 목사로서, 1834년 베를린에서 사망할 때까지 예나와 베를린 대학교에서 설교하며 가르치는 신학자로서 활동하였다.

그의 전기 사가들에 의하면 그는 다른 어떤 일보다도 주일 설교와 견신례 교육 및 여타의 행정적인 과제들을 포함한 목사직을 자신의 주업으로 여겼음에 틀림없었던 신학자였다.[1]

슐라이어마허는 실제로 자신이 몸담고 있던 프로이센 교회의 개혁을 위해서 애를 썼다. 그때에 본질적으로 중요한 것은 서로 연관되어 있는 세 개의 커다란 문제 복합체였다. 즉 '두 개신교 교단의 연합'과 '개신교 교회를 위한 새로운 헌장'과 마지막으로 '예배 개혁', 무엇보다도 예전 갱신의 문제였다.[2]

이 중 가장 어려움을 겪은 것은 '예배 개혁'이었다. 슐라이어마허는 1822년부터 1829년까지 프로이센의 왕 프리드리히 빌헬름 3세Friedrich Wilhelm III, 1770~1840와 예식서 논쟁을 벌이기도 한다.

당시의 신학적 상황에서 예배 개혁의 문제는 부차적인 것으로 보였고, 또한 신학적으로도 덜 중요해 보였다. 그러나 슐라이어마허는 이 주제에서 국가와 교회의 관계 문제가 다루어지고 있음을 보았다.[3] 그리하여 그는 예배 개혁의 영역을 매우 중요하게 다루었던 것이다. 이러하듯 슐라이어마허의 학문적 관심은 교회의 현실을 직시하는 데서 출발하였으며, 그 가운데서도 그는 당시 신학적으로 덜 중요해 보이는 교회 예배의 문제를 진지하게 다루게 된다. 나아가 교회 현실에 대한 관심을 실천신학이라는 신학 체계 내의 독립된 분과 학문 분야로 주창하기에 이른다.

지금껏 슐라이어마허의 사상이 신학과 철학 전반에 걸쳐 소개된 것과는 달리 그의 예배에 관한 이론은 전혀 소개되지 않았다. 그의 사상의 총체적인 이해를 위하여, 또한 그의 예배 이론이 현대 신학의 예배 이해에 많은 영향을 미치고 있다는 점에서, 그리고 현대 신학에서 예배 이해의 관점과 논점을 보다 명확하게 이해하기 위하여 슐라이어마허의 예배 이론을 살펴보는 것은 꼭 필요한 작업이다.

이러한 필요에 따라 이 장에서 필자는 19세기 독일의 신학자 슐라이어마허가 그리스도교 공동체의 종교 의례인 예배를 어떻게 이해하였는지를 살펴보고자 한다.

개신교 신학자들 대부분이 예배는 곧 설교라는 설교 중심의 예배 이해를 가지고 있는 반면 슐라이어마허는 기본적으로 설교를 예배의 한 요소로 이해하면서, 전통적으로 교회가 사용해온 명칭에 의존하지 않고 예배를 서술 행위das darstellendes Handeln 또는 제의Kult, 축제Feier라고 일컫는다. 이러한 개념들은 슐라이어마허 예배 이해의 핵심을 가로지르는 중요한 것들이다. 이에 본 장에서는 슐라이어마허가 예배를 지칭하기 위하여 사용한 개념들을 중심으로 그의 예배 이론을 서술해보고자 한다.

이 연구는 지금껏 슐라이어마허 사상 연구에서 도외시되었던 그의 예배 이론을 소개함으로서 슐라이어마허의 사상을 총체적으로 이해하는 데 도움을 줄 것으로 기대한다. 또한 슐라이어마허의 예배 이론이 형성되었던 19세기 독일의 예배 역사에 대해서도 그 밑그림을 그리는 데 도움을 줄 것이다. 나아가 축제로서의 예배 이해가 유행처럼 호가를 누리는 때에 정작 예배를 축제로서 서술한 슐라이어마허가 "예배는 축제다"라는 명제를 통해 전달하고자 한 진짜 의미는 무엇인지 알아봄으로써 오늘날 예배 이론의 뿌리를 찾는 작업이 될 것이다.

2. 슐라이어마허 예배 이해의 사상적 배경

1) 헤른후트적 경건

슐라이어마허 사상에 들어 있는 경건주의의 흔적은 가계의 영향이다. 슐라이어마허의 조부와 아버지는 모두 개혁파 목사였으며, 아버지는 경건주의 종파의 설교자로서 활동하였다. 그의 아버지는 한때 계몽주의적 교회에 심취하기도 하였다. 그러나 이후 헤른후트적 경건을 받아들여 아이들을 헤른후트 교육 기관에 보냈다.

헤른후트적 경건이란 친첸도르프 백작^{Nikolaus Ludwig von Zinzendorf, 1700~1760} 으로부터 시작된 경건주의 운동의 한 신앙 형태를 일컫는다. 이 경건주의 운동은 16~17세기 보헤미아와 모라비아에서 발원된 얀 후스^{Jan Hus, ?1372~1415}파 운동의 형제단 전통을 지지하는 한 그룹이 1732년 모라비아에서 이주하여 작센 지방의 친첸도르프 백작의 사유지인 헤른후트^{Herrnhut}에 정착하면서 생겨났으며 이후 영어권 내에서 모라비안 교회로 불리는 교회의 모체가 된다. 이들은 그 지명을 따라서 헤른후트, 또는 헤른후트 형제단이라고 불린다.

이들은 자신들의 공동체를 일컫는 "형제단"이라는 표현을 통해 당시의 교구적 교회와 가톨릭, 루터교, 개혁 교회의 경계를 초월하는 공동체를 형성하려는 자의식을 지니고 있었다.[4]

헤른후트는 공동 기도를 권장한 점, 목회적 돌봄을 중요하게 생각한 점, 그리고 종교적으로 관용할 것과 중상주의적 경제 조직으로 공동체 조직을 굳건히 세우려고 한 점 등에 있어서 당시 동시대적인 경건주의와 연관되어 있었다.[5]

헤른후트는 루터교 정통 교리에 관련된 신학적 배타주의와 현학성에 반대하였고, 자기 관찰적이며 내향적인 독일어권의 경건주의를 탈피하고자 하였다. 헤른후트는 교구 교회의 공예배에 참석하여 성만찬에 참여하였는데, 이것은 다른 경건주의적인 그룹이 성만찬의 무용성을 주장한 것과는 매우 다른 행보였다. 헤른후트는 대부분의 경건주의 그룹과 마찬가지로 개인의 내적 체험과 새로운 내면의 형성을 중시하였으나 분파주의적이고 개인주의적 성격을 극복하려고 노력하였다는 점에서 긍정적인 평가를 받는다.[8]

또한 헤른후트는 목회적 돌봄을 위하여 형제단을 "밴드"라고 불리는 6~10명의 소그룹으로 나누었고, 또한 연령과 성별에 따라 "합창단"이라고 불리는 큰 그룹으로 나누었으며, 대표자를 통해 그룹원들의 신앙적 성숙을 돕게 하였다.[9]

헤른후트의 소그룹을 음악과 관계된 밴드와 성가대로 지칭된 것은 우연이 아니었다. 친첸도르프는 노래가 성령으로부터 오는 것이며, 예배 참여자들을 위로한다고 술회하면서 자신은 설교를 듣는 것보다 찬미하고 노래하는 것을 더 선호한다고 밝혀, 형제단 예배와 삶에 있어서 노래의 중요성을 부각시켰다.[10]

1783년 6월 슐라이어마허는 니스키의 기숙 학교에 입학하는데, 이 학교의 교육 목표인 헤른후트적인 경건의 정신은 그의 일생을 관통했으며 그만의 독특한 신학 사상으로 결실을 맺게 된다.[11] 이후 1785년부터 2년간 바르비 신학교에서 공부하는데, 슐라이어마허가 할레 대학교에서 신학 공부를 시작하기까지 헤른후트적 경건주의의 영향은 계속되었다.

슐라이어마허의 전기 사가들은 이 시기에 종교적인 체험들이 있었을 것이라고 확신하고 있으며, 슐라이어마허 자신도 이 시기에 "환상이 종교에서 지배적이어야 한다"는 근거를 얻었을 뿐만 아니라 "여러모로 소중한 경험을 했기에 감사하다"고 적고 있다.[12]

니스키 기숙 학교의 종교적인 훈련 프로그램은 개인적인 차원과 공동체적인 차원에서 동시에 이루어지며 종교적인 체험을 서로 나눔으로써 끝을 맺는데, 그의《종교론》과 철학 강의에서 발견되는 '개인성'에 대한 강조는 이 시절의 종교 교육과 체험에 토대를 두고 있다.[13]

종교의 정서적인 면에 대한 강조, 종교와 철학의 철저한 구별, 종교의 본질을 감정으로 간주한 것이나 기독교 신앙은 예수에 대한 개인적인 깊은 헌신으로부터 일어난다고 주장한 것이며 그의 종교론 3강에서 종교는 배울 수 있는 것이 아니라 계발될 수 있는 것이라는 주장을 제시한 것도 형제단으로부터 유래한 것이다.[14]

슐라이어마허는 1805년 이런 주장을 한 바 있다. "전체 그리스도교계에서 오늘에 이르기까지 그리스도교 본연의 경건을 제대로 표현할 뿐만 아니라 회중이 진정한 신앙적 각성으로 드리는 공중 예배는 헤른후트 형제단의 예배 이외에 그 어디에서도 찾아볼 수가 없다."[15] 이 점에서 슐라이어마허는 "예전적인 차원에서 헤른후트파"를 자처하고 있다는 평가를 받는다.[16]

2) 계몽주의적 종교관에 대한 비판과 초기 낭만주의적 종교 이해

슐라이어마허가 태어날 당시에는 일반적으로 계몽주의적 사고가 팽배해 있었으며, 신학도 마찬가지였다. 슐라이어마허가 교육받은 할레 대학교 신학부도 계몽주의적 종교관에 익숙한 상황이었다.

계몽주의는 명백한 지성주의로서 인식욕과 진리 탐구의 적극성으로 그 절정에 달해 있었다. 맹목적인 신앙과 전승된 것들은 이성 앞에서 변호되지 않는 것으로 간주되었으며, 따라서 타당한 것이 아니었다. 참된 것은 자연적인 것과 이성에 의해 보편타당성이 있다고 판단된 것이었다. 즉 종교적인 측면에서 보면 계몽주의는 초자연적인 종교를 파괴하고 합리적인 자연 종교를 세우려했다. 종교의 본질을 형이상학적이며 사변적인 교의와, 종교에 부수된 도덕적인 원칙에서 찾으려 했다. 따라서 형이상학적인 탐구의 종점인 존재의 근거와 도덕적인 규범에 대한 진술이 종교의 본질로 간주되었다. 그 결과 종교가 형이상학이나 교의 또는 도덕적인 행위에 예속되었다.

슐라이어마허는 1799년《종교론》을 저술하였으며, 이를 통하여 종교의 본질을 교리나 도덕적 행위로 간주하는 계몽주의 종교관을 배격하고, 감정과 직관으로서의 독자적인 종교관을 수립하기에 이른다.

슐라이어마허가 볼 때 계몽주의적 사유는 현실 국가와 예술과 학문에 과도하게 집중함으로써 "사람들을 신적으로 사로잡고 감화시키는 억제할 수 없는 내적 필연성"[17]을 상실하고 말았다. 계몽주의적 사유에는 "세계 저편에 있는 영원하고 거룩한 존재를 위한 어떠한 것도 남아 있지 않기"[18] 때문에 이러한 사유의 영향하에 있는 종교는 속된 관점을 넘어서지 못한다. 속된 관점은 그 자체가 유한적 관점이며, 유한적 관점에서 파악된 무한자는 진정한 무한자가 아니다. 슐라이어마허는 종교를 계몽주의적인 세속적 관점에서 해방시키려고 하였다.[19] 그가 보기에 종교는 애당초 사유와 행위의 차원에 구속되지 않으며 이러한 속된 관점을 넘어서 심정의 심연에 자리하고 있다. 그러나 계몽주의에서처럼 종교가 사유와 행위의 차원에 묶이면 종교는 "이성적인 그리스도교로 일컬어지는 잘못 봉합된 형이상학과 도덕의 조각"에[20] 지나지 않게 된다.[21] 슐라이어마허에 있어서 종교의 본질은 '우주에 대한 직관과 감정'이다. 무한자가 유한자 가운데 자신을 계시하며 현상하는 것이 종교이며, 유한한 인간이 자기 가운데 무한자를 소유하는 것이 종교이다. 이러한 계시와 소유는 오로지 직관과 감정을 통해 이루어진다. 슐라이어마허에 의하면, "실천은 예술이요 사변은 학문이며 종교는 무한자에 대한 느낌과 맛봄"[22]이다.

종교의 대상을 '우주'로 간주하고 그 본질을 직관과 감정으로 규정함으로써 슐라이어마허는 철학사와 신학사에서 고유한 위치를 차지하게 된다. 종교적 직관의 특징은 수동성과 수용성에 있다. "모든 직관은 직관되는 존재가 직관하는 존재에 끼치는 영향으로부터 출발하며, 직관하는 존재의 본성에 따라 받아들여지고 종합되며 파악되는, 직관되는 존재의 근원적이고 독립적인 행위로부터 출발한다."[23]

슐라이어마허는 종교를 직관의 수동성으로 파악하지 않고 사유나 의지의 자발성으로 잘못 파악할 경우 빠질 수 있는 오류를 경고한다. 인간 능력의 자발성과 수동성을 섬세하게 구별하지 못할 경우 종교는 신화나 미신으로 간주될 수 있다는 것이다. 수동적인 직관의 산물을 이론의 테두리 안에서 적극적으로 기술할 경우 종교 대신 신화가 산출되며, 직관의 내용을 적극적으로 행동으로 옮길 경우 미신이 발생한다. 종교를 신화나 미신과 구별할 수 있는 기준은, 전자는 직관의 수동성에 토대를 두며 후자는 사유나 의지의 자발성에 토대를 둔다는 사실에 있다.[24]

슐라이어마허는 계몽주의의 세례를 받은 당시의 비종교성을 비판한다. 인간은 누구나 내면 가운데 '종교의 잠자는 불꽃'을 간직하고 있는데, 이 불꽃은 계몽주의 교육이라는 시대의 장애로 인해 타오르지 못했으며 결과적으로 비종교성으로 전락했다는 것이다.[25] 슐라이어마허는 계몽주의 교육의 요체를 "이해의 광기"[26]로 규정하면서 이를 신랄하게 비판한다. 직관으로서의 종교가 종교성의 개성적인 일어남을 중시한다면, 계몽주의적 종교는 동일한 교리의 전수와 암기와 재현을 중시한다. 전자에서는 내면의 새로운 형성이 있는 반면, 후자에서는 동일한 반복이 있을 뿐이다. 이미 형성되어 있는 것의 반복과 재현을 교육으로 간주하는 것은 존재와의 직접적인 접촉에 유연한 감각을 무시하고 천편일률적인 이해를 중시하는 기계론적 교육의 광기이다.[27]

이러한 계몽주의적 종교관에 대한 신랄한 비판에도 불구하고 슐라이어마허 연구가들은 그의 예배 이해가 부분적으로 계몽주의에 대해 거부하는 입장을 지니지만, 원칙적인 공통점이 있다는 것 또한 묵과할 수 없다고 지적한다.[28] 무엇보다도 그의 조형 예술에 대한 비판적 입장과 설교의 중요성에 대한 과대평가는 다수의 계몽주의 신학자들의 주장과 일치하는 것이라고 본다.[29]

많은 학자들이 지적하듯이 슐라이어마허의 예전에 대한 관심은 낭만주의의 영향이다.[30] 슐라이어마허는 샤리테 병원의 설교자로 일할 때 초기 낭만주의자들과 교류를 갖게 되면서 낭만주의를 접하게 된다.

낭만주의는 합리주의에 대한 반작용으로 일어났다. 낭만주의자들은 인공적인 것보다 자연적인 것을, 강요된 것보다 자발적인 것을, 냉랭한 합리성보다 경험과 감정을, 외적이며 형식적인 것보다 내적이며 상상적인 것을 강조했는데, 냉랭하고 분석적이며 기술적인 이성에 대한 반작용으로서 상상력과 직관에 의해 현상 배후에서 삶의 의미를 발견하려는 시도로서 낭만주의를 이해한다면 슐라이어마허는 낭만주의자였다.

슐라이어마허의 초기 사상을 담고 있는 그의《종교론》은 그의 종교 이해가 낭만주의의 영향을 받고 있다는 것을 잘 드러내고 있다.[31] 그의 종교 이해는 계몽주의적 종교를 비판함으로써 수립되었는데, 슐라이어마허는 계몽주의적 비종교성의 장애를 뚫고 종교로 나아갈 수 있는 길을 '감각의 해방'에서 찾는다.

직관과 감정으로서의 종교에서는 우주와의 직접적인 접촉이 관건이지만, 이해를 강조하는 교육은 우주와 접촉하는 감각을 억제하고 배제한다. 감각은 그에게 주어지는 존재 전체의 인상을 파악하지만, 이해는 그 존재를 분석하여 그것의 원인과 목적을 밝히려고 한다. 전자에서는 감각에 주어지는 존재가 영향을 끼치는 반면, 후자에서는 존재 자체가 이해 행위에 의해 나뉘고 해부된다. 결국 종교의 형성은 감각이 이를 억제하는 이해로부터 해방됨으로써 이루어질 수 있다. 진정한 종교는 감각이 이해에서 해방되어 직관과 상상력을 통해 우주를 향해 개방될

때 형성될 수 있다는 것이다.[32]

슐라이어마허 연구가들은 낭만주의적 사고의 영향이 슐라이어마허 예배 이해에 기본적으로 수용되었으며, 무엇보다도 그가 제의 안에서 주관적인 체험을 강조하는 것에서 뚜렷한 낭만주의의 영향을 확인할 수 있다고 한다.[33]

3. 슐라이어마허의 예배 이론

1) 제의

슐라이어마허의 저서 중 예배에 관한 이론들로 소개되는 대표적인 것은《신학연구입문Kurze darstellung des theologischen Studiums》[34],《실천신학Die Praktische Theologie》[35], 그리고《기독교 도덕론Christliche Sittenlehre》[36] 이다.

슐라이어마허는《신학연구입문》의 3부 실천적 신학 부분의 서론과 교회 봉사의 원리 부분에서 예배에 대해 서술하고 있으며, 그의《실천신학》에서 공예배의 본질에 대해서 본격적으로 서술하고 있다. 나아가《기독교 도덕론》에서 다양한 시각에서 교회에 대한 이해를 다루면서 예배에 대한 자신의 생각들을 드러내고 있다.[37]

슐라이어마허는 수년 동안 여러 책들을 집필하는 과정에서 예배를 서로 다르게 표기하고 있다. 그런데 그가 애매모호하고 적절하지 못하다는 이유로 시종일관 거부하는 예배의 개념은 '하나님 숭배Gottesverehrung'이다.[38]

《신학연구입문》에서 그는 예배를 지칭함에 있어서 전통적인 교회의 표현과는 달리 Kultus, 곧 제의라고 기술하며, Darstellung, 즉 표현 또는 서술이라고 지칭하고 있다. 이와 더불어 설교란 예배의 기본 요소로서 '관념화된 경건한 자의식의 전달'이라고 설명한다. 그는 《실천신학》에서 이것을 보다 분명하게 기술하면서 "예배의 목적"을 "강하게 자극된 종교적 의식을 표현하여 전달하는 것"으로 정의한다.

슐라이어마허는 《신학연구입문》에서와 마찬가지로 《기독교 도덕》이나 《실천신학》에서 특별히 Kultus라는 개념을 선호하고 있다. 그에 의하면 예배Gottesdienst라는 명칭은 오해의 소지가 있으며, 비본래적이다. 왜냐하면 이 개념 안에는 위험이 도사리고 있는데, 그것은 인간의 하나님에 대한 봉사를 "효력을 불러일으키는 행위wirksames Handeln"로 오해할 수 있기 때문이라는 것이다.

슐라이어마허에 의하면 예배는 "효력적 행위", 즉 목적에 관련되거나 도구적 행동이 아니요, 교리적이거나 윤리적 가르침을 전달하는 장도 아닌, 축제 그 자체이다. 즉 기독교 예배의 내용은 제의를 위해 모인 공동체 회원의 종교적 의식의 표현이라는 것이다. 그리고 이런 표현을 형성하기 위한 형태는 예술의 다양한 요소들이라고 한다.[39]

그에 의하면 제의로서의 예배에 가장 적합한 표현 수단은 인간의 언어 및, 언어와 관련된 예술이다. 그리고 이 언어 예술과 연결된 음악이다. 그래서 슐라이어마허는 수사학과 음악이 제의에 도움을 줄 수 있다고 보았다.[40]

슐라이어마허에 의하면 제의는 두 종류로 구분될 수 있다. 첫째는 "조건적 서술bedingte Darstellung"이다. 조건적 서술은 특별한 계기와 관련된 것인데, 이는 종교적 자극이 일정한 시점에 대한 기억으로 이루어져 있다는 사실을 통해서 드러난다.[41] 따라서 기억을 통하여 종교적 자의식은 변형된다. 그리고 이 자의식의 변형은 제의를 통해 표현된다.[42] 이런 조건적 서술에 속하는 것이 기독교적인 축제들이다. 이 조건적 서술, 즉 축제적 예배들에서는 어떤 분위기, 즉 공동체를 고양하는 분위기를 필요로 하는데, 이러한 연중 제의의 시기가 다가오면 올수록 종교적 자의식이 고양되고 그 시간에 대해 준비하게 된다. 이로써 공동체의 삶에서 종교적 자의식이 고무된다.

둘째는 "무조건적 서술unbedingte Darstellung이다. 이는 조건적 서술의 계기에 반하는 것으로 삶과 관련된 것이며 일상적인 것이다".[43] 무조건적 서술은 특별한 계기 없이 드리는 예배를 의미한다. 축제적 절기를 제외한 연중 주일의 예배가 이것에 속한다.

그러나 축제적 예배의 조건적 서술과 일상적인 예배의 무조건적 서술은 종교적 자의식의 서술이라는 본질에 있어서는 차이가 없다.

예배는 현재적인 사건과의 단절을 통해 종교적 자극이 예배자 자신에게 의식되도록 할 수 있다. 단절에서 발생하는 경건은 종교적인 것을 일상적인 삶에서 강화할 수 있게 해준다. 슐라이어마허는 이러한 관점에서 제의의 과제는 자의식의 힘을 전체 삶으로 중개하는 것이라고 보았다.[44]

슐라이어마허에게 있어서 예배라는 표현은 한편으로는 의례적 행위를 뜻하고, 다른 한편으로는 경건한 그리스도인의 삶 전체를 가리키는 말이다. 그는 예배라는 표현의 이러한 모호함을 피하기 위하여 《신학연구입문》에서 두 경우의 예배를 각각 제의와 도덕Sitte이라는 용어로 설명했다.[45]

이러한 개념으로부터 우리는 일차적으로 슐라이어마허의 비판적 의도를 읽을 수가 있다. 슐라이어마허 이전 프로테스탄트 교회의 전통에서는 예배가 합리적 의미에서 교육의 장이며 이성적 계몽의 장, 도덕적 교화의 장으로 이해되었다. 슐라이어마허가 선택한 제의로서의 예배 개념은 이성적인 것에 반하는 것으로 이 개념을 통하여 이성적 계몽의 장으로서의 예배 이해를 비판적으로 성찰하고 있다. 또한 슐라이어마허가 채택한 서술과 표현으로서 예배 이해는 효과적인 교육의 장으로서의 예배 이해에 반하는 것이다.

개신교 신학자들의 대부분이 예배는 곧 설교라는 설교 중심의 예배 이해를 가지고 있는 반면 슐라이어마허는 기본적으로 설교를 예배의 한 요소로 이해하면서, 전통적으로 교회가 사용해온 예배라는 명칭에 의존하지 않고 예배를 제의로서 설명하고 있다. 제의는 인간의 여러 종류의 행위 중에서 서술 행위에 속한다. 그리하여 슐라이어마허는 예배를 설명하는 데 있어서 제의 외에 서술 행위, 즉 darstellendes Handeln으로 기술한다. 그의 예배론을 이해하기 위해서는 서술 행위에 관한 이해가 필수적이다.

2) 서술 행위

슐라이어마허는 인간의 행위를 두 가지로 유형화하고 예배를 이 둘 중의 하나인 서술 행위로서 이해하고 있다. 그의 서술 행위 개념을 이해하기 위해서는 무엇보다도 슐라이어마허의 인간의 행위와 경건에 대한 생각을 이해할 필요가 있다.

슐라이어마허에게 있어서 경건은 유한자인 인간이 무한자와 관계하는 것을 뜻한다. 이러한 경건의 상태가 바로 신앙인데, 그의 《기독교 신앙》에서 인간의 의식은 경건한 자기의식 그 자체와 죄와 은총의 대립 가운데 있는 경건한 자기의식으로 나뉠 수 있다. 그러나 그의 《기독교 도덕론》에서는 대립 가운데 있는 경건한 자기의식만을 다루고 있다. 대립 없는 경건한 자기의식은 늘 동일한 모습을 견지하는 데 반해, 대립 속에 있는 경건한 자기의식은 그때마다 상이하게 나타나는 기독교적인 행위에 부합하기 때문이다.[46]

슐라이어마허가 기독교적인 행위를 분류하는 데는 경건한 자기의식과 죄의식 및 은총 의식과의 관계가 결정적이다. 경건한 마음 가운데 죄의식의 계기가 강하게 나타나면, 행위는 죄의식으로 인해 발생한 마음의 동요와 갈등을 극복하는 방향으로 나아간다. 슐라이어마허는 이러한 행위를 '정화 행위reinigendes Handeln' 혹은 '재생 행위wiederherstellendes Handeln'라고 규정한다.

이와 반대로 경건한 마음 가운데 은총 의식의 계기가 강조하게 나타나면, 행위는 그 자체가 방해받지 않은 상태로 구현되려고 한다. 이것은 '전파 행위 혹은 확장 행위verbreitendes oder erweiterndes Handeln'로 규정된다. 슐라이어마허는 이 두 행위의 형식을 '작용적 행위wirksames Handeln'로 명한다. 이것은 죄의식에 의해서든 은총 의식에 의해서든 무엇인가를 이전과 다른 모습으로 변화시키려는 행위이기 때문이다.[47] 그러므로 정화 행위와 전파 행위는 기본적으로 도덕적인 의미를 지니고 있다. 이 두 행위를 포함하는 작용적 행위는 인간 활동의 도덕적인 차원의 특징이다.[48]

반면, 슐라이어마허는 운동의 계기를 강조하는 작용적 행위에 대해 정지의 계기를 강조하는 행위가 있다고 생각한다. 대상과 자기 자신을 변화시키는 행위가 있는가 하면 현재의 상태를 조용하게 유지하려는 행위가 있다는 것이다. 이것을 '서술적 행위'로 규정된다. 이러한 행위는 무엇인가에 영향을 끼치고 이를 변화시키려 한다기보다 만족스러운 자신의 상태를 조용하게 표현하려고 한다. 작용적 행위가 유쾌와 불쾌의 감정을 통하여 생겨나는 것인 반면, 서술적 행위는 자의식 고양의 표현이며, 이러한 행위의 토대를 이루는 의식 상태는 만족과 지복至福이다.[49]

서술적 행위는 공동체의 이상을 통해 조건 지어진다.[50] 왜냐하면 인간은 공동체 없이는 존재할 수 없기 때문이다. 따라서 인간에게는 늘 커뮤니케이션의 과제가 부과된다. 여기서 커뮤니케이션이란 슐라이어마허에게 있어서 이중적 의미로 기술된다. 우선적으로 커뮤니케이션이란 자의식의 상태가 한 시간에서 다른 시간대로 속행되는 것이고 이로써 자기 스스로 자기 동일성을 유지하는 것이다. 또한 커뮤니케이션이란 개인이 다른 사람과 교류하는 것을 의미한다. 이 두 가지를 모두 취하는 것이 공동체성의 영역이라고 한다. 모든 서술적 행위는 내적인 상태에서 드러나고 공동체성으로 매듭지어진다.[51] 개인의 서술적 행위에서는 공동체성이 표현되고, 동시에 공동체성은 개인들의 서술 행위에 늘 전제가 된다. 그러므로 공동체성과 서술적 행위는 같은 기원을 지니는 셈이다. "서술적 행위는 현상에서 드러난 공동체성 그 자체이다. 그리고 공동체성은 자의식의 객체가 될 수 있는 그런 것이다."[52] 공동체성은 자의식의 내면성이 표출될 수 있는 매체이고, 공동체성은 이러한 과정을 수용하고 다른 사람의 주관적인 습득에 근접할 수 있게 하는 포럼이다.[53] 서술적 행위의 본질은 내재적인 것의 표현에 있으며, 그것이 있는 그대로의 것으로 인지될 수 있음에 있다.[54]

이러한 구분을 교회의 행위에 적용하여 보면, 교회의 갱신은 정화 행위로서 작용적 행위로서 언급될 수 있으며, 교회의 선교와 교육은 전파 행위로서 역시 작용적 행위에 속한다. 슐라이어마허에 의하면 예배는 서술 행위에 속한다. 예배는 작용적 행위에 속하지 않는다. 그 이유는 예배는 공동체적 의식이 전제된 행사로서 예배 참여자 모두는 생산자인 동시에 수용자이며, 이때 모든 대립이 지양되기 때문이다.[55] 곧 예배는 공동체의 자의식의 표현으로, 있는 그대로 만족스러운 경건의 표현이다. 따라서 더 이상 예배 안에서 어떤 것도 목적이 되지 말아야 한다. 그러므로 공동체를 위한 선교 또는 교육적 목표 설정은 슐라이어마허에게 있어서 예배의 본질이 아니다.

슐라이어마허가 예배를 인간의 서술 행위로서 이해한 것은 그의 신앙적 배경이 되고 있는 헤른후트의 예배 이해와 일치한다. 그런데 헤른후트의 예배 이해는 다른 경건주의 공동체가 예배를 통해 회개를 불러일으키려는 운동에 치중한 것과 달리 이미 회심한 사람들의 공동체로서의 예배 공동체를 이해하는 것에 기반

을 두고 있다.[56]

3) 축제

슐라이어마허는 예배를 축제로서 이해하고 있다. 따라서 그의 축제 이해를 아는 것은 그의 예배 이해에 도달하는 첩경이 된다. 슐라이어마허는 그의 예술적 작품인《성탄축제》에서 축제에 대한 자신의 견해를 밝히고 있다.

슐라이어마허에 의하면 축제의 기쁨은 자연스런 관심과 충동에서 유래한다. 기쁨은 인위적으로 조작될 수 없으며 강제적으로 꾸며질 수 없다. 이와 마찬가지로 경건도 강제적인 것이 아니라 자연적인 것이며 자발적인 감동에서 나오는 것이다.

그는 성탄 축제가 그리스도의 탄생을 기뻐하는 기억이라고 본다. 그리스도의 탄생 없이 기독교가 존재할 수 없었다면 기독교의 지속은 성탄 축제를 통해서 이루어졌다고 해도 과언이 아니다. 슐라이어마허는《성탄축제》에 등장하는 레온하르트의 입을 빌어 축제적 제의가 기독교의 문자적 전승보다 앞설 수 있다는 사실을 지적한다.[57]

> "행위는 말과 같이 힘이 있어요. 그래서 그 참된 의미가 상실되어버린 축제
> 행위로부터 수많은 잘못된 역사가 꾸며진 경우는 많지만 그 반대의 경우는 결
> 코 없습니다. 만약 민중이 잘못된 역사보다 축제 행위를 더 고수한다면 우리는
> 그리스도에 대한 회상이 그 많은 부분에 있어서 성서를 통해서보다는 축제를
> 통해서 획득되었을 것이라고 생각해야 합니다."[58]

슐라이어마허는 기독교의 전승이 성서나 종교 교육을 통해서가 아니라 축제

를 통해서 전해졌다고 말한다. 즉 슐라이어마허에 의하면 축제는 기독교를 실질적으로 보존해온 틀이다. 추상적인 가르침에 대한 맹목적인 복종을 요구하는 신앙 훈련이나 종교 교육보다 축제가 기독교를 훨씬 더 실질적으로 보존하며 전달해온 틀이었다는 것이다.[59] 기억의 확실성은 종교 수업과 같은 지성적인 방식을 통해서가 아니라 실제적 축제를 통해 더욱 실질적으로 보존된다는 것이다.[60]

또한 슐라이어마허는 《성탄축제》에서 에른스트의 말을 빌어서 축제는 인간의 심정적 분위기와 신념을 자극할 수 있다고 본다.[61] 또한 축제는 생동감 있게 일어난다는 사실에 모든 축제의 훌륭함이 깃들어 있다고 한다. 축제가 창조해내야 하는 분위기는 기쁨이며, 축제가 이 기쁨을 널리 확산시키고 생동적으로 자극한다는 것은 분명한 사실인데, 그러나 축제의 고유한 본질은 이러한 기쁨의 작용 Wirkung이 아니라 우연적인 것이라고 본다.

슐라이어마허는 예배와 축제의 동일한 성격을 비교함으로써 예배를 설명하는 한 유형으로서 축제의 개념을 사용하고 있는데 예배와 축제의 공통점은 다음과 같다.

첫째, 예배와 축제는 모두 일상적인 삶으로부터의 단절에서 비롯되는 것이다. 이것이 슐라이어마허의 축제 이론의 기본 테제이다. 즉 예배와 축제는 일상과 관계를 맺는 방식이 동일한데, 둘 다 일상으로부터의 단절Unterbrechung을 통해 비일상성을 획득하려는 성격을 지닌다. 예배가 어떠한 효과를 목적으로 하는 작용적 행위가 아니듯 축제 또한 순수한 서술 행위라는 면에서 둘은 공통점을 지닌다.

슐라이어마허에 의하면 "축제들은 노동과 삶을 영위하는 행위들을 중단하고, 이것들에 대해 반대편에 선다."[62] 그렇다고 해서 축제가 단순히 일상적인 삶이 금지하는 것들을 허용하는 것을 의미하지는 않는다. 축제란 금지된 것들의 탐닉도, 허용된 위반도 아니다. 삶에 대한 단순한 동의도 아니고 일상적인 삶에 대한

합의의 확실한 표현도 아니다. 슐라이어마허는 축제를 오히려 일상적인 삶에서 이루어지는 신앙과 이성의 작용적 활동들에게 마지막 목표로서 제시된 서술 행위로서 이해한다.[63] 이런 의미에서 슐라이어마허에게 있어서 서술적 행위로서의 예배와 축제는 종말론적 성향을 지니고 있다.

둘째, 예배와 축제는 공동체의 자연스러운 산물이다. 축제는 공동체의 행복을 기초한 곳에서 예배의 관습과 더불어 시작되었다.[64] 축제는 공동체가 그러한 종류의 활동에로 모인 것이다. 확실히 서술 행위로서의 축제를 위한 전제는 공동체에서 공동체를 위해 개설된다는 것이다. 다른 사람들과 혹은 공동체와 교류를 위한 개인의 자의식의 서술이라는 관점에서 보면 모든 서술 행위는 인간 존재의 지속적인 현실화 외에 다른 것이 아니다.[65] 개인은 공동체 안에서 일치와 차이를 통해 관점을 얻는 한에서 자의식이 형성된다. 예배와 축제는 그러한 개인들과 모두의 상호 작용에서 생겨난다.[66]

셋째, 예배와 축제는 서술적 행위로서 이를 통하여 자의식이 고양되는[67] 그 자체가 목적인 행위이다.[68] 축제는 반드시 백성들에 의해 자발적으로 시작되어야 한다. 위로부터 지시될 수 있는 것이 아니다. 예배도 이와 마찬가지다.[69]

넷째, 예배와 축제는 예술적인 것을 매개로 한다. 슐라이어마허에 의하면 "축제적인 것의 등장은 예술을 통해서만 생겨날 수 있다. 그러나 이 매개체 자체가 신적인 정신의 생산물은 아니다.[70] 예술은 서술 행위의 과정에서 습득되고 종교적 원칙을 위해서도 사용된다.

슐라이어마허에 의하면 최고의 예술적 산출은 종교적이며, 종교적 감동은 예술적이다. 최고의 예술은 종교 예술이며, 종교적 체험은 늘 예술적인 일어남의 특성을 지닌다.[71]

슐라이어마허가 축제와 예배가 예술적인 것을 매개로 한다는 점에서 공통점이 있다고 말하고는 있으나, 그가 언급하고 있는 예술적인 것은 노래, 즉 음악에 한정되어 있다. 건축 등 조형 예술에 대해서는 무관심하고 있다. 슐라이어마허의 조형 예술에 대한 비판적 입장과 설교의 의미에 대한 존중은 많은 계몽주의적 예배학자들과 일치하는 점이다.[72]

슐라이어마허는 꼭 필요한 예술로써 수사학을 꼽고 있다. 예배는 정신적이며, 말씀은 정신을 통해서만 이해될 수 있기 때문이라는 것이다. 슐라이어마허가 음악 또한 예배를 위한 본질적인 요소라고 말하고는 있지만, 기본적으로 그에게 예배를 위해 필요한 것은 노래만이며, 노래는 시적인 연설의 강연 형태라고 본다.[73] 그래서 슐라이어마허는 예배의 요소들을 지속적으로 말씀과 연설에 관계시키고, 그가 무시하는 다른 모든 전달 형식에 반해서 말씀과 연설을 선호한다. 연설에 부족한 것이 있는데, 그것은 연설이 연극보다 감정을 움직이기 쉽지 않다는 것이다. 연극의 본래적인 형태에 대해 슐라이어마허는 그 기원을 제의적 춤에서 찾는다. 슐라이어마허는 연설을 동반하는 연극을 필수 불가결한 것으로 인정하는데, 연극이 경건을 방해하는 단조로움을 피하는 데 도움이 될 것이라 본다.[74]

4. 나오는 말

슐라이어마허는 예배를 제의, 서술 행위, 축제로서 이해한다. 간략하게 말하면 이 세 개념을 통해 슐라이어마허가 제시하고자 하는 예배 이해는 바로 예배가 다른 어떤 것의 수단이 되지 않는, 그 자체가 목적인 공동체적 신앙 표현이라는 것이다. 이러한 그의 예배 이해는 오늘 우리 교회의 현실에서 예배를 이해하는 데 있어서 분명한 원칙을 제시해주고 있다.

　무엇보다도 미학적인 차원의 예배의 재발견과 예배 참여율 사이에 함수 관계가 있다는 오늘날의 인식에 문제를 제기하는 점에서 그러하다. 사람들의 규칙적인 예배 참여는 현대적으로 구성된 예배에 달린 문제가 아니라는 인식이 슐라이어마허를 통하여 새롭게 제기될 수 있기 때문이다. 아름다운 예배들은 신앙의 풍부함에 상응하는 것이지 예배가 아름답기 때문에 예배에 적극적으로 참여하는 것은 아니기 때문이다.

　예배가 축제라는 슐라이어마허의 인식이 또한 그러하다. 슐라이어마허는 예배가 축제되는 것에 진정성을 기울여야 한다는 점을 강조하지만, 그가 말하는 그 축제로서의 예배가 화려한 예전복과 색상 좋은 배너로 장식된 피상적인 것을 의미하지는 않는다. 오히려 축제는 미학적인 능력, 무엇이 있고 무엇이 되어야 하는지를 인지할 수 있는 능력, 적절한 예배 형식들을 구성할 수 있는 능력으로써 발생된다.[75] 그러므로 자발성, 공동체성, 일상과의 단절 등 축제가 지니는 본래적 성격을 숙고하는 것이 오늘의 예배가 그 축제성을 회복하는 데 첫 걸음이 될 것이다.

　슐라이어마허의 예배 이론은 비어가는 교회에 대한 서글픈 호소와 그 방책으로서 예배를 갱신해야 한다는 생각이 예배를 대하는 적절한 기본 견해일 수 없다는 점을 분명히 한다. 오직 신앙의 풍부함과 하나님에 대한 궁극적 관심을 가진 사람만이 하나님을 예술적으로 축하할 수 있기 때문이다. 따라서 회심 경험, 선교, 교육 등은 예배의 본질이 아니다. 예배에 있어서 본질적인 것은 경건이다. 그래서 예배는 예배 그 자체가 목적인, 자기만족적인 가치를 지니고 있다. 예배가 다른 무엇에 복무하지 않는다는 슐라이어마허의 예배 이해는 오늘 우리 교회 현실에 꼭 필요한 원칙이다.

3장

빅터 터너의 의례 이론과 예배 연구

1. 들어가는 말

예배는 그 교의학적인 진술에서도 밝혀지듯이 부분적으로는 인간의 감사와 응답의 표현 행위이다. 그러나 인간은 시간과 공간이라는 제약 속에서만 감사와 응답을 표현할 수 있다. 다시 말해 사회적 문화적 제약 속에서만 인간적인 수단을 가지고 그것을 표현할 수밖에 없다. 그렇기 때문에 예배는 각 시대마다 인간의 사회 문화적인 상황과 복잡하고 다층적인 관련을 맺고 있다. 예배의 이러한 특성은 예배 연구가 교의학적인 테두리를 넘어설 것을 요청한다. 다양한 표현 방식과 매체를 사용하고 있는 현대 교회의 예배에 대하여 단조로운 교의학적 진술의 반복만 가지고는 제대로 된 성찰의 기회를 제공할 수 없고, 또한 학문적으로도 의미 있는 결과물을 생산하기 어렵기 때문이다.

더욱이 예배 연구의 주제 가운데서도 예배 갱신의 문제는 연구 방법론의 문제를 첨예하게 안고 있다. 특히 예배 갱신이 왜 교회 내에서 시급한 문제로 제기되는지, 그리고 어떠한 사회 문화적 배경 속에서 수행되는지, 또한 예배 갱신이 어떠한 사회 문화적 함의를 지닐 수 있는지의 문제에 대하여 고찰하고자 할 때에 더욱 그러하다. 따라서 우리는 인접 학문의 도움을 필요로 할 수 밖에 없으며, 예배가 지상에서 이루어지는 한 현대 교회의 예배 현실을 대상으로 하는 예배 연구는 학제간의 연구가 되어야 함을 겸허하게 수용하고 또 진지하게 검토할 수밖에 없다.

다른 학문의 이론적인 도움을 받기 전에 전제해야 할 것은 예배를 하나의 의례 ritual로서 파악하는 것이다. 그렇게 할 때에만 다른 학문의 의례 연구가 예배 연구에 이론적인 틀을 제공할 수 있기 때문이다. 예배 연구의 전제로서 예배를 하나의 의례로서 파악하는 일은 예배의 그리스도교적 정체성을 좌시하거나 혼란시키려는 것은 아니다. 단지 방법론적인 접근과 분석을 통하여 더욱 폭넓은 연구를 위한 바탕을 마련함으로써 한층 차별화된 예배 연구의 결과를 기대하기 때문이다.

필자는 이러한 방법론적 전제에 동의하며 예배를 연구함에 있어서 의례 이론의 도움을 받고자 한다. 필자가 다른 학문의 의례 이론을 토대로 분석해보고자 하는 대상은 한국 교회 안에서 '예배의 한국 문화화'를 목표로 시도하였던 예배 갱신의 움직임이다. 그 움직임은 1980년대 말 이래로 한동안 신학적 논의에서나 교회의 실천에 있어서 중요한 논제로 부각되었다. 필자는 그 움직임의 태동 과정에 주목하고 그 움직임이 한국의 사회와 문화적 정황과 어떤 관계가 있는가에 대하여 질문을 던지려고 한다.

빅터 터너^{Victor Witter Turner, 1920~1983}의 의례 이론은 1950년대 아프리카 소수 부족의 의례를 현장 조사 방법을 통하여 수립한 것이지만, 터너의 연구는 의례와 의례의 변화를 사회 문화적 변화와의 관련하에서 연구했다는 점에서 필자의 연구에 도움을 준다.

터너의 의례 이론은 아직 한국의 예배학 분야에서 낯설기 때문에 필자는 무엇보다 먼저 터너의 의례 이론을 필자의 관심에 초점을 맞추어 제한적으로 소개하고, 터너의 이론이 필자의 질문에 어떠한 답변을 제시할 수 있는지 살펴보고자 한다.

2. 터너의 의례 이론

1) 의례 연구를 위한 방법론적 전제

의례 연구에는 세 가지의 관점이 있다. 첫째는 의례의 기원에 관한 질문을 중점적으로 다루는 관점이요, 둘째는 의례의 사회적 기능과 구조에 관심을 두는 관점이며, 셋째는 의례의 문화적 의미에 대해 연구하는 관점이다. 터너는 두 번째와 세 번째의 관점에 속한 학자로 분류되지만, 그 자신은 두 번째 관점에 속하는 기능주의 및 구조주의적 의례 연구 방법론과 자신의 방법론을 차별화하려고 한다. 그는 오히려 자신의 의례 이론을 구조적이고 기능적인 의례 이론의 대안으로 제시하고 있다.[1] 그의 의례 연구 방법은 신화 등 정적인 텍스트로 이루어진 자료들의 구조주의적이고 기능주의적인 분석을 포함할 뿐 아니고, 사회적인 삶의 실제 과정을 토대로 하는 문화를 파악하는 작업까지 포함하고 있다.[2]

터너의 이론을 이해하기 위해서는 터너를 구조적이고 기능적인 이론으로부터 구별 짓는 두 가지의 전제를 이해하는 것이 중요하다. 첫째는 의례가 의례의 구성 요소인 상징과 의례의 콘텍스트인 사회적 갈등으로 이루어진다는 것이요, 둘째는 의례란 머물러 있는 체계로서가 아니라 과정으로서의 성격을 지닌다는 것이다.[3]

이 두 가지 전제들은 터너의 의례 연구에 있어서 기본적인 관점이다. 터너는 의례를 정적인 모형으로 이해하는 것을 반대하고 시간 및 사회적 콘텍스트를 고려하지 않는 의례 연구 방법에 대하여 비판한다. 터너가 비판한 방법론은 엘리아데 Mircea Eliade, 1907~1986와 말리노브스키Bronisław Kasper Malinowski, 1884~1942로 대변되는 입장이다. 그의 기본 관점은 아래의 인용문에서 분명하게 드러난다.

"사회적 세계는 되고 있는 세계in becoming이지 존재하는 세계in being가 아니다. 존재한다는 말은 인간이 그들의 머릿속에 지닌 모형들이라고 하는 경우를 제외하고는 정적이고 비시간적인 모형들을 기술하는 것임. 그리고 이러한 이유에서 사회 구조의 연구 또한 중요하지 않다. 사회 구조에 대한 연구들은 기본 전제에서부터 잘못된 것이다. 왜냐하면 정적인 활동이란 없기 때문이다."[4]

이 관점은 터너의 이론을 수립하기 위한 인식론적 전제로서 의미가 있을 뿐 아니라 의례 연구사에 있어서 터너가 기여한 탁월한 관점이라는 점에서도 큰 의미가 있다.[5]

일반적으로 의례를 이해하기 위해서는 의례의 상징들을 매우 세심하게 연구해야 한다. 터너의 독특한 점은 상징들을 연구하되 상징들의 역동적인 성격에 주목한다는 데 있다. 터너에 의하면 상징은 사회로부터 투사되고 사회 조직의 형태를 반영하는 무시간적 존재가 아니다.[6] 상징은 사회적 관계의 역동성에서 생겨나며 그 역동성을 간직하고 있다. 그렇기 때문에 상징은 결코 고정된 의미들을 지니지 않는다.

이러한 상징 이해는 의례 연구에서 콘텍스트context의 의미를 강조하게 한다. 터너에 의하면, "나는 내가 의례 상징들을 다른 사건과의 관계에서, 또한 시간적 연속선상에서 연구하지 않고는 의례 상징들을 분석할 수 없다는 사실을 발견하였다. 상징들은 본질적으로 사회적 과정에 포함되어 있기 때문이다. 나는 의례의 거행이 그것에 의해 그룹이 내부적인 변화를 조장하거나 그들의 외부적인 환경에 적응하는 사회적 과정에서의 뚜렷한 단계라는 것을 보게 되었다."[7]

게다가 터너는 의례의 콘텍스트, 즉 상징들이 발생하는 콘텍스트를 갈등 상황이라고 규정한다. 이러한 의례의 콘텍스트를 기술하고 분석하기 위하여 터너는 사회극social drama이라는 개념을 사용한다. 사회극이라는 개념은 사회적 갈등을 드러내는 에피소드를 기술하고 분석하기 위한 하나의 고안이다.[8] 사회극의 개념은 터너로 하여금 사회를 정적인 조직체가 아니라 역동적인 과정으로 보게 하는 데 기여한다. 또한 터너는 사회극 개념을 도입하여 의례가 사회적 평정을 간단하게 재생할 수 있는 것이 아니며, 그보다 의례는 사회 스스로가 사회 스스로를 지속적으로 새롭게 정의하고 갱신하는 과정의 한 부분일 뿐이라고 주장한다. 따라서 사회극 개념은 터너의 이론을 구조적 기능적 의례 이론과 구별 짓는 개념이기도 하다.[9]

앞에 서술한 두 가지 방법론적 전제는 터너에게 있어서 의례 연구의 주안점이자 방법이다. 사회극의 개념은 의례와 사회적 상황 사이의 관계를 설명하는 데 분명한 윤곽을 그려준다.

2) 사회극

사회극이라는 개념은 터너의 저서 《분리와 연속Schism and Continuity in an african society》[10]에서 처음으로 등장한다. 터너는 사회극이란 개념의 기원을 고대 그리스 연극에서 찾는다.[11] 사회극이란 갈등 상황에서 빚어지는 사회의 비조화 또는 부조화 과정의 한 단위이다.[12] 따라서 사회극의 형태는 국가에서 가족에 이르기까지 사회 조직의 모든 영역에서 발견된다. 사회극은 그 구성원들이 실제로든 혹은 명목상으로든 같은 가치와 관심, 같은 역사를 가지고 있는 그룹들에서 생성된다.

터너에 의하면 사회극들은 관찰 가능한 공적 행위의 네 단계를 모형으로 한다. '위반breach', '위기crisis', '교정redress', '재통합re-integration' 또는 '분리separation'가 그것이다.[13]

사회극은 한 사회의 규범이 공공의 영역에서 위반됨으로써 시작된다. 다시 말해 도덕적 규칙이 손상을 입거나 법이 어겨지거나 또는 에티켓이나 관습이 어겨지는 데에서 시작된다.[14] 위반의 단계는 동일한 체계 내에 존재하는 개인들 사이에서나 그룹 사이에서 생겨난다. 어느 날 개인이나 그룹이 지금껏 유효하던 규범과 지배적인 가치와 관습에 저촉되는 행위를 한다. 이것은 지금껏 유효하던 규범과 지배적인 가치와 관습을 무시하는 분명한 상징이다. 실제로 이러한 위반 행위는 대결과 충돌의 상징적인 계기가 된다.[15] 여기서 터너는 위반과 범죄 행위를 구별한다. 범죄가 늘 이기적인 동기에 의해 유발되는 반면, 위반 행위에는 항상 이타적인 무엇인가가 내재되어 있다는 것이다.[16]

여기에 고조되는 위기가 뒤따른다. 위기 단계는 위반이 확장될 때 시작된다. 위반이 한 지역에 국한될 수 없을 때, 위반은 적대적인 그룹이거나 혼란에 빠진 그룹들이 속한 포괄적인 사회적 관계에 있어서 어떤 지배적인 분리가 일어나거나, 혹은 그 의미가 동일해질 때까지 확장되려는 경향이 있다. 무의식적인 적대감이 눈에 보이게 됨으로써 무엇보다도 위반의 편인지 위반으로 인하여 혼란에 빠진 편인지를 알게 되며, 어느 편에 속하는지에 따라 사회 구성원들 서로 간에 적대감이 생겨난다. 이렇게 됨으로써 위기는 고조된다.

이때 위기의 확산을 피하기 위하여 적절한 교정 메커니즘이 신속하게 시작된다. 이 교정 메커니즘은 공식적, 혹은 비공식적이거나 이미 제도화되었거나 혹은 이 일 자체를 위해서 새롭게 시작될 수도 있으며, 혼란이 야기된 그 사회의 지도적인 구성원 또는 구조적으로 그 제도를 대표하는 구성원에 의해 시작된다.[17]

이 메커니즘은 형태면에서 다양하다. 위반의 사회적 의미와 심도, 위기의 사회적 범위, 위기가 발생한 사회 그룹의 성격, 그리고 그 그룹의 자율성의 정도 등에 따라 다양한 형태의 메커니즘이 생성되기 때문이다.[18] 교정 메커니즘은 개인적인 조언, 비공식적인 중개, 공식적으로 행해지는 법률적 조처, 그리고 공공 영역에서의 의례 등으로 나타난다.

이때 의례는 전형적인 교정 행위의 한 종류로서 기능한다. 의례는 사회의 모순들을 감추고 또 그 모순들을 표현함으로써 한동안 지속되었던 분파 활동과 분리주의적인 불화를 화해시키는 상징적 일치를 제공한다. 이로써 사회적 관계는 다시 생성된다.

　이러한 세 번째 단계의 특징은 교정 행위들이 자기 성찰self-reflection의 맹아萌芽를 지닌다는 것이다.[19] 터너는 사회극의 교정 단계가 지닌 성찰적 특징을 이렇게 표현한다.

　　"사회극은 매일의 일상적인 역할 놀이를 일시 정지시키기 때문에, 사회적 삶의 흐름을 방해할 뿐만 아니라, 한 그룹으로 하여금 그룹의 행동을 그룹의 가치와의 관계에서 인식하도록 강요하며, 심지어 이따금 사회의 가치들의 가치를 묻도록 강요한다. 다른 말로 하면 사회극은 성찰의 과정을 포함하고 유발하며, 합법적인 공간에서 성찰의 결과가 발견될 수 있는 문화적인 틀을 생산해낸다."[20]

　이러한 의미에서 세 번째 단계는 문화 장르들의 생성과 보존에 기여한다. 여기서 문화 장르란 고급문화와 대중문화를 포함하는 것인데, 터너는 이 단계에서의 자기 성찰을 그룹들의 확장된 자의식이라고 표현한다.

　　"사회, 그룹, 공동체, 연합회 또는 사회적 단위를 이루는 무엇이든 간에 여기서 교정행위에서 그 단위들은 자신들을 성찰하게 되고, 그 그룹의 구석진 곳에서 투쟁하고 있는 누군가를 명료하게 볼 수 있게 된다."[21]

　정확하게 말하면 첨예화되어가는 위기를 교정하기 위해 법적이거나 의례적인 과정에 보호를 구하든지 아니든지 간에, 한 사회 공동체의 집단적 성찰의 결과는 한 그룹이 스스로 연구하고 표현하고 이해하고 그에 상응하는 행동을 취하게 하

는 방법과 종류를 결정짓는다.[22)]

교정 단계의 또 하나의 중요한 특성은 이 단계가 리미널[liminal]한 경향을 지녔다는 것이다. 이 리미널한 경향이 교정 행위로 하여금 문제가 되었던 사건에 대하여 어느 정도 거리를 둔 답변과 비판을 가능케 해준다.[23)]

> "교정은 리미널한 모습을 지닌다. 그것의 본질은 '이도 저도 아닌 것[betwixt and between]'이다. 그리고 그러한 것으로서, 거리를 둔 응답과, 위기를 구성하고 있는 사건에 대한 비판을 제공한다."[24)]

교정 단계는 어떠한 결정과 확정이라는 것이 영원한 상태 또는 주어진 사실이 아니요, 실제로는 과정에 지나지 않는다는 사실을 명백히 한다. 이러한 과정은 성찰의 대상인 사건들과 그 사건 속 관계들에 의미를 부여함으로써 진전되어간다.[25)] 리미널한 성격이란 '비확정성'이요 '잠재성'과 '되어감의 가능성'이다. 이러한 리미널한 성격에 대해서는 아래에서 더욱 자세히 설명할 것이다.

마지막 단계는 사회 그룹의 재통합이거나, 반대로 경쟁 관계에 있는 두 그룹 사이의 극복할 수 없는 틈을 인정하는 분리의 단계이다.

무엇보다도 터너는 의례적이거나 법적인 절차를 사회극의 핵심 구성 요소라고 보고, 그것들로부터 복합 문화의 공연적 혹은 이야기체의 형태가 발전된다고 확신한다.

3) 의례 반구조, 리미널리티, 코뮤니타스

① 의례 반구조

의례 반구조[Anti-Structure]라는 개념은 사회 구조와의 변증법적인 관계에 놓여 있는 의례를 표현하는 말이다. 의례는 인간의 행위로서 사회적 제한을 초월하는데, 의례 공동체를 그로부터 구성하고 일상적인 삶을 공동체적인 가치들로 채움으로써 그렇게 한다.

터너에 의하면 인간의 사회적 관계들에는 나란히 존재하기도 하고 또는 서로 교차하기도 하는 두 가지 모델이 있다. 첫 모델은 구조화되고 차별화된, 때로 계급적으로 구성된 정치적, 법적, 경제적인 체계들을 나타내며, 다양한 종류의 가치 평가가 존재한다. 두 번째 모델은 문지방 단계에서 분명히 인식되는 모델로서 비구조화된, 기본적으로만 구조화된, 상대적으로는 비차별적인 공동체이며, 또한 평등 공동체로서 일반적인 권위를 의례적인 최고령자에게 예속시키는 모델이다.[26]

터너는 이 두 번째 모델을 의례 반구조라고 표현한다. 이런 의미에서 의례 반구조는 사회 구조의 안티테제이다. 의례와 사회 구조 사이의 관계는 본질적으로는 변증법적인 대립 속에 존재한다. 그래서 사회 구조는 의례 반구조와의 관계에서만 이해할 수 있다.

의례는 사회 구조의 일상적인 요구들을 연기시키거나 혹은 그에 대해 느슨해짐을 통하여, 또는 가능한 대안적인 사회적 제도를 설립함으로써 사회적인 갈등을 일으킨다. 이런 의미에서 의례는 반구조에 존재하며, 의례는 사회적 변화의 변증법에서 필수적인 역할을 수행한다.

이러한 의례 반구조는 리미널리티와 코뮤니타스를 그 특성으로 지닌다.

② 리미널리티

앞서 설명했듯이 의례는 리미널한 성격을 지닌다. 리미널이라는 표현은 터너가 사용하고 있는 독특한 전문 용어로서, 본래는 아르놀드 방주네프가 통과 의례

rites de passage의 세 단계 중 두 번째 단계를 지칭한 용어이다.

　방주네프에 의하면 인생에는 장소, 상태, 위치 그리고 나이의 변화에 수반되는 의례가 있으며, 이 의례가 통과 의례이다. 하나의 통과 의례는 세 단계를 거치게 되는데 첫 단계는 분리 의례rites of seperation라고 불리며, 의례의 주체가 그의 이전의 사회적인 신분과 문화적인 조건들로부터 놓여나는 상징적 행위가 일어나는 단계이다. 두 번째 단계는 전이0행 의례rites of transition의 단계이다. 문지방의 단계, 혹은 변화의 단계 또는 리미널 단계liminal rites라고 명명되는 단계로서 의례 주체의 상징적, 존재론적 위상이 모호함에 처하는 단계이다. 의례의 주체는 이 단계에서 이전의 상태와 이후의 상태의 특징을 거의 보이지 않는 문화적 영역을 넘나든다. 세 번째 단계는 통합 의례rites of incorporation, postliminal rites의 단계로서 의례의 주체가 그의 새롭고도 안정된, 동시에 정확하게 정의될 수 있는 위치와 사회에로 돌아가는 것을 표현하는 상징적인 행위들을 포괄하는 단계이다.

　터너는 방주네프가 제시하는 통과 의례의 '통과'라는 진행 방식은 통과 의례에만 해당되는 것이 아니고 거의 모든 의례에 해당된다고 주장한다.[27] 나아가서 통과의 성질, 즉 리미널, 리미널리티liminality가 의례의 본질이라고 한다.

　리미널은 '문턱에 있음'을 나타낸다. 다시 말해, 어느 사회 문화의 특정 상태와, 시간이 경과된 후 나타날 그 이후의 상태 사이의 '중간적인 상태'를 가리킨다. 그렇기 때문에 이도 저도 아닌 것이 리미널한 것의 특징이다.

　터너에 따르면 사회적, 문화적 전이를 의례화하는 사회들 안에는 문턱에 있는 상태의 애매모호함과 불확정성을 나타내는 많은 상징들이 존재한다고 말한다.[28] 예를 들면 리미널한 것은 죽음, 또는 어머니의 자궁 내의 존재, 불가시성, 어두움, 양성성bisexuality, 황무지, 태양과 달의 일식 및 월식과 동일시된다.[29] 터너는 리미널한 것의 이러한 성격을 간閶구조적 성격이라고 명명한다.[30]

나아가서 리미널리티는 모든 긍정적이고 구조적인 주장들에 대한 부정으로 관찰되며, 그 안에서 이상理想들과 관계들이 새롭게 형성되는 순수한 가능성의 영역으로 고려될 수 있다.[31] 터너는 리미널리티의 이러한 성격을 설명하고자 언어학에서 차용한 유비, 곧 '접속법假定態'과 '직설법現實態'을 사용한다. 직설법이 일상적인 사회 구조를 지시하는 반면, 접속법은 리미널한 성격의 반구조를 나타낸다. 의례의 통과 방식은 접속법을 한 번 넘어서서 다시 직설법에로 회귀한다는 점에서 직설법의 직선적인 운동에 기초를 두고 있다. 예를 들면 성년식의 대상자는 리미널한 경험을 통하여 일상적이고 직설법적인 사회 구조로부터 벗어났다가 재통합 의례의 도움으로 다시 직설법 형태의 사회 구조에 참여하게 되는 것이다.[32] 리미널한 것은 가능태를 형성하고 현실을 변화시키는 가능성의 영역으로서 역할을 한다. 이것을 터너는 리미널리티의 접속법적인 깊이라고 부른다.[33]

리미널한 것의 이러한 특성을 두고 터너는 '의례ritual'와 '세리머니ceremony' 개념을 구분한다. 터너에 의하면 의례는 사회적인 통과transition와 결합된 종교적 행위의 적절한 형태인데 반하여, 세리머니는 사회적 상태와 연관되어 있으나 불확정성에 반대하여 형태와 질서를 주는 종교적인 행동과 관련이 있다. 즉 의례는 리미널한 본질을 가지고 있으며 세리머니는 그렇지 않다는 것이다. 터너는 이러한 의미에서 의례는 변화시키는 힘이 있으나 세리머니는 기존의 구조와 질서를 확고히 한다고 주장한다.[34]

의례의 통과적 성격을 설명하기 위하여 터너는 '리미노이드liminoid'라는 개념을 사용한다. 리미널과 리미노이드의 차이는 인류학자들 사이에서 매우 논란이 많은 개념이기는 하지만, 터너는 산업 사회 이전의 사회적 의례들의 연구에서는 리미널이라는 개념을 사용했고, 산업 사회의 문화적인 장르에서는 리미노이드라는 개념을 주로 사용했다고 설명한다. 따라서 리미노이드는 근대 사회라는 상황에서 리미널한 것이 변형되고 축소된 형태이다. 리미노이드는 일반적으로 비종교적인 장르에 적용된다.

③ 코뮤니타스

"코뮤니타스Communitas"는 의례 반구조가 지니는 또 하나의 매우 중요한 차원이다. 이것은 사회적 관계를 의미하는데, 일상적인 삶의 영역으로부터 구별되고 차별화되는 평등적이고 직접적이며 전통적이지 않은, 마틴 부버Martin Buber, 1878~1965의 나와 너의 관계 또는 본질적인 우리 관계로서 의례적인 리미널리티가 진행되는 중에 생성된다.[35] 구체적으로 터너는 성인례를 받는 소년들의 무차별적인 집단을 코뮤니타스라고 지칭하였다.[36]

비록 코뮤니타스가 리미널리티와 결합되어 있기는 해도 커뮤니타스가 리미널리티와 동일시될 수는 없다. 리미널리티가 사고와 행위의 영역 혹은 그 범위인 것에 반해 코뮤니타스는 사회적인 양태이기 때문이다.[37]

코뮤니타스와 구조는 둘 다 똑같이 인간 사회의 한 양태이다. 이 둘은 공통적으로 인간의 다른 인간에 대한 관계라는 측면에서 인간의 조건을 형성한다. 코뮤니타스는 사회적 필요로서 구조와 마찬가지로 필수적이다. 그러나 코뮤니타스는 본질적으로 구조와 대립하여 있으며 코뮤니타스가 반구조적인antistructural 가치를 표현함으로써 구조를 암묵적으로 비판한다. 나아가 코뮤니타스는 모든 사회 구조적인 규칙들을 문제시하고 새로운 가능성들을 제안한다.[38]

코뮤니타스의 우발성과 즉각성 때문에 코뮤니타스가 오랜 동안 지속될 수는 없으며, 곧 구조를 발생시킨다. 터너는 코뮤니타스에도 세 가지의 다른 형태가 있다고 한다. 실존적 또는 우발적인 코뮤니타스, 규범적인 코뮤니타스 그리고 이데올로기적인 코뮤니타스가 그것이다. 실존적, 또는 우발적인 코뮤니타스는 1960

년대 미국의 히피들이 '해프닝happening'이라고 불렀을 법한 것으로서, 즉흥적이고 즉각적인 성격 때문에 결코 오랜 시간 지속될 수 없는 코뮤니타스이다.[39] 규범적인 코뮤니타스는 지속적인 사회 체계로서, 박해 시대 공동체의 구성원들을 조직하고 자금력을 동원하는 것을 사회적 제어하에 두어야 하는 등의 불가피한 이유 때문에 실존적인 코뮤니타스로부터 한 단계 발전된 형태이다.[40] 이데올로기적인 코뮤니타스는 이상적인 사회 모델을 위해 적용할 수 있는 표상으로서, 우발적인 코뮤니타스의 경험을 사회 개혁을 위한 프로그램에서 모방模倣하려고 시도하는 모델이다. 터너는 이데올로기적 코뮤니타스의 예를 그리스도교의 '하나님 나라' 표상에서 찾는다.[41]

규범적이고 이데올로기적인 코뮤니타스는 이미 구조의 영역에 속해 있으며, 이는 역사상 등장하였던 모든 우발적 코뮤니타스의 운명이었다. 우발적인 코뮤니타스는 대부분의 사람에게 몰락과 멸망으로 이해되었으며, 구조와 법으로 변화되어갔다. 그러므로 터너는 이 제도화된 형태의 코뮤니타스를 구조에 의해 길들여진 코뮤니타스, 곧 왜곡된 형태의 코뮤니타스라고 본다.[42]

이 의례 반구조는 터너 이론의 핵심부에 놓여 있다. 이 반구조의 두 차원, 즉 리미널리티와 코뮤니타스는 사회 구조를 변화시키는 힘으로서의 의례를 가능케 한다고 주장한다. 의례적인 리미널리티는 일상적인 사회 구조에 의해 강요된 제한들을 중단시키고 대안적인 관계들을 그려보게 함으로써, 또한 의례 코뮤니타스는 평등주의와 즉각성의 경험에서 생겨난 대안적이고 반구조적인 가치들로 구조를 채움으로써 사회 구조를 변화시킨다는 것이다.[43]

그러나 의례 반구조가 구조와의 관계에서 매우 급진적인 부정을 의미하는 것은 아니다. 왜냐하면 반구조는 새로운 사회 구조를 불러들이기 때문이다.

3. 터너 의례 이론의 적용

1) '교정 행위'로서의 예배 갱신

  민족 문화 운동*과 더불어 문화적 정체성을 찾으려는 노력은 한국 사회에 하나의 사회극을 형성하였다. 민족 문화 운동은 한국 사회에서 문화적 정체성을 우선적으로 중요하게 여기는 분위기를 확산시켰고, 한국 신학과 교회에 문화화의 논의를 활성화하는 데 결정적인 자극을 주었다.

  민족 문화 운동은 한국 사회 변혁에 대한 방향을 분명하게 표방하고 있었는데, 문화적으로는 외래문화의 범람을 극복하고자 하는 것과 다른 한편으로 사회적 민주화를 이루려는 것이 그것이었다. 민족 문화 운동의 의도는 당시 한국 사

---

* 민족 문화 운동은 1970년대 학생 운동으로서 시작되었으며, 1980년대에 매우 번성하였던 한국 사회의 대표적 사회 운동을 일컫는 말이다. 민족 문화 운동은 문화적인 차원에서 민족의 정체성을 추구하는 것을 목표로 하는 사회 운동이었다. 민족 문화 운동의 편에서는 당시 한국 사회의 문화적 정황을 자주적이지 못하다고 진단한다. 그들에 의하면 한국 전통문화는 일제의 식민 통치와 미국 문화의 영향으로 말미암아 파괴되었고 미국 문화로써 대체되었기 때문이라고 한다. 무엇보다도 미국 문화의 영향은 '문화 제국주의'라고 지적된다. '문화 제국주의'라는 개념은 뉴스 네트워크, 인공위성 그리고 정보 체계를 통하여 하나의 세계가 형성됨으로써, 문화와 정보의 내용이 주로 일방적으로 중심부의 세력, 특히 미국으로부터 주변부 국가들에로 전달되는 것을 의미한다(A. Jung und C. H. Lim (Hrsg.), Maltugi: Texte und Bilder aus der Minjungkulturbewegung in Südkorea, Heidelberg, 1986, 106쪽).
민족 문화 운동은 그러한 현실 진단 후에 그들 운동의 목표를 미국 문화로부터의 해방과 한국 전통문화의 재건에 둔다. 그들이 정의한 문화 운동이란 문화적인 매개와 수단으로 인간의 감정적인 차원에 영향을 미쳐 문화 자체가 변화하고 그 문화를 재생산하는 사회 구조를 변화시키는 운동이다(정이담 외 《문화운동론》, 공동체, 1985, 19쪽). 단순하게 말하면 문화 운동은, 한편으로는 한국 사회의 문화의 변혁, 다른 한편은 문화를 수단으로 한 사회와 인간의 변화를 목표로 하였다. 구체적으로 이 운동은 1970년대에는 탈춤 부흥 운동으로 탈춤을 매개로, 1980년대에는 풍물 등을 포함한 종합 예술적 장르로서 마당극을 매개로 전개되었다. 이 운동의 영향으로 문화에 대한 민족주의적 자의식이 사회의 각 분야에서 새롭게 일깨워졌다. 신학계에서는 민중신학의 태동과 더불어 민중 문화와 탈춤에 대한 연구가 현영학, 서광선 교수에 의해 이루어졌고, 국문학자 조동일 교수, 음악학자 이강숙, 이건용, 노동은 교수도 각각 자신의 분야에서 민족적 정체성을 찾는 노력에 박차를 가하였다. 민족 문화 운동은 또한 민속학 분야의 부흥을 야기하였다.

회의 문화적 상황에 이의를 제기하는 것이었다. 즉 민족 문화는 찾아볼 수 없고, 서양의 문화가 상업적 대중문화로 또는 서양의 전통 고급문화로 자리 잡은 상황에서, 한국 전통문화를 열등하고 야만적인 것으로 치부하는 사회 분위기에 문제를 제기한 것이었다. 그 결과 민족 문화 운동은 겉으로 갈등이 없어 보이는 한국 사회에 불안을 야기하게 된다. 그러나 이러한 불안은 실제로는 이미 오래전에 시작된 것이었다. 곧 일제에 의한 강제 점령과 기독교의 전래로 한국의 전통문화가 파괴되고 서양 문화가 범람하게 됨에 따라 한국의 문화적 정체성이 상실되었을 뿐만 아니라, 한국 사회의 규범적인 제도 안에서는 서구적으로 정위된 문화에 우선순위를 둠으로써 이런 구조적인 불안이 배태되었던 것이다.[44] 그리고 이 잠재적인 불안은 민족 문화 운동을 통하여 비로소 백일하에 드러나게 되었던 것이다.

민족 문화 운동은 여태껏 당연하게 받아들여지던 규범, 즉 한국 전통문화에 대한 비하와 서구 문화에 초점을 맞춘 사회 문화 제도의 규율을 침범함으로써 터너적인 의미에서 하나의 '사회극'을 생성한 것이다.

사회극의 틀은 의례와 사회적 사건의 관계를 연구하는 데 매우 유용하다. 이미 이 글의 앞부분에서 밝혔듯이 사회극은 비조화, 또는 부조화로운 사회적 과정의 한 단위로서 갈등 상황에서 생성된다. 터너는 사회극이 관찰 가능한 공적인 행동의 네 단계(위반-위기-교정 행위-재통합 분리)를 밟으면서 진행된다고 하였다.

민족 문화 운동은 그 자체가 한국 사회에서 지금껏 유효하던 규범과 그 지배적인 가치와 관례를 무시하는 이견성異見性의 분명한 상징이 되었다. 위반의 단계에서 그 이견성은 대립과 충돌로 드러나기도 했다. 한국 사회의 경우 미국 문화원 점거 및 방화 사건[45]*이 그 예가 될 수 있다. 이 행동은 당시에 범죄 행위로서 간

---

* 1980년 12월 9일에 광주 소재의 미국 문화원과 1982년 3월 18일에 부산의 미국 문화원에 방화 사건이 일어났으며, 1982년 5월 23일에는 서울에 있는 미국 문화원이 학생들에 의해 점거되었다.

주되었다. 그러나 터너적인 의미에서 보면 그 행동은 범죄 행위가 아니고 지금껏 유효하던 규범을 깨뜨리면서, 사회극의 두 번째 단계인 위기의 형태로 나타난 하나의 상징적인 행위였다. 터너에 의하면 범죄 행위는 늘 이기적인 반면, 사회극의 위반은 이타적인 성격을 지닌다. 민족 문화 운동의 모토인 '문화 제국주의적 종속으로부터의 해방'과 '문화적 정체성의 재정립'은 당시 한국 사회에서 명백하게 이타적인 모토였다.

민족의 전통문화를 지향할 것인가 혹은 서구 문화를 규범으로 여길 것인가 하는 사회 구성원들 사이의 서로 다른 문화적 확신은 서로 간의 적대감으로 발전하여 위기가 고조되어갔다.

이때 위기의 확산을 방지하기 위하여 그에 상응하는 교정적인 장치가 작동하기 시작하는데, 이 교정 장치는 공식적이며 제도화된 것일 수도 있고 비공식적이며 비제도화된 것일 수도 있고, 그 형태는 매우 다양하다고 하였다. 이 교정 장치는 주로 동요가 있는 그 사회의 지도급에 속한 사람 혹은 대표 격에 속하는 사람들에 의해 작동된다.

터너는 무엇보다도 공적인 의례의 수행을 전형적인 교정 장치로 간주한다. 예배는 기독교가 공적으로 행하는 의례이다. 전통적인 한국 문화적 요소들로 갱신된 기독교의 예배는, 그러므로 민족 문화 운동에 의해 생성된 문화적 정체성 찾기의 사회극 과정에 한국 교회가 참여한 하나의 교정 행위로서 간주될 수 있다. 한국 교회와 신학은 우선적으로 자기 성찰을 함으로써 사회 각 분야에서 시도된 일련의 교정 행위에 참여하였던 것이다.

여기에서 터너 이론에 의하면 교정 행위 단계의 두 특성 중 하나가 자기 성찰이라는 점을 주목해야 한다. 기독교는 일반 사회로부터 민족 종교로서 인정받지 못하는데, 그 주된 이유는 기독교가 한국의 전통문화를 경시하고 서양 문화를 끌어들여 범람케 하였다는 것이다.*

기독교에 대한 이러한 일반적 통념을 기독교계의 학자들과 신학자들이 진지하게 성찰하기 시작하였다. 그렇지만 이러한 일반적인 통념과 반대되는 결론을 얻어낸 연구들은 찾아볼 수 없다. 대부분의 기독교계 학자들과 신학자들은 한국 기독교의 서구 문화적 편향성에 대한 자기비판과 성찰의 결론으로, 앞으로 한국 기독교가 한국의 전통문화를 수용하여 한국화해야 한다는 규범적인 테제를 제시하는데 그쳤기 때문이다. 이러한 과정 속에서 한국의 교회와 신학은 교회와 신학의 '토착화', '한국 문화화Inculturation'의 논의를 가속화시키기도 하였다.

예배 갱신과 관련된 논의를 살펴보자면, 무엇보다도 한국 기독교의 예배는 전혀 한국적이지 않고, 서양의 선교사들로부터 받은 형태를 그대로 고수하고 있다는 사실이 드러났다. 그러나 한국인이 신령과 진정으로 예배한다는 것은 한국 문화적인 요소를 받아들여 한국인의 진정성이 드러나는 예배라야 한다고 주장하며 예배 갱신의 문제를 교회의 가장 시급한 과제로서 제기했다.[45]

그다음, 예배 구성의 차원에서 예배당, 예전복, 예배 음악을 한국화해야 한다는 주장을 폈다. 이러한 주장은 논의의 차원을 넘어 실제로 예배를 갱신하기에 이른다. 1990~95년 사이에 서울에 소재한 J교회, K교회, H교회는 각각 예배당

---

* 민족 문화 운동의 영향으로 민속학이 부흥하기에 이르렀는데 민속학은 한국 전통문화의 멸절 과정을 연구함으로써 전통문화를 재발견하려고 하였다. 민속학적인 연구 과정에서 분명해진 것은 한국의 기독교가 전통문화 멸절에 책임이 있다는 것이었다. 개신교 선교사들이 전통 종교 문화를 미신적이고 우상 숭배적이라고 규정한 후 한국의 기독교인들은 이 판단을 그대로 받아들였으며, 그들 자신의 전통 종교 문화를 파괴하는 데 일조했다는 것이다. 이것을 근거로 해서 민속학자들은 민족 종교와 외래 종교를 구분한다. 민족 전통을 수용하는 종교는 민족 종교이고 그 반대의 경우는 외래 종교라는 것이다. 한국의 기독교는 민족 전통을 수용하지 않았을 뿐 아니라 한국 민족의 전통적인 세계관을 무시하고 다른 전통문화들과 갈등을 빚어왔기 때문에, 전래 100년이 넘었지만 여전히 외래 종교라는 것이다(임재해, 《한국의 민속과 전통의 세계》, 6쪽 ; 23쪽 ; 60~61쪽 ; 주강현 《민족문화와 문화 제국주의》, 《역사민속학》 2권, 역사민속학회, 1992, 215~218쪽).

건축, 예전복, 예배 음악을 한국 전통문화의 요소로서 갱신해보려고 시도했다.

예배 구성의 차원에서 '예배의 한국화'라 함은 예배에 한국 전통문화적인 요소들을 도입함을 의미한다. '예배의 한국화'를 둘러싼 이러한 노력은 예배에 있어서 문화적인 정체성을 추구하는 것이었다. 이러한 교회의 시도는 민족 문화 운동과 더불어 수행된 한국 사회의 사회 문화적 변화의 내용과 일치한다. 그런 의미에서 한국의 예배 갱신은 사회 문화적 변화와 관련이 있으며, 그 관련의 형태는 바로 터너가 말하는 사회극 과정의 교정 행위로서이다.

터너에 의하면 사회극의 세 번째 단계는 두 가지의 중요한 특성을 지닌다. 그 하나는 자기 성찰이요, 다른 하나는 리미널한 경향이다. 한국 교회의 예배 갱신은 사회극의 세 번째 단계의 이 두 가지 특성을 모두 만족시킴으로써, 예배 갱신이 민족 문화 운동으로 제기된 '사회극' 과정 중 교정 단계로서의 의미를 지닌다는 사실을 뒷받침한다.

이미 위에서 언급하였듯이 한국 교회는 자기비판을 수행하였는데, 이러한 자기비판은 자기 성찰에서 비롯된 것이었다. 한국 교회를 향한 다른 학문의 비판, 예를 들면 민속학과 역사학자들로부터의 비판이 한국 기독교계 학자들과 신학자들의 글에서 그대로 자기비판으로 등장하고 있는 것을 보면[46] 한국 교회는 스스로가 한국 교회를 향한 일반적인 비판을 수용하고 자기 성찰의 기회로 삼았다는 사실을 알 수 있다.

한국 교회의 예배 갱신이 리미널한 경향을 지닌 것은 갱신된 예배의 구성에서 찾아볼 수 있다. 한국 교회의 예배 갱신은 그 구성의 차원에서, 단지 제한된 범위에서만 시도되었기 때문이다. 그렇게 갱신된 예배의 모습은 비록 한국의 전통문화적인 요소를 예배에 수용한 것이기는 했지만, 선교사들에 의해서 전해진 서구 문화에 정위된 예배 형태도 아니요, 그렇다고 완전히 한국화된 예배의 형태라고도 볼 수 없었다. 따라서 한국 교회의 예배는 여전히 전이 과정에 있다고 하겠다. '이것도 저것도 아닌 것, 그리고 둘 다인 것', 그것이 바로 리미널한 것의 특징이다.

이러한 근거에서 한국의 전통문화를 수용한 예배 갱신의 논의와 실행은 '사회극'의 한 교정 행위로서 간주될 수 있다. 즉 한국 교회가 첨예화되어가던 문화적 정체성을 둘러싼 사회적 위기를 교정하기 위해 스스로 연구하고, 표현하고, 이해하고, 그에 상응하는 행동을 취했던 것이다.

2) 문화적 '가능태'로서의 예배 갱신

전통 한국 문화적인 요소를 예배에 수용한 한국 교회의 예배는 리미널한 특징을 지님으로써 앞으로 됨의 가능성을 내포하고 있다. 리미널한 성격이란 비확정성이며, 그래서 '잠재성'과 '되어감의 가능성'이다. 한국 사회의 문화가 서구 문화를 지향하는 것은 한국에 있어서 문화적 과정의 현실태^{직설법}이고, 전통 문화적 요소로서 갱신된 예배는 문화적 정체성을 찾는 과정에서 혼란을 표현함과 동시에 새로운 문화적 과정을 대안적으로 제시하는 가능태^{접속법}이다. 가능태는 서구 문화의 지배하에 놓인 당시의 문화에 대한 하나의 대안적 형태이다. 이때 갱신된 예배는 한국 사회에서 새로운 문화의 가능태를 형성하고, 현실을 변화시키는 가능성의 영역으로서의 역할을 수행한다. 이런 의미에서 한국 교회의 예배 갱신은 한국 사회에서 사회 문화적인 영역의 변화에 기여할 수도 있다.

예를 들면, 예배를 갱신한 어느 교회는 예배를 성가대 지휘자의 징 울림으로 시작한다. 성가대 지휘자의 징 울림으로 예배를 시작한다는 것은 많은 것을 의미한다. 이것은 이전의 예배에서 피라미드 형태의 수직적 조직의 수장인 목사의 발성으로 예배를 시작하던 것과는 차이가 있다. '징'이라는 한국 전통문화의 요소와 성가대 지휘자라는 기존 예배의 요소가 각각 한국의 문화적 정체성 확립과 교회 권위의 분배를 상징한다. 여기에서 의례 반구조가 생겨나는 것이다. 한국 전통문화는 미신적이고 열등한 것으로, 서양 문화는 합리적이고 우수한 것으로 여겨지던 사회 문화적 인식과 통념이, 한국 전통문화적인 상징의 등장으로 다른 가능성이 존재함을 인정하는 쪽으로 확장된 것이다.

마찬가지로 일반적으로 개교회에서 목사의 예배 인도에서의 권위는 가부장제적인 한국 사회의 다른 집단에서와 같이 신성불가침적인 것이다. 그런데 성가대 지휘자의 징 울림에 의한 예배의 시작은 권위 분산의 가능성을 보여준 것이다. 비록 예배가 끝나면 예배 참석자들은 다시 한국의 사회 문화적 지형, 즉 현실태로 돌아가지만, 이전에 경험하던 현실태와는 다른 가능태를 경험한 새로운 현실태를 만나게 되는 것이다. 이렇듯 갱신된 예배의 구성은 한국 사회에서 새로이 형성되어야 할 하나의 문화적 가능성의 영역인 것이다.

4. 나오는 말

위에서 필자는 터너의 의례 이론을 제한적으로 소개하고 그의 사회극 이론을 한국 교회의 예배 갱신의 움직임, 즉 "예배의 한국 문화화"에 적용하여 보았다. 터너의 이론에 따른 적용의 결론을 테제화하면 다음과 같다.

첫째, 민족 문화 운동으로 한국 사회에는 문화적 정체성을 둘러싼 사회 문화적 갈등이 드러나게 되었다.

둘째, 사회 문화적 갈등은 하나의 '사회극'을 형성했다.

셋째, 한국 기독교의 "예배의 한국 문화화" 시도는 한국 기독교계에서 시도한

'사회극'의 세 번째 단계인 교정 행동의 하나였다.

　넷째, 교정 행동의 특성상, 한국 기독교의 갱신된 예배는 새로운 문화적 과정의 가능태로서 한국의 사회 문화적인 변화에 기여할 수도 있다.

　필자가 터너의 이론을 한국 상황에 적용하여 얻은 결론에 못지않게 중요하다고 생각하는 것은 터너 이론이 지닌 예배학적 함의이다. 터너가 제시한 의례 이론의 예배학적 함의는 무엇보다도 예배를, 그 예배가 형성되는 사회와의 관계에서 연구한다는 것이다. 이러한 관점은 지금까지의 한국 예배학이 취하지 못하였던 관점이지만, 예배를 폭넓은 관점에서 연구해야 하는 현대 예배학의 전제가 된다는 점은 분명하다. 구체적으로는 예배의 변화가 사회의 변화와 어떤 관련이 있는가에 대하여 오래된 종교사회학의 논의인 종속 변수와 독립 변수인가 하는 도식을 넘어서서, 더욱 세분화된 관련성을 제시할 수 있다는 점에서 그 함의가 크다고 하겠다. 나아가 예배의 변화가 지니는 사회적 함의를 조심스럽게, 그러나 진지하게 논할 수 있는 근거를 제시했다는 점에서 큰 의미가 있다고 본다.

　그러므로 터너가 제시하는 의례 이론을 예배 연구에 적용하는 것은 큰 의의가 있다. 예배 갱신을 둘러싼 예배 연구가 '교회는 항상 개혁되어야 한다ecclesia semper reformanda'는 규범적 관점에 머물지 않고, 그 연구의 관점이 당위적이고 규범적인 테두리를 뛰어넘어 보다 폭넓고 서술적인 지평에로 이전되어야 할 것이기 때문이다.

4장

예배 연구와 관찰 조사법

1. 들어가는 말

　2005년 8월 한일 종교 연구 포럼에서는 '종교와 의례'라는 주제를 가지고 학술 대회를 개최하였다. 이 학술 대회에서 중요하게 다룬 사항은 종교 의례의 조사 방법론이었다. 그 가운데서도 관찰법에 대한 연구가 심도 깊게 이루어졌고, 이런 관찰법에 따라 실제로 우리나라와 일본의 신흥 종교들의 의례에 대한 연구가 수행되었다. 이러한 연구는 종교를 연구함에 있어서 조사 연구 방법을 통해 비교하고 분석하는 과정이 일차적으로 중요하다는 인식에서 비롯된 것으로 보인다. 실제로 종교학계 내에서도 의례를 어떻게 이해하고 설명할 것인가라는 이론적인 문제보다, 오히려 의례지(儀禮誌)를 어떻게 적절하게 작성할 것인가라는 방법론 문제가 더 시급한 과제로 지적되고 있다.[1]

　이러한 학술 대회의 연구 결과는 기독교의 예배 연구에도 매우 고무적인 영향을 주었다고 판단된다. 예배를 하나의 종교 의례로 이해한다는 전제를 수용한다면 종교 의례에 대한 관찰 연구 방법은 예배 연구에도 적용될 수 있기 때문이다.

　실제로 기독교 신학 내에서는 지금까지 위와 같은 연구 방법론에 대한 언급 없이 예배에 대한 관찰 연구가 주먹구구식으로 수행되어왔다. 그러나 예배에 대한 성찰을 주요 과제로 하는 실천신학적 예배학의 학문적 기초를 확립하기 위해서는 예배 예식서를 역사 비평 방법에 따라 연구하는 학문적 작업이 교의학적으로 예배가 무엇인가를 묻는 것보다 훨씬 더 시급하다고 생각된다. 이러한 문제의식을 전제하고 필자는 관찰 조사 방법에 대한 이해를 넓히는 동시에 예배 연구의 한 방법으로서의 관찰 조사에 대한 가능성을 시론적으로 검토하고자 한다.

2. 관찰 연구법

1) 사회 조사 방법에서 관찰 연구법의 위치

사회과학에서 사용하는 사회 조사 방법에는 대체로 다섯 가지가 있다.[*] 첫째는 실험이다. 이것은 인과 관계를 규명하는 데 초점이 있기 때문에 설명적 목적에 잘 맞는 방법이다. 실험 집단에 대한 사전 조사와 사후 조사를 통하여 실험 자극, 즉 독립 변수가 종속 변수에 미치는 영향을 검증하는 것이다.

둘째는 서베이 조사다. 서베이는 매우 오래된 조사 기법으로 구약 성서 민수기 26장 1～2절 "스무 살 이상의 모든 이스라엘 사람에 대한 인구 조사를 하라"에 이미 등장하기도 하였다. 이 방법은 질문을 통하여 자료를 수집하는 것인데 자기 기입식 설문 조사와 면접 조사법으로 나눌 수 있으며, 오늘날의 면접은 다시 전화 면접과 대면 면접으로 구분된다. 이 조사 방법은 일반적으로 수집될 수 있는 자료의 양이 방대하고, 그 자료를 표준화하기가 용이하며, 대규모 집단을 조사할 수 있다는 점에서 장점을 지닌다.

셋째는 질적 현장 연구이다. 질적 현장 연구는 연구자들로 하여금 자연스런 상황에서 사회생활을 관찰하게 하는 방법이다. 이 연구는 구체적인 행동들이 일어나는 곳과 목격되는 곳으로 연구자들을 안내해줌으로써, 다른 조사 방법들을 통해 얻어지는 것보다 연구 대상에 대한 더욱 심도 깊은 이해를 가능하게 한다. 일반적으로 관찰 조사법, 심층 면접, 생활사 연구 등으로 알려진 방법인데 수량적인 분석에 적합한 자료를 생산하기 위해 고안된 방법들과 구분되는 의미에서 질적 현장 연구라고 불린다.[2] 질적 현장 연구는 단지 자료 수집 활동만이 아니라는

---

[*] 사회 조사 기법 전반에 관해서는 E. Babbie의 《사회조사방법론》(서울 : 도서출판 그린, 2002)에서 도움 받았음을 밝힌다.

점에서 다른 조사 방법들과 구분된다. 현장 관찰은 하나의 이론 생산 활동이라는 점에서 특히 그러하다. 이 방법은 먼저 관찰을 하고, 그 관찰 결과를 토대로 앞으로 행할 관찰의 특별한 유형을 제시하는 잠정적이며 일반적 결론을 개발해내고, 그다음 또다시 관찰을 하고, 이를 통하여 결론을 수정하는 과정을 지속적으로 반복하며 거치게 된다.[3]

질적 현장 연구 중에서 관찰 조사는 단순 관찰법과 참여 관찰법으로 나뉠 수 있는데, 학자에 따라 참여 관찰, 비참여 관찰, 준참여 관찰 등으로 나누기도 한다. 이러한 관찰 조사법은 종교 의례 연구에서 매우 유용한 방법으로 평가받고 있는데, 뒤에서 좀 더 자세히 다룰 것이다.

넷째는 비개입적 자료 수집 방법이다. 이 방법은 연구자가 연구 조사 과정에서 조사 대상에 영향을 끼치지 않는 범위에서 연구를 수행하는 것이다. 주로 책, 노래, 연설문, 그림 등 기록되어진 사회적 가공물의 내용 분석과 통계 분석, 비교 역사 분석 등을 통해 연구를 수행하는 방법이다. 그러나 기록된 내용들만을 대상으로 분석이 이루어진다는 것이 단점으로 지적되기도 한다.

다섯째는 평가 연구다. 이 방법은 사회적 개입이 의도된 결과를 만들어내는지 여부를 판단하는 과정이다. 위의 네 가지 방법들과 구별되는 특정 방법이라기보다는 위의 방법들이 종합적으로 이용되어 수행되는 응용된 조사 형태라고 할 수 있다.

이러한 다섯 가지의 연구방법들 가운데 어느 것도 모든 연구 주제나 모든 상황에 보편적으로 적용될 수는 없다. 따라서 연구자는 연구 주제와 상황에 적합한 방법을 선택적으로 사용해야 할 것이다.

2) 관찰 연구법의 패러다임

관찰하는 사물을 이해하기 위한 기본적인 모델이나 체계는 매우 다양하다. 따라서 연구자가 어떠한 패러다임을 선택하느냐에 따라 관찰의 결과가 다르게 나타날 수 있다. 패러다임은 연구자로부터 사물을 감출 수도 있는 반면에, 우리가 볼 수 없었던 것을 또한 드러낼 수도 있기 때문이다.[4]

자연주의는 실증주의의 영향을 받은 방법으로 저기 밖에 있는 현상들을 객관적 실체라고 파악하면서 있는 그대로 실재하는 사실을 자연스럽게 관찰하고 세밀하고 정밀하게 기술하는 방법이다. 민속지학Ethnography이라고 불리는 연구가 이 패러다임에 속한다. 민속지학에서는 연구자가 연구 대상의 시각으로부터 사물들을 보려고 하며 연구 대상의 언어로 연구 대상들의 이야기를 서술한다.

민간 방법론Ethnomethodology은 현상학의 도움을 받아 정립된 방법으로 알프레트 슈츠 Alfred Shutz, 1899~1959의 영향이 지대하다. 알프레트 슈츠는 현상학을 사회학에 도입해 사회학적 현상학으로 발전시킨 대표적인 학자다. 그는 사회적 현실이 우리가 관찰하도록 '저기 밖에' 있는 것이라기보다는 사회적으로 구성된 것이라고 주장한다. 이런 이유 때문에 연구자들은 사회적 실재를 정확하게 기술하기 위해 연구 대상자들의 이야기를 액면 그대로 받아들일 수 없는 것이다. 그러므로 민간 방법론에서는 연구자가 연구 대상들의 상호 작용의 배후에 관심을 가지며, 연구 대상들을 단순히 서술하는 것이 아니라 이해하고 설명할 필요를 느끼게 된다. 사람들은 그들의 세계를 '그것이 있는 그대로'가 아니라 '그들이 그 세계를 이해하는 대로' 묘사하기 때문이라는 것이다. 그러므로 이 연구 방법론자들이 추구하는 것은 일상적인 삶의 세계를 직접 또는 간접적으로 관찰하여 그 속에서 살아가는 사람들이 스스로 사회라는 것을 꾸려가는 방법들을 알아내는 것이다.[5]

이 방법론은 사회 질서를 마치 객관적으로 존재하는 규칙적인 무엇으로 당연시하면서, 그것을 연구자가 객관적 지표로써 포착하는 작업을 하는 게 아니라, 일상적인 삶을 영위하는 보통 사람들이 참여하여 사회 질서를 실제로 형성, 유지, 변형해가는 모습을 관찰하여 그로부터 사람들이 서로 주고받는 의미 해석과 가정들의 기법을 밝히고자 하는 것이다. 그러므로 이 방법론은 과정 자체를 중시하며, 어떠한 성향이나 의식을 지니게 되는 과정에 관심을 쏟는다. 구체적으로는 관찰 내용이 언어적 반응이나 행동에 국한되지 않고 비언어적인 것을 포함하기 때문에 관찰 행위 자체의 의미를 어떻게 해석할까 하는 쟁점들에 관해서 나름의 설명과 이해를 얻고자 할 때 이 민간 방법론은 매우 유용하다.

현장 기반 이론Grounded Theory은 실증주의와 상호 작용론에 기초하고 있다. 이 접근 방법은 연구 조사에 있어서 절차를 강조하는 방법으로 관찰 자료를 유형, 주제, 범주로 나누어 분석해내고 그로부터 이론들을 도출해 내는 시도이다. 앞의 두 연구 패러다임들에 의해 수행된 연구는 타당도와 신뢰도를 획득하기 어려운 면이 있는데 이에 반하여 현장 기반 이론은 연구자가 편견에서 벗어날 수 있도록 도와주는 지침을 제시한다.

제도 민속지학Institutional Ethnography은 연구 대상자들 자체가 탐구의 궁극적 초점이 아니라는 점에서 민간 방법론과 유사하다. 제도 민속지학이 목적하는 바는 개인들이 일상생활에서 경험하는 세계에 대한 지식이 우리가 참여하고 있는 사회적 관계와 제도적 질서에로 체계적으로 연장되어 있는 한 대안적 형태라는 것을 밝히는 것이다.[6] 연구는 개인들이 가진 사적인 경험에서 출발하며, 그런 경험을 구조화하고, 그 안에서 형성된 제도적인 권력 관계를 폭로한다.

이 연구는 면접, 관찰, 문헌에 의존하여 자료를 수집하기는 하지만 그 자료 자체를 연구의 궁극적인 관심의 대상으로 다루지는 않고, 그 행위가 발생하는 상황의 사회적 관계 속으로 진입한다. 그렇게 함으로써 제도 민속지학은 다른 연구 방법들과 차별화된다. 즉 사회적 관심들을 형성하는 이론들을 염두에 두고 자료를 수집하지만 사람들이 대면하는 문제들이 사회적으로 어떻게 얽혀 있는지에 대해서는 설명하지 않는 다른 방법들로부터, 또한 거시적 관점에서 이루어진 이론을 위하여 민속지학적인 것을 방치하는 접근 방식으로부터 차별화하는 방법이 제도 민속지학이다.[7] 단순하게 표현하면 이 접근은 일상생활의 사적 경험들의 미시적 차원과 제도의 거시적 차원을 연결시킨다.[8] 나아가 우리가 참여하고 있는 세계 안에서 그리고 그 세계를 넘어서 사회적 관계들을 관찰 가능하게 만드는 것이다.[9]

참여 행동 연구Participatory Action Research는 전통적 사회과학 연구를 연구의 주체와 객체를 엄격하게 구분하는 엘리트 모델로서 규정하고, 연구자와 대상 간의 구분이 사라져야 함을 주장한다. 이 접근 방법은 연구가 지식 생산을 위한 하나의 수단일 뿐 아니라 의식의 교육과 개발을 위한 하나의 도구로서 그리고 행동을 동기화시키는 것으로서 기능한다는 믿음을 전제하고 있다. 연구 과정에서 개념화와 그 개념의 실제에의 적용이 함께 진행되는 방법이다.

3) 질적 현장 연구로서의 관찰 조사법

관찰 조사법은 현장 조사 연구 대상으로서 모든 사회 집단은 그 자체의 어떤 독특한 것을 가지고 있으며, 그것이 외부인들에게는 아무리 어리석게 보일지라도, 그것을 가장 잘 이해하는 방법은 가까이 다가서는 일이라는 전제에서 시작된 연구 방법이다.[10]

관찰법이란 인간의 자연스러운 활동이면서 또한 배우고 연마해야 하는 기술이다. 이 방법은 구체적으로 조사 대상이 되는 현장에 실제로 찾아가서, 거기서 생활하는 사람들과 다양한 접촉을 통해 조사 연구하는 방법이다. 이때 그들에게 될 수 있는 한 물리적 혹은 심리적으로 가까이 다가가서 현장의 사실을 감각 기관에 의해 인지하고, 그것을 기술하여 자료를 수집하는 질적인 방법을 의미한다.

관찰법을 분류하자면 연구자의 연구 상황에의 참여 정도에 따라 참여 관찰participant observation, 준참여 관찰quasi-participant observation, 비참여 관찰non-participant observation로 나눌 수 있다. 또한 관찰자의 역할의 유형에 따라 완전한 참여자, 관찰자로서의 참여자, 참여자로서의 관찰자, 완전한 관찰자로 나누어진다. 완전한 참여자란 대상이 되는 사회에 완전히 참가하여 자신이 관찰자라는 것을 스스로도 인식하지 않는 경우이다. 관찰자로서 참여자란 조사자가 그 사회적 과정에는 참가하지만, 조사 목적으로 현장에 있다는 것을 대상자가 알고 있는 경우이다. 참여자로서의 관찰자란 조사자의 핵심적인 활동이 관찰인 경우이며, 사회적 과정에의 참여는 최소한으로 하는 경우이다.

① 참여 관찰

참여 관찰은 주로 문화인류학에서 사용하는 방법으로 관찰자가 대상자의 사회적 과정에 직접 참여하여, 대상자 개인이나 집단의 가치를 이해하려고 하는 방법이다. 이 방법은 단순히 관찰 대상의 집단에 들어가서 관찰하는 것이 아니라 그 집단의 구성원의 하나가 되어 주어진 역할을 수행하면서 관찰하는 방법이다.[11] 간단히 말해서 완전한 참여자의 역할을 연구자가 수행하는 방법이다. 연구자 자신이 참여자로서의 관심과 관점에 과도하게 집착하여 연구자 자신이 원주민화되기 시작할 수도 있으며 과학적 초연성이 요원해질 수도 있다.[12]

사회과학 분야의 경우 실증주의적인 계량적 연구가 널리 사용되면서 질적 방법을 보완하려는 움직임의 일환으로 이 방법이 사회 현상 조사에 도입되었으며, 특히 비언어적 커뮤니케이션 연구의 조사 연구에서는 가장 흥미롭고 도전적이며 유용한 방법으로 인정받고 있다.[13] 그러나 참여 관찰자의 태도는 관찰 중인 사회 과정에 어느 정도 영향을 미친다. 비록 연구자가 이 문제를 민감하게 의식함으로써 부분적인 해결책을 도출할 수도 있지만 이 영향을 근본적으로 차단할 수 없다는 한계가 있다.

② 준참여 관찰

준참여 관찰은 현장에 참여하여 직접적으로 연구를 수행하기는 하지만 참여 관찰처럼 연구 대상 집단 내에서 어떠한 역할을 수행하거나 그들의 일상적인 삶에 완전히 관여하는 것은 아니다. 자신이 연구를 수행하는 중이라는 점을 분명히 하고 피관찰자가 자신이 관찰을 받고 있다는 사실을 알게 하는 경우이다. 연구자가 관찰자로서의 참여자와 참여자로서의 관찰자 역할을 동시에 수행하는 방법이다. 그러나 연구자가 연구 대상 집단에 참여는 하지만 자신이 지금 연구를 수행하는 중이라는 점을 분명히 밝히기 때문에 연구 대상 집단이 자연스런 사회적 과정을 드러내기보다는 연구에 더 관심을 집중시킴으로써 관찰 중인 과정이 더 이상 일상적이고 전형적이지 못한 경우가 있다. 이러한 준참여자로서의 관찰자 입장은 처음부터 관찰자의 신분과 의도를 분명히 하고 관찰 대상과 단기간의 접촉을 통해 목표하는 바를 조사하려고 할 때 적절한 방법이다.

③ 비참여 관찰

비참여 관찰은 대상의 사회적 현상에 직접 참여하지 않고 구경꾼의 입장에서 관찰하는 방법이다. 다시 말해 연구자가 현지 정보 제공자나 관찰 대상자들과 전혀 접촉을 하지 않고 상호 작용으로부터 완전히 격리된 상태에서 관찰하는 유형이다. 연구자가 완전한 구경꾼으로서의 역할을 수행하는 방법이다. 특히 종교 의례의 관찰에서 많이 사용되는 방법이다.

앞에 서술한 세 가지 관찰법은 나름대로 장점과 단점을 지니고 있다. 예를 들면 비참여 관찰이 참여 관찰보다 연구 대상에 영향을 미칠 가능성이 적고 원주민화될 가능성이 적은 반면, 연구 대상을 완전히 이해하게 될 가능성은 그만큼 적어지게 된다. 단순한 관찰은 대체적인 윤곽만 그리는 작업이 되기 쉽기 때문이다. 그러므로 상황에 따라 연구자는 적절한 역할을 선택할 수밖에 없는데, 이때 선택에 대한 명확한 지침이 없으므로 연구자 자신의 이해와 판단에 의존해야 하는 어려움이 있다.

일반적으로 사회 현상의 연구에 있어서 관찰법의 장점은 자연적 상황 속에서, 공간적으로는 직접적으로, 또 시간적으로는 즉각적으로 사실의 파악이 가능하다는 점이다. 이러한 점에서 관찰법은 면접이나 질문서 등의 자료 수집 방법이 타인의 경험담이나 예측적인 보고에 의존하는 데 비하여 직접성과 즉각성이라는 장점을 지닌다.[14]

관찰법이 지닌 두 번째 장점은 언어적 보고에 의존하는 사회과학적 자료가 가진 한계를 극복할 수 있다는 것이다. 관찰법은 언어나 문자 사용에 의한 자료 수집 방법인 인터뷰나 설문 조사와는 달리, 피조사자들의 비언어적인 상황이 차지하는 부분이 더 크다.

셋째로 관찰법은 많은 자료를 수집할 수 있다. 관찰은 현장 조사를 통하여 의외의 사실을 파악할 수 있는 기회가 있으며, 그것이 연구 해석이나 결과에 중요한 영향을 미치는 자료가 될 수 있다.

한편 관찰자의 선호에 따라 조사 대상이 선택적 혹은 편파적으로 관찰될 수도 있다는 점은 관찰 조사법의 치명적인 단점으로 지적되고 있다. 또한 관찰자의 주관 때문에 관찰한 내용의 해석에 있어서 객관성이 결여될 가능성이 있다는 점도 단점으로 지적될 수 있다. 이외에 관찰된 자료를 수량화하는 점에 어려움이 있다는 것과 연구 대상의 접근이 어려울 수 있다는 것 등이 관찰 조사법의 단점으로 지적되고 있다.[15)]

전통적으로 사회신학자들은 사회 조사에 있어서 객관성이 중요하다고 강조하는 경향이 있다. 그러나 이러한 객관성의 이점들을 부인하지 않으면서 요즈음의 사회신학자들은 자신들이 연구하고 있는 시각에 자신들 스스로를 젖어들게 하면서 얻게 되는 혜택 또한 인식하고 있다. 이른바 '내부자 이해insider understanding'가 그것이다. 예를 들면, 한 종교 집단을 연구하기 위해서는 일시적으로라도 그 종교 집단 성원들의 관점을 진실로 수용할 수 있어야 한다는 것이다. 그래야만 신도들의 생각과 행동을 포괄적으로 이해할 수 있다는 것이다.

이러한 단점들을 극복하기 위해서는 무엇보다도 관찰법의 객관성을 확보하는 것이 우선적으로 중요하다. 지각 과정에서 관찰자마다 똑같은 현상에 대한 느낌이 다르고 관찰자마다 다른 자극에 반응하기 때문이다. 이는 관찰자 자신의 생각이 지각 과정에 작용하기 때문이며, 관찰자들의 전 이해가 다를 뿐만 아니라 서로 다른 경험에서 빚어진 선이해가 다르기 때문이다. 따라서 이러한 지각 과정에서 나타나는 오류를 최소화해야만 관찰은 객관적일 수 있다.

인식 과정상 나타나는 오류를 최소화하는 방법은 관찰에 필요하게 될 이론적 개념을 분명하게 밝히고 조사 시 필요한 개념을 경험적으로 정의하는 것이다. 또한 관찰의 객관성을 유지하기 위하여 관찰시 녹음기, 촬영기, 질문지 등의 관찰 도구를 사용하는 방법이 있다. 또한 감각 기관중 가장 예민한 기관을 사용하는 것이 좋으며, 관찰 기간은 짧은 쪽이 좋다고 한다.[16)] 그때 지각된 사실에 대한 관찰자의 주관적 개입을 막을 수 있기 때문이라고 한다. 또한 관찰자 자신이 자기 훈

련을 통하여 인식 과정에서 개입될지도 모르는 주관을 배제하는 방법도 있다.[17)]

나아가서 최대한 객관성을 확보하기 위하여 구조화된 관찰structured-observation
을 행할 수 있다. 구조화된 관찰이란 관찰 현상에 대해 보다 구조화된 관찰 항목
을 규정하고 그것에 따라 관찰을 행하는 것이다. 객관성과 엄밀성을 확보하기 위
하여 구조화된 관찰 방법에서는 다음과 같은 항목을 일반적으로 조사할 수 있다.
의례 관찰을 예로 들면, 의례의 환경장소, 주관자, 인원 구성, 인원 수 등, 진행 절차, 내용 구성,
참가자들의 집중도, 참가자들 간의 사적 친근성 등이다.[18)] 그러나 구조화된 관찰
을 행한다 하여도 현상의 평가에 있어서 여전히 관찰자들의 주관이 개입할 수 있
다는 점은 문제점으로 남을 수 있다.

신뢰도를 높이기 위해서는 관찰 조사 수행 시 제3자가 연구 자세를 평가할 수 있
도록 가능한 한 자세하게 관찰 조사 내용을 기술하는 것도 한 방법이 될 수 있다.

관찰 조사법을 사용하여 사회 조사를 할 경우 일정한 시간과 공간에서 일어나
는 모든 현상을 관찰하는 것을 원칙으로 한다. 그러나 구체적으로 몇 가지 중점
사항들을 관찰의 축으로 정할 수 있다. 무엇보다도 언어적 행동과 비언어적 행동
이 중요한 축이 될 수 있다. 언어적 행동은 주고받는 대화의 내용을 포함하는 반면
비언어적 행동은 표정, 움직임, 몸짓, 눈 맞춤 등을 포함한다. 또한 관찰의 대상인
여러 사람들 사이의 상호 관계들을 주목하면서 사회적 상호 작용이 어떻게 일어
나고 있는지를 관찰하는 것이 한 축이 될 수 있다. 예를 들면 친밀성, 상하 관계,
양자의 역학 관계 등을 관찰할 수 있다. 더 나아가 연구 대상인 한 사람이 현상에
총체적으로 가담하거나 적응하는 모습, 즉 참여의 정도를 파악하는 것도 관찰의
중요한 축이 될 수 있다. 공간의 물리적 배열 상태 또한 관찰 조사 시 유념해야 할
중요한 현상이다. 마지막으로 사람들이 공간 행동, 즉 공간을 어떻게 사용하는가
하는 것 또한 공간 내에서의 동선을 주목하는 것도 관찰 조사에서 중요한 축이다.

관찰 조사된 자료들은 기록되어야 한다. 기록 방법에는 행동을 기록하는 방법과 행동 단위를 기록하는 방법이 있는데, 행동 기록 방법에는 이야기식 기록과 현장 노트가 있다. 이 중에서 행동 단위 기록 방법에는 체크 리스트와 측정법이 있다. 반면 이야기식 기록은 실제 발생하고 있는 시점에서 행동이나 사건을 구체적으로 재현하기 위해 이야기식으로 정리하여 기술하는 것을 말한다. 현장 노트는 연구자가 관찰한 사실을 정리하고 메모하는 것을 통칭하는 것으로 연구자로 하여금 기억을 되살리게 하는 도구의 역할을 한다. 체크 리스트는 관찰하고자 하는 어떤 행동이나 활동이 관찰 상황에 존재하는지의 여부를 체크하기 위하여 리스트를 만들어 기록하는 방법이다. 측정법은 행동 관찰을 통해 얻어진 결과를 빈도, 시간 등으로 표시하는 것을 말한다.[19] 이 측정법은 질적 조사 방법인 관찰 조사법의 결과에 타당성과 신뢰도를 높이는 방법으로 활용되기도 한다.

관찰을 통하여 얻어진 자료들은 무엇보다도 먼저 그 빈도, 크기, 구조, 과정, 원인, 결과 등을 범주로 하여 분류해야 한다. 즉 질적 분석의 기초는 우선 유사한 것들과 상이한 것들을 분류하는 작업이다.[20] 그러한 분류에 입각하여 현상들의 유형을 체계적으로 구성한다.

그다음 현장 기반 이론 방법을 사용하여 각 범주에 적용된 사건의 비교, 범주와 그 속성의 통합을 통하여, 이론의 한계를 설정하고 새로운 이론을 수립할 수 있다. 또한 기호학적인 분석도 가능하다. 기호학은 인간을 둘러싸고 있는 기호들과 현대 매체들을 통하여 전달하는 기호들, 광고나 선전문 속의 기호들을 기호학적으로 분석하여 거짓을 폭로하는 것을 주요 과제로 삼는 학문이다.[21] 그러므로 기호학적 분석은 관찰 조사된 현상에 의도적이거나 혹은 비의도적으로 부착된 의미의 탐색을 포함한다.

3. 관찰 조사법과 예배 연구

1) 예배 연구에서 관찰 조사법의 필요성과 기준

사회신학에서 관찰 조사법은 사회 현상에 대한 질적 연구의 한 방법이다. 이러한 관찰 조사법을 예배에 적용할 수 있는 것은 그리스도교의 예배를 하나의 사회 현상으로 간주할 때 가능하다. 예배는 여러 사회 현상 중에서도 종교 현상으로 분류될 수 있고 종교 현상 중에서도 종교의 실천적 차원에 속하는 종교 의례로서 구분될 수 있다. 따라서 예배를 관찰 조사법으로 연구한다는 것은 예배를 하나의 종교 의례로서 이해한다는 것을 전제한다.

의례를 정의하는 것은 단순하지 않지만 적어도 어떤 행위가 의례로서 정의되기 위해서는 몇 가지 조건을 충족시켜야 한다. 반복성과 규칙성이 그것이다. 넓은 의미에서 반복되고 그 안에 일정한 규칙이 있는 어떤 행위는 의례이다. 때로 의례라는 개념은 동물의 행동을 일컫는 데까지 사용되기도 한다. 의례는 개인과 집단의 중요한 사건들을 계기로 발전한다. 개인의 인생 주기에 따라 수행되는 통과 의례와 계절 주기의 통과 의례 또한 집단의 유대감을 강화시키는 의례로서 발전한다.[22] 공동체의 차원에서 보면 의례는 공동체의 공통된 규범과 가치와 태도를 훈련하는 장이 되기도 한다. 그런 의미에서 의례는 사회적인 행사이다. 신성한 대상을 향한 의례를 통해 집단 자체의 유대감을 강화하고 자체의 가치를 재확인한다. 그 안에서 지도자와 신자들 간의 관계도 이루어지고 재확인되며 강화된다. 또한 공동체 안에서 자신의 위치도 확인할 수 있다.[23] 이러한 것들이 전통적인 의례의 순기능이라 할 수 있다.

무엇보다도 종교 의례란 종교 경험에서 얻어진 느낌과 태도와 관계를 표현하는 행위들로서, 언어적 행동, 몸짓과 상징적 매체를 포괄한 것을 일컫는다. 의례는 한 종교를 존재하게 한 본래적인 사건을 재현하고, 참여자들로 하여금 처음에로의 집단적 시간 여행을 가능하게 한다. 즉 의례란 최초의 종교 체험을, 곧 신앙의 대상에 대한 느낌을 끊임없이 반복적으로 표현하는 것으로, "신령과 관계를 표현하는 정형화된 종교 행위"[24]로 정의될 수 있다. 단순했던 의례는 시간이 흐를수록 세분화되고 표준화된다. 그리하여 공양, 기도, 수행, 주술과 금기, 전도와 사회 봉사 등 종교 체험의 외적 표현인 종교 행위가 정형화되어 감으로써 종교 의례가 탄생한다.[25]

이러한 종교 의례와 예배는 일정한 공간과 구체적인 시간의 흐름 속에서 진행되는 일련의 인간 행위로서 감각적으로 매우 복합적이며, 동시에 역동적인 현상이다. 따라서 예배와 종교 의례를 이해하기 위하여 다각적인 차원의 연구가 필수적이다. 이에 쓰인 예배서나 의례 지침서를 연구하기보다 그 직접적인 실행을 연구하는 것이 더 중요하다. 나아가 역동적인 예배와 종교 의례 실행을 연구하는 데 있어서는 앞에 제시된 다섯 가지 방법 중 관찰 조사 방법이 가장 적합한 연구 방법이다. 왜냐하면 관찰 조사 연구는 연구자로 하여금 포괄적인 시각을 갖게 하고, 태도와 행위의 여러 가지 미묘한 특징들을 간파하게 하기 때문이다.[26] 현장에서 관찰 조사 방법을 적용할 수 있는 예로는 교내 시위, 법정에서의 심리 절차, 공청회 등과 같은 제한된 시간과 공간에서 발생하는 사건들이다.[27] 예배와 의례 또한 시간과 공간을 관통하는 인간 행위의 특정 사건으로서, 다각적이고 포괄적인 연구를 필요로 하므로 이에 적합한 관찰 조사가 필요하다.

예배와 종교 의례 연구에 관찰 조사가 필요한 것은 다른 사회 조사 연구 방법들, 곧 인터뷰와 설문 조사 등과 비교할 때 분명하게 드러난다. 무엇보다도 관찰 조사법은 의례 발생의 현장에서 내용과 사실을 직접 포착할 수 있다. 의례 수행자들이 관찰을 염두에 두고 의식적으로 의례 내용을 왜곡할 소지가 적기 때문이다. 인터뷰나 설문 조사의 경우 상황의 오염이 발생할 수 있다. 상황의 오염이란 인터뷰의 경우 피조사자와의 관계나 상호 작용에 의한 부자연스러운 상황이 발생할 수 있다는 뜻이요, 또 설문지 조사의 경우 피조사자의 기억, 가치 의식 등이 개입됨으로 인해 자료의 직접성과 객관성이 떨어질 수 있음을 말한다.[28] 그러나 이와는 달리 관찰 조사의 경우 자연적인 상황에서 신자들의 자세나 태도, 예를 들면 신자들의 해당 종교에 대한 심리적 몰입의 정도를 자연스럽게 측정, 확인할 수 있다.

의례는 몸짓과 행동으로 이루어져 있기 때문에 언어나 문자 사용에 의한 자료 수집 방법으로 조사하는 것은 적합하지 않다. 관찰 조사법은 언어나 문자 사용에 의한 자료 수집 방법인 인터뷰나 설문 조사와는 달리 피조사자들의 비언어적인 상황을 조사의 대상으로 삼는다. 그러므로 관찰 조사법이 의례 연구에 더 적합하다.

종교 의례를 관찰 조사법으로 연구할 때 기준이 필요하다. 필요한 기준은 다양하게 구분될 수 있다. 먼저 정기 의례, 비정기 의례 등 주기성을 기준으로 삼을 수 있을 것이다. 또한 문화체육부에서 펴낸 책《한국종교의 의식과 예절》은 의례의 구성 요소로 의례의 대상, 의례의 주재자, 의례의 참여자, 의례 시기, 의례의 장소, 동작을 제시한다. 이러한 의례의 주기, 의례의 대상, 주재자, 시기, 장소, 동작 등이 의례를 관찰하는 데 있어서 기준이 될 수 있다. 한편 김철수는 신종교의 의례를 조사할 경우 정형화의 정도, 표준화의 정도, 반복성의 정도, 집합성 정도, 감정성의 정도, 개방성의 정도, 접근 가능성의 정도를 기준으로 조사할 것을 추천하고 있다.[29] 이러한 기준은 신종교의 의례가 아니라 하더라도 의례를 연구하는 데 있어서 그 특성을 파악하는 데 매우 유용한 기준이 될 것으로 보인다.

이외에 종교 의례를 관찰 조사법으로 연구할 때 필요한 주요 기준은, 앞에서 밝힌 바와 같이, 언어 행동과 비언어 행동, 사회적 상호 작용, 공간 행동, 공간의 물리적 배열 등이었다. 이러한 내용은 인류학자 터너가 현지 조사 연구를 통하여 의례지를 기록하고 분석하는 데 사용한 틀, 즉 의례와 상징 행위를 세 영역으로 나눈 틀인 주석적exegetic 영역, 조작적operational 영역 그리고 위치적positional 영역과도 유사하다. 주석적 영역은 의례에서 언어 행동을, 조작적 영역은 비언어 행동과 사회적 상호 작용을, 위치적 영역은 공간 행동과 물리적 배열을 포함한다.[30] 터너의 틀을 예배 연구에 적용한 듀시Michael H. Ducey, 1933~ 의 연구는 관찰 조사법을 기본으로 예배를 연구한 하나의 모범 사례가 될 수 있다. 듀시는 주보에서 예배의 각 순서를 일컫는 표현을 주석적 영역에 포함시키고, 예배에서의 모든 행동들, 발성, 비언어적 행동들을 조작적 영역에, 그리고 예배 공간의 활용과 배열을 위치적 영역에 포함시켜서 예배를 관찰하고 있다.[31]

2) 관찰 조사법의 패러다임과 예배 연구

관찰 조사법의 패러다임 중 예배 연구에 특별히 시사점을 주는 패러다임으로는 두 가지, 곧 제도 민속지학 접근 방법과 참여 행동 접근 방법을 들 수 있다. 제도 민속지학 접근 방식은, 예배가 공적인 영역에서 일어나는 사건이며 사회화의 장이 되고 있다는 점에서, 예배 연구에 매우 유용한 접근 방식이 될 수 있다. 공적인 영역에서 일어나는 사건으로서의 예배는 사회의 제도적인 문제와 또한 교회 공동체의 제도적인 문제들을 고스란히 담고 있으며, 또한 그 문제들이 예배 안에서 구조화되고 반복됨으로써 예배를 통하여 그 문제들이 지속되고 체화될 수 있기 때문이다. 따라서 제도 민속지학 접근 방식은 예배 안에 드러난 사회적 관계들의 문제를 폭로하는 데 적절한 방법일 수 있다. 이러한 접근 방법은 의례 비평ritual criticism과 더불어 예배 실행에 대한 비평적 연구를 중심으로 하는 현대 예배학에 매우 의미 있는 시사점을 제시하고 있다.

참여 행동 연구 접근 방법은 한 교회 공동체의 예배 갱신을 연구하는 데 적용할 수 있다. 예배 갱신의 실행은 한 공동체의 예배를 대상으로 한다는 점에서 구체적이며, 예배의 변화를 목적으로 하면서 공동체 구성원들의 상호 작용을 통하여 진행된다는 면에서 역동적이며, 시간적으로 지속적인 과정이다. 실제로 예배 갱신의 과정에 필수적인 것은 예배 갱신의 필요성과 당위성을 공동체 구성원들이 인지하는 것과 변화된 예배의 형식과 요소들을 숙지하는 것이다. 따라서 이 접근 방법은 예배 갱신이 어떻게 수행되는가에 대한 지식을 얻는 수단일 뿐 아니라 공동체 구성원들의 예전 교육의 도구가 된다. 나아가 예배의 실제적인 변화를 이끌어낼 수도 있다.

3) 예배 연구 방법으로서의 관찰 조사법의 장점과 한계

예배를 참여 관찰법으로 연구할 경우 예배 연구에 관한 원자료를 얻을 수 있다. 즉 예배 자체의 구조, 형식, 참여자들의 표현, 태도와 반응 등을 연구할 수 있는 것이다. 더 나아가 이 연구는 연구 대상이 되는 공동체에 대한 일반적인 연구, 예를 들면 신자들의 의식을 묻는 연구나 공동체의 조직에 관한 연구에 2차 검증 자료로서 사용될 수 있다.

예배를 관찰 조사를 통해 연구하는 것은 연구자로 하여금 경험적 관찰과 계속적으로 대면하게 함으로써, 연구자 자신이 지난 연구를 통하여 수립하였던 자신의 이론과 전 이해의 한계를 찾아낼 수 있게 한다. 이로써 예배의 관찰 조사는 예배 실행의 현장에 대하여 늘 민감한 연구를 수행할 수 있다는 장점을 지닐 수 있다. 다시 말하면 이 연구는 예배학과 실천신학의 현장성을 놓치지 않도록 도와준다. 나아가 이러한 연구는 신학이 인간의 신앙 경험과 현실로부터 시작해야 한다는 원칙에 충실하게 하는 계기로 작용한다.

그러나 구체적인 의례 연구에 있어서 관찰법은 다음과 같은 한계를 드러낼 수 있다. 무엇보다도 먼저 지적될 수 있는 것은 관찰의 방식과 관련된 문제점이다. 관찰자로서의 참여자나 혹은 완전한 관찰자의 입장에서 관찰 조사를 할 수밖에 없는 경우 의례의 자연스런 상황이 오염될 가능성을 배제할 수 없다. 즉 관찰자라는 신분이 피관찰자들에게 알려짐으로써 그것이 피관찰자들의 부자연스런 사회적 과정을 연출할지도 모르기 때문이다. 특히 소규모 의례의 관찰에서는 언어 사용과 행동의 부자연스러움이 인지될 수 있다. 이러한 문제점을 극복하기 위해서 완전한 참여자로서의 관찰을 시도하기도 하지만, 연구 대상이 특정 종교 집단인 경우 완전한 참여자로서의 관찰이 불가능하다는 현실적인 어려움이 있다.

그런데 이 문제는 신학도의 예배 연구에 있어서는 피해갈 수 있는 한계이기도 하다. 일반적으로 관찰 조사는 예비 지식의 습득, 현상에의 접근 허가 획득 등의 사전 작업을 통해 가능하다. 그러나 예배 관찰의 경우 사전 작업의 어려움이 거의 없음은 주지의 사실이다. 원하는 사람 누구에게나 공동체의 예배는 개방되어 있기 때문이다. 더욱이 대형 교회의 예배를 연구할 경우, 완전한 참여자로서 익명성을 보장 받으면서 관찰할 수 있다. 그러나 소규모 공동체의 예배를 관찰할 경우 익명성이 보장되지 않아 관찰의 환경이 오염될 가능성은 여전히 존재한다. 관찰자의 신분이 드러나 공동체 예배의 전형을 관찰하기에 어려움이 있기 때문이다.

또한 관찰 조사법에 의한 연구는 의례의 구조와 형식을 밝히는 데만 집중된 연구일 가능성이 있다. 따라서 의례의 목적, 의례의 발생 배경, 의례의 변천 과정, 의례의 의도한 기능과 의도하지 않은 기능, 순기능과 역기능, 의례 주관자와 참여자의 관계, 참여자의 성향 및 참여자들 간 관계 등의 의례 현상을 이해하기 위하여서는 관찰 조사법 외에도 문헌 수집과 질문 조사법 등 다른 연구 방법의 추가적인 도움을 받아야 할 것이다. 관찰 조사법이 의례 연구에 매우 필요하고 적합한 방법인 것은 사실이지만 한 연구 방법이 모든 현상을 전부 다 설명할 수는 없기 때문이다. 무엇보다도 관찰 조사법은 의례 및 예배 연구에 있어서 기본이 되는 1차적인 방법으로서 그 의미가 있다.

관찰 조사법과 나란히 의례 연구에 도움이 되는 연구의 방법은 생활사Life History연구다. 이 방법은 신앙생활의 주체인 당사자의 이야기와 의미 만들기를 중시하는 관점에서, 개인의 일생의 한 시기, 혹은 그 전체를 대상으로 인텐시브한 인터뷰 조사를 행하고, 그 결과 얻어진 당사자들의 가치관이나 의식 변용의 모습을 상세하게 기술하는 연구 방법이다. 이 방법은 일반 신자들이 가지는 공동의 "영성"을 획득하는 과정을 분석하는 방법으로 일본의 신종교 연구 분야에서 주목을 끌고 있다.[32] 이 방법은 삶의 과정life passage 또는 생애 주기life-cycle 연구와 비교될 수 있다. 삶의 과정 또는 생애 주기 연구는 사회의 요건에 초점을 두고, 사람들이 사회 구성원이 되어가는 과정, 사회화, 문화화하는 과정을 생애의 주요 단계별로 보여주는 일에 주력한다.[33] 이와 비교하여 생활사 연구는 개인의 삶의 요건과 경험을 강조한다. 이 연구는 개인이 어떻게 사회 속에서 삶을 꾸려가는가를 연구한다.

이 연구 방법은 예배 연구에 있어서 관찰 조사법을 보완하면서 예배 연구에 깊이를 더할 수 있다. 개인의 삶에 예배가 어떠한 영향을 끼쳤으며, 개인이 어떻게 공통의 의례에 통합되어 가고, 공통의 상징을 수용하게 되는지에 대한 연구가 생활사 연구의 도움을 통해 진행될 수 있기 때문이다. 예배 연구는 그 연구의 대상인 예배가 지니는 공적인 특성 때문에 자칫 공동체 안에서의 개인의 경험과 변화에 대하여 매우 제한적으로 관심을 기울이거나 혹은 전혀 배제할 가능성이 있다. 따라서 생활사 연구는 예배 연구의 미시적인 부분들을 풍부하게 할 수 있을 것이다.

4. 나오는 말

관찰 조사법은 예배 연구에 있어서 건축 공사에서 기초를 다지는 토목 공사와도 같다. 연구의 1차 자료들을 마련하는 방법이기 때문이다. 예배 연구가 과거의 역사적 문헌만을 대상으로 하는 연구가 아니라, 현재 실행되고 있는 예배 현상에 대한 동시대적인 연구를 과제로 삼는 한 관찰 조사는 연구의 필수 불가결한 방법이다. 예배학은 예배라는 구체적인 자료들을 대상으로 수행하는 연구이기 때문에, 보이고 들리고 움직이는 구체적인 자료를 중요시해야 한다.[34] 또한 예배에 대한 기본적인 자료들을 공유할 수 있는 지식으로 확보해둘 필요도 있다.

그런데 예배 현상을 구체적인 자료로 공유할 수 있기 위해서는 관찰 조사를 연구의 1차적인 방법으로 수용할 수밖에 없다. 그러나 이 글에서는 이러한 전제를 재차 확인하는 데 그쳤다. 앞으로 이러한 전제하에 관찰 조사의 패러다임에 따라 구체적으로 어떻게 예배를 관찰 조사법으로 연구할 것인지는 그 방법론을 좀 더 구체화하고 세분화할 필요가 있다.

종교학계에서 관찰 조사법을 통한 의례 연구에 관심을 높이고 있는 분위기에 발맞추어 예배학에서도 관찰 조사가 예배 연구의 중요한 방법이라는 것을 인정하고 적극적으로 수용하는 일과 이 방법에 근거하여 예배 실행을 연구하는 일에 박차를 가할 필요가 있다. 이는 예배 연구 자체를 위하여, 나아가 종교 연구의 지형도에서 한국 그리스도교의 의례 연구에 대한 책임을 담당하기 위해서다.

the practice of worship

진정한 예배란 무엇인가라는 질문에 대한 모범 답안이 있다. 신령과 진정으로 예배하라는 것이 그것이다. 그런데 한 그리스도인의 신앙을 표현하는 방식이 다른 그리스도인의 신앙을 표현하는 방식과 동일시될 수는 없다. 그리스도인은 문화적 성향에 따라 신앙을 다르게 표현할 수 있으며, 그래서 그리스도인들은 시대와 지역에 따라 자신들의 예배를 다르게 구성할 수가 있다.

2부 예배 실천

5장

몸의 예배

1. 들어가는 말

요즈음 인문학계에서는 몸에 관한 논의가 한창 진행 중이다. 신학계에서도 몸은 이제 중요한 주제로 부각되고 있다. 예배학에서 몸은 아직 생소한 주제이다. 그러나 육체와 정신의 통합체인 통전적인 인간으로 이해되는 몸이 인식과 행위의 주체라는 몸 연구의 기본 전제는 정신화된 오늘날의 예배 현실에 의문을 제기한다. 정신만이 아니라 몸이 인간 예배 행위의 주체로서 회복되는 것이 "신령과 진정으로 예배하라"는 예배에 관한 성서의 가르침을 더 잘 구현하는 것이 아닌가 하는 문제 제기이다. 따라서 예배학은 예배 행위의 주체로서의 몸에 관한 논의를 진지하게 개진함으로써 좀 더 이상적인 예배 구성의 원리를 도출해야 한다. 이 글은 예배학의 이러한 임무를 수행하기 위하여 몸 예배의 형성 요건에 대하여 알아보려고 한다.

본론에 들어가기에 앞서 몸이라는 개념을 사용하는 데 따르는 문제점을 지적하고, 이 글에서 사용하려는 몸이라는 용어의 개념을 정의할 필요가 있다. 왜냐하면 많은 글에서 이 용어가 정의되지 않은 채 쓰이고 있기 때문이다. 예를 들어 어느 글에서는 몸이 육체의 다른 표현으로 쓰이기도 하고, 다른 글에서는 통전적인 인간을 의미하는 표현으로 쓰이기도 하여 매우 혼란스럽기 때문이다.

이 글에서는 몸을 통전적 주체로서의 인간으로 정의하고자 한다. 몸은 두 가지 요소로 구성되어 있다. 몸의 육체적 요소와 정신적 요소가 그것이다. 물론 이 둘은 존재론적으로 분리될 수 없고, 몸이라는 통전적 주체 내에 통합되어 있다. 그렇다고 이 양자를 개념적으로 구분할 수 없다는 말은 아니다. 왜냐하면 일상 언어의 세계에서 우리는 의식적이든 무의식적이든 간에 이 양자를 구분하고 있기 때문이다. 또한 이런 개념적 구분 없이는 육체와 정신의 전통적인 이분법을 비판하는 일도, 나아가 극복하는 일도 불가능하기 때문이다. 따라서 이 둘을 개념적으로 구분하지 않을 경우 통전적 주체로서의 몸에 관한 어떠한 이론적 건축술도 성공하기 어려울 것이다.

이 글에서는 우선 그간 몸의 육체적 요소가 무시되어 몸에 대한 통전적인 이해가 부족하였다는 문제의식하에 예배에서 몸의 육체성이 갖는 중요성을 부각시키고자 한다. 이를 위해 먼저 통전적 주체로서의 몸이 예배학에서 논의의 주제가 된 배경을 밝히고, 이어서 종교적인 경험의 터전인 예배에서 몸의 육체성이 지니는 의미가 무엇인지에 대해 논급할 것이다. 그러고 나서 예배에서 몸의 육체성을 활성화하기 위한 예배학적 고안인 비구술적 커뮤니케이션을 그 효용과 기능적 측면을 중심으로 살펴볼 것이다. 마지막으로 항상 예배 현장을 고려하고 관심해야 하는 예배학의 학문적 특수성을 감안하여 몸의 육체성의 복원을 통해 몸의 통전성을 재발견하는 데 기여할 수 있는 예배의 구성 요소들을 몇 가지 제안해볼 것이다.

2. 몸 예배의 논의 배경

종교적 의례는 본래 변화에 둔감하다. 개신교의 예배도 예외는 아니다. 물론 개신교 예배가 전혀 변화되지 않았다는 것은 아니다. 개신교의 경우 새로운 신학 사조의 등장과 사회의 변화에 따라 그에 걸맞게 예배는 서서히 변화된다. 그 한 예가 근자에 들어 예배 구성에서 몸이 중요하게 부각되고, 신앙 표현의 한 중요한 요소로 대두된 것이다. 이런 예배 구성의 변화에도 역시 새로운 신학 사조와 사회의 변화가 그 주된 형성 요인으로 작용하고 있는데 그것을 구체적으로 살펴보면 다음과 같다.

첫째, 예배에서 몸을 인정하고 중요한 것으로 받아들인 데에는 무엇보다도 여성신학과, 그 실천적 구현인 여성 예배가 공헌한 바 크다. 여성신학은 전통적으로 여성의 육체를 겨냥해서 이루어진 기독교의 강한 육체 혐오를 비판하고, 여성의 몸이 지니는 본래적인 의미와 가치를 밝혀내어, 그 몸의 경험을 새로운 신학적 토대로 삼아야 함을 강조한다. 이러한 여성신학의 이론적 논의를 실천적인 차원에서 생동감 있게 표현한 것이 여성 예배이다.

여성 예배는 육체를 중요한 것으로 인정하고 그것을 영적인 경험의 공명판으로 받아들인 데 그 특징이 있다. 그렇기 때문에 예배에서 육체가 실제로 소리를 낼 수 있도록 단련되고 일깨워져야만 한다고 주장한다. 숨 쉬며, 노래하며, 춤추며, 듣고, 바라보며, 파악하고, 냄새 맡으면서 육체의 생동감이 살아난다는 것이다. 육체가 회복되고 몸이 살아날 때 예배는 상처로 얼룩진 현실이 치유되는 경험의 자리가 된다는 것이다.[1]

둘째, 예배 구성에서 몸이 중요하게 부각된 데에는 인간에 대한 통전적인 이해를 추구하는 신학적 인간학, 곧 몸학의 영향이 크다고 하겠다. 몸의 육체적 요소를 신 인식의 장애물로 받아들였던 기독교 전통에 대한 비판에서 시작한 이 새로운 신학적 인간학은 몸으로서의 인간 이해를 추구한다. 이러한 새로운 신학적 인간학은 예배 구성에 있어서도 예배하는 주체인 인간의 통전성을 통하여 예배의 진정성"신령과 진정으로" 드리는 예배적 성격을 확보하려는 노력을 기울이게 한다. 새로운 인간학적 관점에 근거하면, 예배에는 초월적 현실과 만나는 차원이 있으나 데카르트적으로 축소된 인간은 초월적 현실과 만나는 데 충분치 않다. 이러한 신학적 인간학의 확장은 예배 구성자로 하여금 청각과 몸의 정신적 요소에만 의존하고 있는 말씀 선포에 대하여 다음과 같은 의문을 제기하게 한다. 청각과 정신만이 초월적 존재의 계시를 매개할 수 있는가?

셋째, 예배 구성에서의 몸의 재발견은 인간의 자기 경험의 매개, 자기표현의 수단으로의 육체에 대한 긍정적인 평가와 연관이 있다. 일반적으로 의례에서는 특정한 문화권 안에서 사회적으로 가치 있는 것으로 널리 인정된 것들만이 중요한 상징으로 통용될 수 있다.[2] 따라서 일상적인 생활 세계에서 육체가 가치 있는 것으로 인정될 때에야 비로소 예배에서도 육체가 두드러진 상징이 될 수 있다. 근래에 들어서 육체는 사적인 영역에서 위생과 청결이 기본적인 삶의 조건으로 자리를 잡고, 미용과 체력 단련이 삶의 질을 측정하는 척도가 됨으로써 그 가치가 인정을 받게 되었다. 또한 공적인 영역에서 대규모의 스포츠 행사와 상업적인 프로 스포츠가 발전하면서 잘 연마된 육체의 가치가 극대화되었다. 이렇게 사회적으로 육체의 가치가 널리 인정됨에 따라 이제 육체는 예배에서도 중요한 상징과 매개가 된 것이다.

3. 종교 경험과 표현의 동반적 주체로서의 육체

종교 경험에 있어서 육체의 중요성과 관련한 아우구스티누스Aurelius Augustinus, 354~430의 다음과 같은 주장은 주목할 만한 가치가 있다. "외적이고 눈에 보이는 육체의 모든 움직임은 내적이고 보이지 않는 정신의 움직임들을 강화시킨다. 정신의 움직임은 육체의 움직임이 없이는 불가능하다."[3] 여기서 아우구스티누스는 움직임을 그 본질적 특성으로 하고 있는 인간의 육체의 중요성을 분명히 하고 있다.

육체의 움직임은 인간 자신, 세계 그리고 하나님을 경험하는 인간의 몸 됨의 핵이다. 육체의 움직임은 인간의 모든 행위의 조건이다. 그렇지만 육체의 움직임을 선행 조건으로 하여 무엇인가가 파악되고, 경험되고, 믿어진다고 해서 육체를 단순히 매개하는 것으로만 이해해서는 안 된다. 오히려 육체와 움직임은 세계의 경험과 인식에 있어 정신과 동반자적 관계에 있다.

인간은 예배의 공간에서 다양한 방법으로 움직인다. 걸어가고 앉고 서 있고 때로 무릎을 꿇거나 엎드린다. 인간은 예배에서 다양한 몸짓을 사용하고, 보고, 듣고 냄새 맡음으로 해서 서로를 인지한다. 드물긴 하지만 손을 잡거나 껴안기도 한다. 이와 같이 인간은 종교적인 경험을 하는 공간과 시간인 예배에서도 끊임없이 움직인다. 이런 의미에서 몸은 예배하는 주체이며 예배 과정에서 육체와 정신은 상호 작용을 함으로써 종교적인 커뮤니케이션을 수행한다고 할 수 있다.

그러나 종교 개혁 이후 지금까지 개신교 예배에서 일어나는 종교적인 커뮤니케이션은 다분히 개념적이다. 그래서 종교적 경험은 인간이 '이해'하는 지점에 머물게 되었다. 개념의 이해가 종교적 경험의 통로가 된 것이다. 거칠게 표현하면 종교 개혁자들이 주장하는 '이해할 수 있는 예배의 원리das Konzept eines verstaendlichen Gottesdienstes'는[4] 맹목적인 권위에 대한 무조건적 신앙과 모든 전승된 것들에 반대하고, 이성 앞에서 변호되지 않는 것은 타당하지 않은 것으로 여기는 지성주의를 배태한 계몽주의의 영향으로 더욱 강화되었다. 예배에서 그리스도의 복음을 명확히 알고자 하는 노력은 개신교 신앙의 기초이다. 그러나 이런 이성주의의 위험은 바로 예배의 정신화에 있다. 예배의 정신화로 인해 예배에서의 모든 행위는 구술적인verbal 것으로 대체되었고 육체적인 모든 것은 모두 배제되었다.* 이전

---

*F. Steffensky는 이러한 개신교의 예배를 몸 언어의 문맹주의(der gestische Analphabetismus)라고 비판한다(F. Steffensky, Feier des Lebens. Spiritualitaet im Alltag, 1984, 81쪽). 또한 K.-H. Bieritz는 이러한 현상에 대하여 예배의 구술 언어주의(Verbalismus), 구술

에 종교적 경험의 중요한 통로였던 육체와 그것과 관련된 경험의 매체들은 계몽주의가 등장한 이래로 사회적 보편 매체인 말로 대체되기에 이르렀던 것이다. 인간의 정신만이 종교적 경험의 주체로 인정된 것이다.

현재 실제 예배 현장에서 종교적 경험의 통로인 몸의 활성화는 일차적으로 미학적으로 구성된 예배에서 육체를 살리는 작업으로 이루어지고 있다. 이러한 시도들은 다양한 감각 기관들이 종교 경험의 주체로 참여하게 되는 예배를 구성하고자 하는 의도에서 비롯된 것이다. 주지하는 바와 같이 기독교의 예배는 하나님의 인간을 위한 차원과 인간의 하나님을 향한 차원을 모두 가지고 있다. 예배에서 몸은 하나님이 인간을 위해 내리는 계시를 매개하는 매개체가 되고 또한 그 몸이 하나님을 위한 인간의 신앙 표현의 주체가 된다.

이전에 구술과 청각에 의존하여 받았던 하나님의 계시와 구술과 청각에 의존하여 표현했던 하나님 찬미의 표현은 통전성을 회복한 인간 이해의 눈으로 바라보면 진정성이 부족한 예배 행위로 비판받을 수 있다. 이런 맥락에서 요즘의 예배학은 예배의 정신화를 극복하고 예배에서 전인적인 경험을 하게 할 뿐 아니라 그 경험을 전인적으로 표현하게 하려는 예배의 구성 요소들을 고안하려고 노력한다. 이러한 예배학적 의도를 살린 실험적인 예배는 서구 기독교의 육체 혐오에 대하여 의식적인 전환을 시도한다. 즉 육체가 단지 정신을 담고 다니는 그릇이 아니라 예배하는 주체임을 부각시키려고 하는 것이다. 이를 위하여 구체적으로 비구술적 커뮤니케이션nonverbal communication을 예배에서 사용하고 있는데 이에 관해서는 후에 논할 것이다.

물론 몸의 육체적 차원의 활성화는 예배 구성 시 비구술적 커뮤니케이션의 사

언어 과적재 현상(Wortlastigkeit) 등으로 비판한다(K.-H. Bieritz, Dass das Wort im Schwange gehe. Reformatorischer Gottesdienst als Ueberlieferungs- und Zeichenprozess, in JLH, 29, Band, 1985, 1986, 90~103쪽, 100쪽).

용에만 제한되는 것은 아니다. 영성적인 종교 집단에서는 몸의 긴장과 해소의 상호 작용, 그리고 육체와 정신의 교감을 경험하도록 몸을 다양한 방법으로 연마하는 과정을 실행하고 있다. 요가, 단전 호흡, 기 체조 등이 그 예로 언급될 수 있다. 이렇게 몸을 영성적인 공간으로 인식하고 수행하는 영성 집단은 몸의 중요성을 강조할 뿐만 아니라 몸과 자연의 교류를 새로운 영성 계발의 장으로 인식하고 있다. 이런 점에서 영성 운동은 생태 운동을 활성화시키는 기능까지 수행할 수 있다.

세간에는 영성 집단의 이러한 몸 수련 방법을 받아들여 개신교 예배를 갱신해야 한다는 급진적인 주장도 있다. 그러나 이러한 주장이 실현될 가능성이 현재로서는 희박해 보인다. 왜냐하면 개신교의 경우 육체적인 것에 대한 편견이 이제 막 벗겨지기 시작했으며, 이런 요소가 도입될 때 예배에 참여하는 많은 사람들에게는 아직 낯선 형태의 예배가 될 것이기 때문이다. 예배는 그 갱신 원리로서 전통적인 것, 곧 익숙한 것과 새로운 요소의 조화가 매우 중요하다. 이 조화의 원리는 예배에 참여한 사람들이 익숙한 것에 기대어 쉬고 싶은 욕구를 배려한 것이다. 이 원리에 따르면 예배는 전이transition에 의해 점진적으로 변화될 수 있지 결코 대체 substitution에 의해 변혁되지는 않는다. 이런 점에서 기존의 예배에 통합될 수 있는 몸의 수행 형태*를 새로이 개발하는 작업이 요구된다. 《몸으로 드리는 기도》에서

---

* 몸이 종교 체험의 매개가 되었던 것은 사실 매우 오래전 일이었다. 몸은 수렵과 채취로 생계를 유지하던 시대에는 다른 현실을 체험하게 하는 구체적인 교량 역할을 하였으나 농업이 시작된 후 농경 문화에서 생겨난 종교나 기독교에서는 단지 일정한 신앙 내용의 상징으로만 가치를 지니게 되었다. 문화인류학자 F. 굿맨은 특정한 육체 표현이 종교적인 황홀경(Trance)에 이르게 하는 필수적인 조건임을 밝히며, 육체 표현이 사라지게 됨에 따라 특별한 종교적 경험에 도달하기가 어려워졌다고 진술한다. 이러한 진술은 육체를 연마하는 것이 곧 종교적 경험에 이르는 길임을 암시한다. 굿맨에 의하면 육체 표현이 사라지게 된 것은 농경 문화가 자리 잡으면서부터지만 왜 농경 문화에서는 몸이 종교적인 의례로서 유지될 수 없었는지는 말하기가 어렵다고 한다. 굿맨은 그 한 요인을 분명하게 지적한다. 그것은 바로 위계질서가 잡힌 사회와 또한 종교 구조의 위계질서화이다. 농경 사회에서 발

실레스터 스노우버는 그의 경험에서 비롯된 육체를 사용한 기도의 효용성을 여러 번 언급하고 육체로 표현하는 방법을 제시하고 있다. 그의 제안들은 매우 현실적이며 육체 사용을 지향하는 예배 구성에 많은 도움이 될 것이다.

따라서 작금의 제한적 예배 갱신의 상황을 전제로 하는 한, 육체 사용이 예배에서 가져오는 효용의 극대화가 도구적으로 또한 기능적으로 논의될 수밖에 없다. 그렇기 때문에 "지금은 하나님이 원래 만드신 모습 그대로의 사람, 곧 전인적인 사람whole people이 되기 위하여 몸몸의 육체성을 다시 제자리에 가져다 놓아야 할 때다".[5]

4. 비구술적 언어 사용의 중요성

인간의 언어는 크게 두 가지로 나뉠 수 있다. 구술적 언어verbal language와 비구술적 언어nonverbal language가 그것이다. 구술적 언어에는 말과 노래가 포함된다. 비구술적인 언어는 또한 소리 나는 비구술적 언어nonverbal vocal와 소리 나지 않는 비구술적 언어nonverbal nonvocal로 다시 세분화될 수 있다. 소리 나는 비구술적인 언어는 가사를 전달하는 노래를 제외한 음악과 악기 소리, 인간의 음성, 그리고

생한 위계질서적인 사회 구조에서 사제 계층은 다른 현실환경에로의 연결을 이루어내는 데 점차 그들의 우선권을 요구했다. 왜냐하면 위계질서적인 사회 구조에서 다른 현실의 존재와의 접촉으로부터 생겨난 능력은 힘과 권력으로 해석되었기 때문이다. 그래서 사회의 다른 계층의 이러한 경험에 대한 참여를 막는 것이 권력에 민감한 사제 계층의 관심이 되기에 이른 것이다. 사제 계층은 그래서 육체 표현을 통한 종교적인 경험에 이르는 전통을 비밀로 전이시켰다는 것이다(F. Goodman, Der uralte Weg zum religioesen Erleben, Rituelle Koerperhaltungen und ekstatische Erlebnisse, Guetersloh, 1996).

소음 등을 의미한다. 소리 나지 않는 비구술적 언어에는 표정, 눈빛, 제스처, 접촉과 육체의 움직임을 모두 포괄한 보디랭귀지body language, 후각 기호, 미각 기호, 옷차림, 공간의 활용 등이 포함된다.[6] 몇 가지의 비구술적 요소들을 혼합하여 커뮤니케이션을 시도하는 경우가 있는데 예를 들면 춤과 무언극 등이 그것이다. 즉 비구술적 언어는 몸과 몸의 감각 기관이 발생시키는 의미 전달 체계이다.

비구술적 언어의 중요성은 무엇보다도 그것이 인간의 인지 발달 과정에서 볼 때 구술적 언어보다 본래적이라는 사실에서 발견된다. 구술적 언어를 배우기전 유아는 태어날 때부터 비구술적인 언어를 통해 인지하고 표현하지만 구술 언어를 습득하면서부터 인간이 비구술 언어로 표현하는 빈도는 줄어든다. 게다가 잘못된 교육의 강압에 의해 비구술 언어를 통한 외부 세계에 대한 수용과 표현은 상당 부분 차단된다.

비구술 언어의 또 다른 중요성은 그것이 인간의 감정을 나타내고 감각을 자극한다는 것이다. 비구술 언어는 우발적이고 통제되지 않은 채 인간 자신을 표현하는데 구술 언어보다 전달력이 더 뛰어나다. 인간은 비구술 언어로 자신의 감정을 자신이 선호하는 방식으로 표현할 뿐 아니라 다른 사람의 감정을 일깨우고 다른 이들의 반응을 이끌어낼 수도 있다.[7] 따라서 인간이 비구술 언어를 통해 메시지를 전달할 경우 상대방의 사고뿐만 아니라 감정에까지 도달할 수 있다. 즉 비구술 언어는 구술 언어와 달리 다른 사람의 의식뿐 아니라 무의식에까지 도달할 수 있는 통로이다. 그렇기 때문에 구술 언어가 막힐 때 비구술 언어가 마음과 생각의 표현을 지속할 수 있게 해준다. 진지한 몸짓, 눈빛, 부드러운 접촉, 방어하려는 몸짓은 여러 마디의 구술 언어보다 훨씬 더 많은 것을 의미하고 또 성취할 수 있다.

마지막으로 비구술 언어는 구술 언어와 달리 모든 인간에게 본래적이므로 그 표현 방법이 동일하거나 비슷하다는 특성이 있다. 따라서 그것은 구술 언어와 비교할 때 사회 계층의 차이에서 오는 커뮤니케이션의 장애를 쉽게 줄이거나 극복할 수 있다는 장점이 있다.[8] 이런 중요성을 지니고 있는 비구술적 언어에는 다양한 종류가 존재하는데 이제 이런 각각의 형태에 대하여 자세히 살펴보기로 하자.

1) 표정과 눈빛

얼굴은 몸의 어떤 부분보다도 표현력이 뛰어난 부분이다. 입 주변을 제외하면 이마나 눈은 의식적인 통제가 거의 불가능하다. 같은 표정이라 하더라도 다양한 진술들이 가능하고 상이하게 해석될 수 있기 때문에 얼굴의 표정은 그것만을 떼어 단독으로 주목하기보다는 다른 표현 행위와 함께 주목하여야 한다. 눈으로 바라보는 행위는 사고 과정을 나타내는데 인간은 눈길을 주고 거둠을 통해 또는 눈길을 주는 시간적 차이를 통해 사고 과정을 규정할 수 있다. 얼굴을 통한 감각 인식은 인간의 감각 기관 중에서도 가장 복잡한 감각 기관인 눈을 중심으로 이루어지고 눈을 통하여 많은 데이터가 신경 체계에 저장된다. 얼굴을 통한 감각 인식의 80~85퍼센트가 눈을 통하여, 10~15퍼센트는 귀를 통하여, 5퍼센트가 나머지의 감각 기관을 통해 이루어진다. 이렇게 본다면 인간은 본질적으로 시각적인 생물체인 것이다.[9]

눈은 인간이 그것을 통해서 외부 세계를 수용하는 동시에 자신의 내면을 드러내는 기관이다. 따라서 눈빛은 타인과의 의사소통에서 상대방의 반응을 감지할 수 있는 가장 중요한 피드백feedback의 원천이다. 예를 들어 연설이나 설교하는 사람이 의식적으로 눈을 마주치지 않으려고 한다면 그것은 전문성 결여, 인격적인 불확실성, 불안, 의식적이거나 무의식적인 거부, 거만, 무시, 자신의 진술에 스스로 동의할 수 없다는 것 등을 의미하는 것이라고 한다.[10]

2) 제스처와 몸의 움직임

제스처는 손과 팔의 움직임을 주로 의미하며 손가락, 머리, 발 등의 움직임을 통해서 보충된다. 제스처는 세 종류로 나뉘어질 수 있다. 구술 언어를 동반한 제스처, 구술 언어를 대체한 제스처, 구술 언어와 독립된 제스처가 그것이다. 구술 언어를 동반한 제스처는 구술하고 있는 진술의 강조를 위한 손짓이 그 예가 될 수 있다. 구술 언어를 대체한 제스처는 같은 뜻의 구술 언어의 표현보다 더 짧고 더 명료한 제스처이다. 그리고 구술적으로는 표현이 불가능한 것들, 예를 들면 분위기, 감정, 느낌 등을 표현하는 것이 구술 언어와 독립된 제스처이다.

일반적으로 손과 팔을 허리선 아래로 내리는 것은 부정적인 것을 의미하는 제스처이고 가슴선 위로 올리는 제스처는 긍정적인 것을 의미하는 것으로 알려져 있다. 손바닥을 밑으로 향하게 하는 제스처는 부정적인 진술에 쓰이며, 손바닥을 위로 향하게 하는 것은 긍정적이다. 개신교 예배에서 목사가 축도할 때의 제스처는 "위로부터 내려온다"의 의미로 손바닥이 아래를 향하는 경우이다. 축도는 신도들에게 복을 빌어주는 의식이니만큼 긍정적인 의미를 지닌 제스처이다. 그러나 제스처 연구가의 연구 결과에 의하면 손바닥을 아래로 향하는 방식은 부정적인 의미를 지닌다. 따라서 이런 의미의 상충성을 해명하기 위해 축도 제스처의 기원과 생성 배경에 대한 진지한 논구가 필요하다.

무엇보다도 제스처로 말할 때 육체의 일부분만이 말하는 것이 아니라는 사실을 유의해야 한다. 몸의 일부가 움직임으로써 전 육체가 움직이며 온몸이 말하고 있는 것이다. 걷고, 앉고, 보고, 듣고, 냄새 맡고, 만지고, 먹고 마시고, 무릎을 꿇으며, 눕는 행위는 모두 온몸의 움직임이다.

오랫동안 개신교에서는 입당 행렬, 순례, 예전적인 걷기 등 도보 행위가 종교적인 표현의 수단이 될 수 있다는 사실을 간과해왔으며 그 의미도 과소평가되어

왔다. 마틴 루서 킹Martin Luther King Jr., 1929~1968 목사 이래로 그리스도인의 세계에 대한 책임을 표현하는 하나의 방법이 된 종교적이면서 정치적인 데모 행렬은 걷기를 하나의 종교적인 표현으로 회복한 사례가 될 수 있다.

3) 몸가짐과 태도

몸가짐과 태도는 모든 커뮤니케이션의 과정에서 구술적인 대화와 다른 방법의 의사소통 과정에 일정한 틀을 주고 해석하고 강조하는 기능을 가지고 있다. 예를 들면 고개를 숙이는 것은 어떤 주장을 끝내는 것이고, 고개를 드는 것은 질문의 끝을 표시하는 것이다. 또한 몸가짐과 태도가 크게 변화할 경우는 설명 과정, 사고 과정, 문장의 마지막을 알려준다.

그런데 몸가짐과 태도는 단지 한계를 지어주거나 강조하는 데만 쓰이는 것은 아니고 대화하는 이들의 관계를 규정하는 데에도 사용된다.[11] 긴장하거나 집중하거나 혹은 느슨한 태도로써 인간은 상대방의 진술과 대화를 비평하고 또 평가할 수 있다. 또한 몸가짐과 태도를 통해 일방적으로 상대방을 제압하거나 무력하게 할 수 있다. 몸의 움직임과 마찬가지로 몸가짐이나 태도 역시 비고의적이고 무의식적이며 우발적이다. 물론 특별한 것을 진술하기 위해 의식적으로 태도를 바꾸기도 하지만, 그러나 그것이 부자연스럽게 이루질 경우 상대방으로부터 신뢰감을 상실할 수 있다.

4) 몸의 접촉

몸의 접촉은 사회적 커뮤니케이션의 본래적인 형태이다. 다른 비구술적 커뮤니케이션의 형태들은 몸의 접촉보다 진화나 성장에서 늦게 발전한 형태이다.[12] 인간은 3센티미터가 채 되지 않은 상태의 태아 때부터 이미 피부의 접촉에 대하여 반응한다. 아이가 태어나 처음으로 세상을 배우는 방식도 바로 몸의 접촉을 통해서이다. 접촉함으로써 아이는 보호받는 느낌과 또한 관심을 받고 있다는 느낌을 받으며 그것을 통하여 신뢰와 안정감을 얻는다.[13] 손과 입, 팔과 모든 육체는 피부로 덮여 있다. 피부는 가장 넓게 분포된 감각 기관이며 가장 직접적이고 친밀한 감각 기관이다.

피부 접촉을 통해 사랑을 확인하고 자신의 존재의 가치를 깨닫는 인간의 유아기 경험에 근거하여 종교에 있어서도 접촉은 종교적 자기 확신을 주는 커뮤니케이션의 중요한 과정이다. 지금은 그 자취가 분명하지 않은 전통적인 입교식에서 기름을 바르는 행위와 성령 운동과 오순절파 계열의 예배에서 주로 행해지는 치유를 위한 안수 기도와 목사 임직식에서의 안수 기도, 그리고 세례식에서의 상징적인 행위는 접촉을 통한 커뮤니케이션의 예이다.

5) 공간 활용

공간과 건축도 비구술적 언어의 한 형태이다. 자리의 배열, 조명, 색조, 그림, 조각 등은 공간의 분위기를 각인한다. 즉 공간이 무엇인가를 의미하는 것이다. 예배에서의 공간 배열은 그 예배가 지향하는 것을 가장 무의식적인 상태에서 보여준다. 예를 들면 개신교 예배가 정신화되었다든가 구술화되었다는 것은 예배 공간이 이미 말해주고 있는 것이다. 개신교 예배당의 공간은 학교와 회의장의 그것과 크게 다르지 않다. 즉 말하고 듣고 생각하는 장소로서의 합목적성을 이루는 공간으로만 구성되어 있다는 것이다.

또한 어떤 예배가 공동체성을 경험하기 위한 예배인가, 평신도의 적극적인 참여를 유도하는 예배인가 하는 것도 공간 구성과 자리의 배열에 의해 규정되고 있다.

공간근접학proxemics은 공간에서의 인간의 관계들에 대한 중요한 인식을 전해 준다. 공간근접학에 의하면 50센티미터 떨어진 거리에서 인간은 다른 사람의 냄새를 맡을 수 있고, 체온을 느끼며, 속삭이듯이 말할 수 있다고 한다. 그래서 이러한 관계는 친밀한 관계로 규정된다. 50~120센티미터 떨어진 거리에서 인간은 다른 사람을 어루만질 수 있다. 이러한 관계는 개인적인 관계이다. 2.5~3.5미터 떨어진 거리에서 인간은 다른 사람과 큰 소리로 이야기해야 한다. 이 관계는 사회적 관계이다. 3.5미터 이상 떨어진 관계는 공적인 관계로 정의된다.[14] 이런 관점에서 보면 대교회의 예배에서 예배 집례자와 참여자는 지극히 공적인 관계에 놓일 수밖에 없다는 결론이 나온다.

6) 옷차림과 외형

예배에서 집례자의 예전복은 예배에서 중요한 비구술 언어이다. 옷은 매력적인 느낌과 당당하고픈 욕구를 표현할 뿐 아니라 기후 변화로부터 몸을 보호하는데 쓰인다.[15] 또한 그것은 사회적 소속감을 정의할 뿐 아니라 어떤 특별한 힘을 부여한다. 일반적인 옷을 입은 사람이 신성을 대표할 수 없을 때 그의 옷은 정치적이거나 종교적인 능력의 상징들로 대체되거나 치장된다. 개신교에서 일반적으로 통용되는 검정색 예전복은 종교 개혁 이후 당시의 교수나 법률가가 입던 직업복이었다. 개신교가 당시의 식자층이 입던 직업복을 예전복으로 받아들임으로써 이 검정색 예전복을 입은 개신교 예배의 집례자 또한 식자층을 대표하는 교수나 법률가의 권위를 갖게 되었다.[16] 검정색은 머리와 입과 손만이 사회적인 접촉을 가능하게 하고, 육체의 나머지 부분들을 가림으로써 검정색 옷을 입은 사람을 중성화시키는 색이다. 그렇게 함으로써 검정색 예전복은 그 옷을 입은 사람을 초인격적인 객관성의 대변자로 만든다. 개신교 예전복의 문제는 그것의 착용이 평신도와의 차이를 의미하는 어떤 특별한 힘의 상징으로 기능하는 데 있다. 이러한 예전복의 착용이 상징하는 분리와 구분은 사실 만인 사제설의 근본 취지를 무색하게 할 수 있다.

7) 후각과 미각 기호

후각과 미각은 과거에 신학이나 교회에서만이 아니라 세속 사회에서도 가치 있는 것으로 여겨지지 않았다. 그러나 오늘날 인간이 다시 자신의 몸에 의미를 부여하게 되자 후각과 미각이 주목을 받게 되었다. 두 감각은 서로 긴밀하게 연관되어 있다. 두 감각 기관의 연결은 코가 막혀보면 분명하게 의식할 수 있다. 무엇보다도 냄새가 기억의 내용을 일깨울 수 있다는 연구 결과는 중요하다. 후각 세포는 깊고 오래된 기억들이 저장되어 있는 뇌의 부분과 긴밀히 연관되어 있다는 것이다.[17]

고대 교회에서는 성유를 바르던 예식이 존재했었고, 오늘날까지도 정교회에서는 세례식에 성유를 사용하며, 가톨릭교회에서도 세례와 축성 때 성유를 사용한다. 또한 훈향은 개신교를 제외한 다른 교회들에서 오늘날까지 사용되고 있다. 훈향은 심리와 육체의 연관 관계적psycho-somatic 효과를 발휘하기도 한다. 따라서 그것은 사람들을 안정시키고 집중시키고 다른 사람에 대하여 자신을 개방할 수 있게 만들 수 있다.[18] 후각과 미각을 동시에 충족시키는 예배의 구성 요소는 성만찬이다.

8) 춤

춤은 살아 있는 인간의 근본적인 현상인 육체의 움직임과 생동감을 조화시킨 가장 복잡하고 가장 포괄적인 표현 방법이다. 또한 춤은 여러 가지의 비구술적인 커뮤니케이션 요소들을 종합시킨 복합적 비구술적 커뮤니케이션의 형태이다. 춤은 리듬과 멜로디가 육체를 통해 인간 의식의 심연에 침투하게 하여 주어진 역할과 관습의 통제를 풀어버린다. 그렇게 함으로써 춤은 인간의 자기 해방을 실현하기도 한다.

종교적인 체험을 표현하는 수단으로서 육체를 재발견하는 일은 예전 춤의 르네상스를 가져오고 있다. 제의적 춤이 비유럽권과 남미의 종교 문화에서는 민중 신앙의 중요한 요소로 자리 잡았었음에 비해 서양에서 종교적인 춤이란 지금껏 주변적인 현상에 지나지 않았다. 그리스도교 예배에서 춤의 자리에 관해서는 여전히 논란이 있다. 하비 콕스Harvey Cox, 1929~는 《바보제》에서 초기 그리스도교의 예배에서 춤은 확고한 자리를 잡았었다고 서술한다.[19] 그러나 예배와 춤에 대한 상세한 연구를 통해 테레사 베르거Teresa Berger는 역사적으로 초기는 물론이고 지금까지 춤에 대한 교회의 공식적인 입장이 분명하고도 강력하게 부정적이었다고 한다.[20] 따라서 그리스도교의 역사상 단 한 번도 춤이 공식적인 예배의 구성 요소가 된 적이 없다는 것이다. 한편 실레스터 스노우버는 그의 책 《몸으로 드리는 기도》에서 춤의 역사에 관하여 소개하면서 교회 안에 몸과 애증의 관계가 있었음을 밝힌다. 그러면서 적어도 초대 교회와 중세 교회에는 춤의 흔적이 있었다고 밝히고 있다.[21]

서구 그리스도교의 선교를 받아들인 우리나라 그리스도교의 경우는 예전적 춤에 대한 입장이 서구의 입장과 다르지 않다. 역사적 사실에 관한 논란에도 불구하고 에큐메니컬 운동의 문화적 상호 교류의 영향하에서 예전적 춤은 현재 서구 그리스도교에서 다양하게 실험되고 있다. 이러한 실험이 우선적으로 여성 예배와 같은 진보적인 예배 구성에서만 진행되는 것은 아니다. 독일의 '교회의 날

Kirchentag'과 같은 대형 집회의 예배에도 영향을 미쳐서, 예를 들면 '주기도문 춤' 과 같은 예전적 춤이 선보이기도 했다.

현재 예배에서 구술적인 커뮤니케이션에 속하는 것은 설교, 성서 봉독, 기도, 찬송, 광고 등이다. 비구술적인 언어가 쓰이는 예배의 구성 요소로는 축도와 성만찬에 한정되어 있다. 그러나 예배에서의 비구술적인 언어가 신자의 기도하는 자세, 설교자와 예배 봉사자의 표정이나 제스처, 성례 집행 때의 상징적인 행위, 세례, 장례 등에 사용된다는 사실을 고려하면 예배에서 비구술적인 언어의 비중은 상당히 커진다.

우리는 이상에서 비구술적 커뮤니케이션의 유형에 대해 구체적으로 살펴보았다. 비구술적인 언어의 문제를 접근함에 있어 주의해야 할 사항은 몸짓, 보디랭귀지, 육체의 움직임 등이 예배에서 말을 대체하는 것이 아니라 말과 동등한 권위를 지닌 인간의 커뮤니케이션 매체라는 것을 인정하는 것이다. 이것이 예배에서의 몸의 재발견을 위한 전제이다.

5. 몸 예배의 구성을 위한 제안

다음에 이어지는 과제는 '예배를 구성할 때 구술적인 표현 형태의 과도한 비중을 구체적으로 어떻게 극복할 수 있는가' 하는 것이다. 이에 몇 가지 구체적 제안들을 제시해보고자 한다.

첫째, 예배에서 몸을 구속하는 공간적인 제한의 철폐이다. 육체의 자유로운 움직임, 발산, 표현을 가능하게 하는 공간의 구성이 몸의 재발견을 위한 전제가 된다. 이런 맥락에서 무엇보다도 장의자 長椅子 사용이 문제시된다. 장의자는 예배 참여자의 태도를 훈육의 대상이 되도록 규정한다. 본래 장의자는 훈육의 대상을 바른 자세로 교육하기 위한 목적을 가지고 예배에 도입되었다. 예배 참여자는 장의자에 앉음으로써 무의식적으로 자신이 듣고 수용해야 하는 수동적 존재라는 사실을 몸으로 인지한다. 이미 몸은 예배가 교육적인 의도를 가진 모임이라는 것을 느끼게 되는 것이다. 이렇게 됨으로써 예배 참여자는 예배에 대한 제한적인 인식을 지니게 되는 것이다. 장의자에 앉는 것은 움직일 수 있는 자유를 제한하여 주변을 돌아볼 수 없게 함으로써 예배 집례자와의 커뮤니케이션만을 가능하게 할 뿐 예배에서 생산되는 다른 사람들과의 상호 작용에 대해서는 인지할 수 없게 만든다. 이때 예배 집례자와 예배 참여자의 관계는 쌍방적으로가 아니라 일방적으로 영향을 주고받는 관계로 규정된다. 따라서 가능한 한 장의자를 예배 공간 내에 배치하지 말 것을 제안한다.

둘째, 예배 구성 요소에서 입당례를 첨가할 것을 제안한다. 입당은 예배의 집전자들 혹은 예배의 참여자들이 함께 모여 줄을 지어 예배의 공간으로 이동하는 것을 말한다. 줄을 지어 이동함으로써 몸으로 하여금 거룩함에로 나아가는 것을 느끼게 하는 것이다. 그리고 우리가 하나님께 함께 나아가는 것을 상징적으로 표현하는 것이다. 입당례는 몸의 움직임에 특별한 의미를 부여하는 예배의 구성 요소가 될 것이다.

셋째, 몸의 움직임, 특히 걷기와 공간 이동의 의미를 부각시킨 또 다른 요소는 성만찬 분병례 방식에서 찾을 수 있다. 대부분의 한국 교회에서는 성별된 떡과 포도주를 성만찬 참여자의 자리에 가져다주는 형식으로 성만찬을 거행한다. 그러나 집례자가 참여자로 하여금 성만찬 상 앞으로 걸어 나와서 만찬에 참여하게 하는 방식으로 집례 한다면, 예배에서 몸의 움직임을 확대할 수 있는 요소가 될 것이다.

넷째, 평화의 인사를 나누는 순서를 도입하거나 확대할 것을 제안한다. 평화의 인사를 나눌 때보다 많은 몸동작을 사용할 수 있다. 이 요소는 장의자를 사용하지 않는다면 공간 이동을 통한 몸의 움직임을 배가시킬 수 있다. 친밀한 정도에 따라 신체 접촉도 가능한 순서이다.

마지막으로 말씀 선포의 매체로 동작을 사용할 것을 제안한다. 예를 들면 설교의 내용을 극으로 표현하는 비블리오드라마 Bibliodrama나 성서 낭독을 곁들인 춤의 공연을 통해 육체를 말씀의 매개체로 사용할 수 있다.

6. 나오는 말

예배에서 육체의 회복을 통해 몸을 재발견하는 것은 신학적으로 어떻게 정당화될 수 있는가? 전통적으로 개신교 예배는 하나님의 말씀을 이해하는 사건으로 정의되어왔다. 예배에 대한 이런 전통적 정의에 의문을 제기하고 이 정의를 재해석할 수 있을 때 예배에서의 몸의 재발견은 그 신학적 정당성을 획득할 수 있을 것이다.

우리가 예배를 하나님 말씀의 커뮤니케이션 사건으로 이해할 때 여기서 커뮤니케이션이란 전적으로 인간의 구술 언어로 이루어진 커뮤니케이션을 의미한다. 그렇다면 이런 문제가 제기될 수 있다. 하나님의 말씀이라 할 때 그 '말씀'은 인간의 구술적 언어 범주에 속한 '말'로만 한정되는가? 하나님 말씀의 이해는 인간의 구술적인 언어로서만 가능한가?

하나님의 말씀이 인간의 구술적 언어로만 한정된다고 단정 지을 수 없다. 따라서 하나님의 말씀을 반드시 구술적 언어를 매개로 인간에게 전달된다고 단정할 수도 없다. 또한 하나님 말씀의 이해도 인간의 청각과 사고로만 가능하다고 단정할 근거도 없다. 엄밀한 관점에서 보면 말씀은 하나님이 인간과 맺는 관계의 매체이다. 말씀을 통해서 인간은 하나님을 인식할 수 있다. 따라서 말씀이란 관계 매체는 구술적인 언어의 세계에 한정될 수 없다. 구술적인 언어를 통해서만 하나님을 인식하는 것은 제한적이다. 따라서 통전적인 인식 방법이 요구된다.

통전적인 인간의 통전적인 인식은 폭넓은 하나님 인식을 가능하게 한다. 그러므로 개신교에서 지금껏 잊히고 무시되어왔던 비구술적 언어를 사용함으로써 몸을 하나님 말씀의 매개체로, 그것의 통전적 인식의 주체로 회복시켜야 한다. 그렇게 할 때 하나님 말씀은 좀 더 효과적으로 다양하게 전달되고 이해될 수 있다.

위의 제안들은 지금껏 간과해왔던 몸의 육체성을 회복하려는 방편적인 시도다. 예배에서 육체가 정신과 동등하게 계시의 매개체로 회복된 후에야 비로소 우리는 진정한 몸의 예배를 시도할 수 있을 것이다. 궁극적으로 몸의 예배를 구성하기 위해서는 무엇보다도 정신과 육체의 통합적인 연마를 통해 종교적 경험에 이르는 종교적 영성 집단의 수행에 대한 면밀한 연구가 선행되어야 할 것이다. 지금까지 전통적인 예배 틀과 예배 이해에서 벗어나지 못한 채 육체의 회복을 꾀하려는 예배 구성의 시도는 진정한 의미의 이분법을 뛰어넘는 몸의 예배를 형성하지 못할 것이기 때문이다.

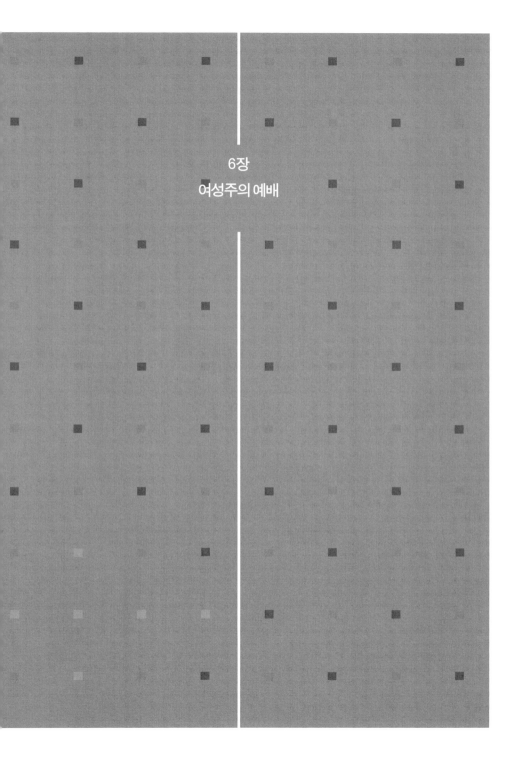

6장

여성주의 예배

1. 들어가는 말

예배는 교회 공동체의 신앙 체험을 실천적인 차원에서 표출하는 행위로서 교회 공동체가 지향하는 바를 드러내주는 표현 양식이라고 할 수 있다. 그러므로 예배는 경우에 따라서 그리스도교가 지니고 있는 신앙 내용을 더욱 생동감 있게 드러낼 수 있다. 이런 의미에서 예배는 신앙 공동체를 들여다볼 수 있는 창문에 비유된다. 우리는 예배라는 매개체를 통하여 교회 공동체의 신앙 내용과 신앙 고백을 감지할 수 있는 것이다.

그런데 시간이 흐르고 사회 문화적 상황이 변화하면서 교회 공동체의 신앙 내용도 바뀌기 마련이다. 이럴 경우 이전의 예배 형식은 새롭게 해석된 신앙 내용을 유의미하고 설득력 있게 담아내는 데 일정한 한계를 보이게 된다. 이런 한계로 인해 교회 공동체 내에는 예배의 형태를 바꾸어야 한다는 요구가 팽배하게 되는데 교회 공동체의 지도자들이 이런 요구를 수용하게 될 때 예배의 갱신은 실현된다.

20세기 후반에 들어서면서 여러 형태의 신학들이 등장하고 있다. 라틴 아메리카의 해방신학, 우리나라의 민중신학, 서구의 정치신학, 아프리카의 흑인신학 그리고 서구와 아시아의 여성신학 등이 그것이다. 이러한 신학들이 태동하는 데에는 인간이 살아가는 삶의 현장과 상황에 대한 새로운 통찰이 크게 기여하였다. 또한 상황에 대한 이런 통찰에 근거해서 생겨난 새로운 성서 해석 방법도 여기에 적지 않은 공헌을 하였다.

이런 신학적 흐름들 가운데 특히 여성신학은 1960년대의 여성 억압적이고 성차별적인 사회 상황, 그리고 이런 사회 상황을 비판하고 저항하는 여성 해방 운동을 배경으로 하여 등장하게 된다. 내용적으로 여성신학은 전통적인 신학에 내재된 성차별적인 편향에 대한 비판으로 시작되었다. 여성신학은 이런 비판을 기초로 해서 신학적 전통들을 여성 해방적 관점에서 재해석하려고 한다. 나아가 여성신학은 남성 중심적인 가부장적 교회 제도와 질서를 새롭게 재편하고자 한다.

여성신학의 의도나 관점은 전통적인 신학의 경우와는 다른 이론적 결과물들을 생산하였다. 기존의 신학들이 형성하였던 여성에 대한 성차별적인 인식과 그 인식의 재생산을 비판하고, 성서를 여성의 경험에 근거해서 재해석하고, 전통적 신학에 의해 가려졌던 이야기들을 발굴해내면서 여성신학은 새로운 신앙의 내용과 신앙 고백을 형성하기에 이른다.

그런데 앞에서 지적한 바와 같이 교회 공동체의 신앙 내용이 변화되면 이전의 예배 형태는 그 설득력을 잃게 된다. 왜냐하면 전통적인 예배는 단지 기존의 신앙 내용을 표현하고 그 신앙 내용에 부합하는 사고와 행위만을 학습시킬 뿐 새로워진 신앙 내용을 온전하게 표현할 수 없기 때문이다. 사회적으로나 교회적으로 여성의 권리가 신장되면서 교회 공동체의 신앙 행위가 변모하고 있다. 또한 여성신학의 활발한 전개를 통해 그리스도교 전통 내에서 감추어져 있던 신앙 전승들이 새롭게 발굴되면서 신앙 내용이 변모하고 있다. 이런 상황에서 오늘의 교회 공동체는 변화된 신앙 내용을 담아낼 수 있는 새로운 예배, 곧 여성주의적 예배의 구성을 시도하고 있다. 여성주의에 의해 각성된 현대 교회 공동체는 이론적 토론에만 머무는 것이 아니라 성차별주의로부터 해방된 인간성의 경험을 유도하고 해석할 수 있는 깊은 상징들과 상징적 행위들을 필요로 하고 있는 것이다.[1]

이런 의미에서 여성주의적 예배는 전통적인 그리스도교 예배를 갱신한 하나의 새로운 예배 형태라고 할 수 있다.[2] 우리나라에서도 여성신학의 영향으로 몇몇 교회 공동체들에서 여성주의적 예배가 실행되고 있다. 한국여신학자협의회이하여신협는 다른 공동체들에 비하여 시간적으로 선도적일 뿐 아니라 내용적으로도 충실한 여성주의적 예배들을 실행하면서 적지 않은 성과물을 내고 있다. 필자가 보기에 이런 성과들 가운데 가장 주목할 만 것은 예배서《새 하늘 새 땅을 여는 예배》의 출간이다.

이 예배서의 출간이 예배 갱신에 있어서 지니는 의미는 매우 크다. 예배 갱신은 많은 실험적 예배의 구성과 실행을 전제로 하고 있으며, 새로운 시도들의 수렴 과정을 거친 예배서의 갱신으로 매듭지어지기 때문이다. 그만큼 예배서는 예배 형식과 내용의 전형을 담고 있으며 본성적으로 쉽게 변화되지 않는다. 따라서 새로운 예배서의 발간은 예배 갱신이 어느 정도 실현되었음을 의미한다. 따라서 이 예배서의 발간은 여성주의적 예배가 단순히 실험적인 예배 구성과 실행을 넘어서서 이후의 여성주의적 예배의 모범이 될 수 있는 단계에 진입하였다는 사실을 함축한다. 앞으로 이 예배서는 대안적 예배의 구성과 실행을 통해 예배 갱신을 시도하려는 다른 교회 공동체들에 영향을 미칠 것이다.

본고에서는 이런 의미를 지니고 있는 예배서《새 하늘과 새 땅을 여는 예배》를 예배학적인 관점에서 분석해보려고 한다. 이를 위해 본 논문에서는 다음의 두 가지 질문들에 초점을 맞추면서 이 예배서의 특성을 파악해볼 것이다. 이 예배서는 예배를 어떻게 이해하고 있는가? 이 예배서는 구체적으로 예배를 어떻게 구성하였으며 이렇게 구성된 예배는 일반적으로 전통적인 예배와 무엇이 다른가?

2. 예배서 《새 하늘과 새 땅을 여는 예배》의 예배 이해[*]

---

[*] 예배를 연구하는 방법에는 두 가지가 있을 수 있다. 하나는 예배 연구자가 실제로 행하여지는 예배에 직접 참여하여 진행하는 연구 방법이며, 다른 하나는 글로 쓰인 예배 문안을 토대로 진행하는 연구 방법이다. 전자가 예배의 전 과정을 생동감 있게 추적하고 예배 참여자들의 반응을 살필 수 있는 장점을 지니는 반면 후자는 예배의 변화 과정을 일목요연하게 고찰할 수 있는 장점을 갖는다. 따라서 두 가지 연구 방법을 모두 고려하는 예배 연구가 이상적이라고 할 수 있다. 그럼에도 여신협의 예배서《새 하

이 예배서의 예배 이해를 분명하게 파악하기 위해서는 이 책의 1장에서 언급한 예배 이해의 유형에 관해 상기해볼 필요가 있다. 여기에서는 네 가지 유형에 따라 살펴보겠다. 제의적, 케리그마적, 정치적, 창의적 예배 이해가 그것이다.[3]

예배를 제의로 이해하는 입장은 종교 개혁 이전 시기에 그 기원을 두고 있는데 성과 속의 철저한 분리를 전제한다. 이 유형은 예배를 그리스도교의 축제적 신비 제의로 간주한다.[4] 예배에서 교회는 하나님의 신비, 즉 세속 사회로 거룩함이 내습해오는 사건을 지속하는 곳이다. 따라서 교회는 세속 사회에 사는 인간에게 의미로 가득 차고 하나님의 뜻에 맞는 피난처를 제공할 수 있게 된다.

이런 측면에서 이 유형은 예배를 초이성적, 초세속적 제의 사건으로 이해한다. 이런 특성으로 인해 여기서는 예배의 전체적인 진행이 설교보다 중시된다. 또한 예배의 공간이 텍스트보다 중요하게 고려되면서 지적인 설교에 대해 비판적인 경향을 지니게 된다.[5]

이 유형에서 말씀, 행동, 표현력, 몸짓, 공간, 상징 등은 예배의 중요한 구성 요소로서 서로 유기적으로 잘 결합되어야 한다. 그런데 이 유형에서 교육적 의도나 선교적 의도는 비중 있게 고려되지 않는다. 신비의 축제에 이성적인 계산은 어울리지 않기 때문이다.

케리그마적 예배 이해는 위의 제의적 예배 이해와는 상극하는 입장이다. 이 유형에서 제의적인 것은 말씀의 종말론적인 내습에 의해 상대화되기 때문에 예배는 더 이상 성과 속의 엄격한 이분법에 근거하여 존립할 수 없다.[6] 복음 선포의 순수성과 명료함이 예배에서 중요한 것이며 인간은 다만 선포된 말씀에 책임적

늘과 새 땅을 여는 예배)를 분석하는 본 논문에서는 후자의 방법이 사용될 것이다. 왜냐하면 필자는 문서화된 예배서와 예배 순서지, 그리고 예배 문안만을 가지고 있을 뿐 여신협의 실제 예배에 직접 참여한 적이 없기 때문이다. 이런 이유에서 본고에서는 예배 참여자들 간의 역동적 교류나 하나님을 만나는 신비한 경험에 대한 고찰이 제외되고 있음을 밝혀둔다.

이고 자유롭게 응답하기만 하면 된다는 입장이다. 그러므로 모든 예배는 (그것이 새로운 형태이건 전통적인 형태이건 간에) 예수 그리스도 안에서 하나님의 은혜를 시인할 때에만 진정한 예배가 된다는 것이다.

정치적 예배이해는 케리그마적 예배 이해와 공통점을 갖는다. 무엇보다도 복음의 선포가 중요하다는 면에서 그러하다. 더 나아가 정치적 예배 이해는 현재의 정치적, 사회적 문제들을 관련시킴으로써 복음의 선포를 강화한다.[7] 그리하여 복음의 선포는 사회 비판적인 정보와 엮여지게 된다. 이 유형에서 예배는 성서 전통의 인간 우호적인 복음과 비인간화된 관계에 대한 숨겨진 정보들을 대결시키면서 복음의 사회 비판적인 잠재력을 드러내고 사회 비판적인 신앙을 갖게 하고 사회 비판적인 행동을 자극한다.

이런 목적을 실현하기 위해서 정치적인 예배는 정보 제공⇒명상⇒토론⇒행동 제안의 단계로 진행되는 것이 보통이다.[8] 이 네 단계들 가운데 정보 제공의 단계가 특히 중요하다. 여기서 말하는 정보 제공이란 예배 참여자들이 정치적으로 민감한 자의식을 개발할 수 있도록 경험적인 현실을 사회 문제들에 의거해서 설명하는 것을 의미한다. 이어서 명상과 토론의 단계에서는 문제가 되고 있는 현실을 성서적 전통에로 소급시킴으로써 자신들의 관점에 대해 확신을 얻고 가능한 행위 모형을 성찰한다. 그런 다음 예배에 참여한 사람들이 실행에 옮길 수 있는 몇 가지의 구체적인 행동들이 제안됨으로서 예배는 끝나게 된다.

케리그마적 예배 이해에서는 어떤 예배가 교의학적으로 옳은가라는 질문에 대한 답변을 찾는 반면 정치적 예배 이해에서는 과연 어떤 예배가 정치적으로 효과가 있는가라는 물음에 대한 답변을 찾는다.[9] 그렇기 때문에 정치적 예배 이해를 옹호하는 사람들은 정치적 효과를 의도하면서 갱신한 예배가 사회를 변화시킬 수 있어야 한다고 주장한다. 이렇게 볼 때 이 유형에서 예배에 대한 결정적 평가 기준은 예배의 정치적 효과라고 할 수 있다.

창의적 예배 이해는 예배를 그리스도교적 자유의 표현으로 보는 입장이다. 정치적 목적이나 의도 없이 자유롭게 인간의 자유로운 자기 발견을 위하여 자유로운 놀이터를 열어주는 것이 바로 예배라는 것이다. 이 유형이 내세우는 예배는 판타지와 축제성을 통하여 인간의 창의성을 발견하는 것이다.[10]

이런 측면에서 예배 참석자들의 의식을 규정하고 창의성을 방해하며 세상에 대해 단결된 저항을 보여주려는 예배는 결코 바람직한 예배일 수 없다. 따라서 이 유형에서는 예배가 예배 참석자들에게 어느 정도의 자발성과 자기 발견을 가능하게 하는지가 핵심적인 평가 기준이 된다.

필자가 보기에 예배서《새 하늘과 새 땅을 여는 예배》는 예배를 무엇보다도 목적 지향적인 집회로 이해하고 있다. 이 예배서의 발간사에는 "새로운 예배의 목적은 교회 개혁의 내용들, 평등한 교회 공동체를 향한 염원들을 예배에 담아 새 하늘 새 땅에 대한 비전과 영성을 키워보자는 목적으로 예배를 시작하였습니다"라는 대목이 나온다.[11]

이렇게 보면 이 예배서가 지향하는 예배의 목적은 '새 하늘과 새 땅'이란 표현이 상징하듯이 개혁된 교회와 평등한 교회 공동체를 이루는 것, 나아가 정의롭고 평화로운 세상을 이루는 것, 그리고 이를 실현하기 위하여 힘을 합하여 일하려는 개인들을 의식화하는 것에 있다. 이처럼 예배를 목적 지향적인 모임으로 이해하는 만큼 예배에 대한 평가는 모임의 효과와 긴밀하게 연관된다.

이 예배서의 내용을 자세히 검토하여 보면 예배 순서의 비중에 있어서나, 주제나 내용에 있어서 말씀 선포가 매우 강조되고 있고, 선포의 내용이 교회 비판적이고 사회 비판적인 정보와 엮어져 있음을 알 수 있다.[12] 그리고 성서 전통의 인간 우호적인 복음과 비인간화된 관계에 대한 숨겨진 정보들을 대결시키고 있다.[13]

또한 예배에서 다짐과 결단을 반복적으로 강조함으로써 사회 비판적인 신앙을 다짐하고 사회 비판적인 행동을 유발하려는 의도를 보인다.[14] 따라서 이 예배서의 예배 이해는 정치적 유형에 속한다고 볼 수 있다.

그럼에도 이 예배서에는 정치적인 예배 이해의 범주로 포괄할 수 없는 예배에 관한 언급도 더러 눈에 띤다. "여성신학의 내용을 담아내려는 꿈을 꾸었습니다. 여성신학적 예배에 우리의 삶의 소리, 신음, 몸짓, 상징, 심지어는 넋두리까지를 담아낼 수 없을까. 우리의 예식이 우리의 삶과 문화 그리고 자연과 우주와 격리되지 않고 하나가 될 수는 없을까."[15]

이 인용문에서 예배는 신앙을 표현하는 행위로 이해되고 있다. 이런 예배 이해는 전통적인 교의학적 예배 이해로부터 벗어나 있음에 분명하다. 그런데 표현 행위로서의 예배를 강조하는 입장에서는 일반적으로 선교적 의도나 의식화의 의도와 같은 미리 고려된 예배의 효과를 기대하지는 않는다.[16]

이런 측면에서 보면 이 예배서의 예배 이해는 정치적 예배 유형이 아닌 창의적 예배 유형에 접근하고 있다고 할 수 있다. 그런데 이 두 유형들은 조화되기가 쉽지 않다. 왜냐하면 이 두 유형은 분명한 의도를 지니거나 효과를 기대하는 문제를 둘러싸고 서로 정반대의 입장을 취하고 있기 때문이다. 이러한 상충된 예배 이해들을 어떻게 처리할 것인가 하는 것이 이 예배서의 과제가 될 것으로 판단된다. 왜냐하면 한 권의 예배서에서 상충된 예배 이해가 혼재하는 것은 신학적으로 일관성이 부재하다는 것을 의미하기 때문이다.

한편 이 예배서는 예배를 인간들의 만남의 장, 개인의 자기 성찰의 장으로 이해하고 있다.[17] 또한 여성의 존엄성 회복, 기독교인의 영성과 생명력 회복, 그리고 기독교인의 공동체성 회복을 예배의 목적으로 들고 있다.[18] 이러한 예배 이해는 예배를 하나의 의례로서 인간학적인 차원에서 이해한 것이며 예배가 지닌 기능적 측면을 중요하게 고려한 것으로 보인다.[19] 나아가 이 예배서가 예배를 세상을 향한 섬김과 나눔의 결단을 이끄는 장으로 이해한 것 또한 공동체적 정체성을 확인하고 공동체적 통합을 실현하는 기능을 고려하고 있다는 점에서 기능적인 예배 이해에 속한다고 할 수 있다.[20]

일반적으로 예배학에서는 예배가 갖추어야 할 두 가지 기본 요건으로 일상생활과의 관련성과 그리스도와의 관련성을 들고 있다.[21] 이 예배서는 삶과 신앙의 일체감을 이룰 수 있는 예배를 추구하고 예배를 여성들이 전개하고 있는 삶의 진실성이 드러나는 장으로서 이해하고 있다는 점에서 예배의 일상생활과의 관련성을 충분하게 충족시키고 있다.[22]

그러나 이 예배서는 예배가 그리스도인으로 살아갈 수 있는 근원을 제공하는 의식이라는 사실을 밝히고 있기는 하지만 예배가 그리스도 사건과 어떠한 관련이 있는지가 제대로 드러나 있지 않다. 또한 예배가 신적 계시를 수용하는 장이며 그리스도 사건을 재인식하는 장이고 하나님의 부르심에 대한 인간의 응답 행위라는 전통적인 예배 이해도 고려하고 있지 않다.

이 예배서는 참여적인 예배일 것, 다양한 표현과 상징을 사용하는 아름다운 예배일 것, 감사와 축제의 기쁨을 누리는 예배일 것, 그리고 통전적인 경험의 장을 제공하는 예배일 것을 강조하고 있다. 이런 제안은 예배 이해를 넘어서서 예배의 구성 원칙과도 관련되는 사항으로서 여성 예배에서뿐 아니라 근자의 세계 교회의 예배에서도 중요한 논점을 이루고 있다.

예배 참여자의 의식적이고 적극적인 참여는 1960년대 제2차 바티칸 공의회이후 교파를 초월하여 예배 갱신의 중요한 쟁점이 되어 왔다.[23] 통전적인 경험을 위하여 오감을 사용하고 다양한 매체를 사용하는 미학적 차원을 고려하는 것도 예배 갱신의 중요한 화두이다. 예배를 그리스도 부활을 기념하는 축제로서 이해하는 것 또한 예배 갱신을 염두에 둔 세계 교회의 새로운 발견이었다. 이렇듯 이 예배서는 세계 교회의 새로운 예배 이해를 잘 수용하고 있다고 평가할 수 있다.

그런데 아름다운 예배, 축제로서의 예배, 통전적 경험이 가능한 예배는 학습과 의도가 중요하게 작용하는 정치적 예배 유형과 다른 유형에 속해 있음에 분명하다. 여기서 우리는 이 예배서가 내세우고 있는 예배 이해의 상충적인 면모를 다시 한 번 확인할 수 있다.

마지막으로 이 예배서는 주제에 대한 설명이 상세하다는 점에서 개신교 예배의 정체성인 '이성적인 이해 가능성'에 충실한 것으로 판단된다.[24]

3. 여성 예배의 구성

여성주의적 예배가 일반적으로 지니고 있는 구성상의 특징은 다음의 네 가지로 요약될 수 있다. 곧 비차별적 언어의 사용, 신앙 표현의 통전성 지향, 잊혀진 이름과 이야기의 복원 그리고 모든 예배자들의 적극적 참여의 강조가 그것이다.

첫째, 여성주의적 예배는 비차별적 언어를 사용한다.* 비차별적 언어의 사용은 여성주의적 예배에 있어서 매우 중요한 전제이다. 왜냐하면 언어는 남성과 여성의 역할에 대한 사회의 다른 기준을 구체화하는 데 일조하기 때문이다. 개인은 한

---

* 비차별적 언어라는 표현은 영어의 inclusive language를 옮긴 말이다. 우리말에서 포괄 언어라는 번역이 사용되고 있다. 그러나 필자는 포괄 언어라는 우리말 표현이 원래의 inclusive language가 의미하는 바를 제대로 전달한다고 보지 않는다. 포괄 언어라는 표현은 자칫 오해의 소지가 있기 때문이다. 남녀, 노소, 그리고 사회의 제도권 내에 통합된 사람들과 그 주변부에 머물러 있는 사람들을 구별하지 않고 모두를 지칭하는 한 단어를 의미할 수 있기 때문이다. 따라서 이 글에서는 원래의 의도를 살려서 비차별적 언어라고 칭한다.

집단의 언어를 배우면서 그 집단의 표상과 상징을 내면화한다. 특히 종교적 상징과 표상은 역사적으로 개인의 성별 역할 개념을 형성하는 가장 중요한 근거의 하나로 존재하여 왔기 때문이다.[25]

전통적인 예배에는 성별에 따른 차별뿐 아니라 인간의 차별을 유발하는 언어적 표현들이 많이 존재한다. 거기에는 장애인, 외국인 노동자 등을 차별하는 표현들이 있는데 이러한 표현들은 예배 안에서 이런 사회적 약자들을 소외시키고 모든 인간들로 하여금 이들에 대한 그릇된 이미지를 갖게 하는 데 일조한다.[26]

이런 문제점, 특히 여성을 차등시하는 문제점을 해결하기 위해 여성주의적 예배의 주창자들은 예배에서 이러한 차별적인 언어적 표현들을 제거하고 비차별적인 언어들을 사용할 것을 제안한다. 여성들은 사회적으로나 생리적으로 남성들과는 다른 경험들을 가지고 있다. 그런데 이러한 경험들을 도외시하고 남성 중심적인 언어를 사용하는 것은 여성의 정체성이 남성에 종속되는 개념으로 축소되고 왜곡되는 것이다. 따라서 여성주의적 예배에서는 성차별적인 언어의 사용이 철저하게 배제된다.

둘째, 여성주의적 예배는 신앙 표현의 통전성을 지향한다. 여성주의적 예배는 몸을 사용한 신앙 표현을 중요시한다. 여성신학은 전통적으로 여성의 육체를 겨냥해서 이루어진 그리스도교의 강한 육체 혐오를 비판하고 여성의 몸이 지니는 본래적인 의미와 가치를 밝혀내어 그 몸의 경험을 새로운 신학적 토대로 삼아야 함을 강조한다.

여성주의적 예배는 이러한 여성신학적 논의를 수용하여 육체를 중요한 것으로 인정하고 그것을 영적인 경험의 매체로 자리매김하고자 한다. 이를 위해 여성주의적 예배는 인간의 육체 및 오감에 이성 및 청각과 동등한 권위를 부여한다. 이런 근거에서 여성주의적 예배에서는 구술적인 언어 외에 비구술적인 언어의

사용이 권장된다. 그래서 여성주의적 예배는 몸짓, 의복, 공간, 음악 등을 중요하게 고려한다.[27]

나아가 여성주의적 예배에서는 이러한 예배의 표현 수단들을 사용함에 있어서 다양성과 평등성을 지향한다. 그래서 여성주의적 예배는 잊힌 사람들의 음악, 여러 장르의 음악, 다양한 악기를 이용하는 음악 등은 선택하지만 사회적 약자를 업신여기는 음악, 다른 사람들을 의도적으로 배제하는 음악 등은 거부하는 것이다.[28] 또한 몸짓이라는 표현 수단을 사용함에 있어서도 여성주의적 예배는 수평적인 몸짓을 강조한다. 왜냐하면 수평적 몸짓은 평등과 상호 의존성을 나타내기 때문이다.[29]

셋째, 여성주의적 예배는 잊힌 여성의 이름들과 이야기들을 복원하려고 한다. 전통적인 예배들은 대부분 남성에 관한 이야기들에 초점을 맞추고 있다. 수천 년동안 예배에서 미리암, 사라, 하갈, 레아, 라헬 등과 같은 성경에 등장하는 여인들의 이름이 실종되었다. 또한 이들 여성들은 죄와 유혹의 근원으로 언급되기까지 했다. 여성주의적 예배는 기존의 예배에서 여성의 이름이 실종되고 여성의 이야기가 잘못 해석됨으로써 여성들에게 행위의 규범을 제공할 수 있는 신앙적 모범을 제거하고 있다는 사실에 문제를 제기하면서 성서 속에 나타나고 있는 여성들을 발굴해내고 그 여성들을 새롭게 해석한다.[30]

넷째, 여성주의적 예배는 모든 예배자들의 적극적 참여를 강조한다. 대부분의 가부장적인 사회들에서는 예배를 비롯한 사회의 모든 의례들에서 한 사람 또는 소수의 남성이 하나님과 인간들을 중개한다. 그러나 여성주의적 예배는 한 엘리트 그룹이 신성한 권위와 능력을 가지고 있다는 인식을 거부한다. 물론 여성주의적 예배에도 예배를 구성하고 준비하는 사람들이 있기는 하지만 이들에게 특권이 주어지는 것에 대해서는 반대한다. 왜냐하면 특정한 존재가 하나님에 관한 특별한 지식이나 하나님의 거룩함을 지닌 것처럼 보여서는 안 되기 때문이다.

그렇다고 해서 여성주의적 예배가 안수받은 목사들을 배척하는 것은 물론 아니다. 목사 안수의 유무와 상관없이 예배하는 모든 사람은 예배 안에서 필요하다고 믿는다. 예배자들은 하나의 공동체를 이루고 예배 안에서 서로 교제하며 하나님과 상호 작용을 한다. 따라서 리더십은 전통적인 예배에서 한 사람이나 한 엘리트 집단에 전유되었던 것과는 달리 모든 예배자들에 의해 공유된 권위로서 재조정된다.[31]

여성주의적 예배에서 예배 구성자들이 하는 일은 예배자 모두가 참여할 수 있는 상황을 만들고 그들에게 다양한 형태의 참여 기회를 제공하는 일이다.[32] 이 참여적 예배에서 모두는 서로에게 의존하면서 서로에게서 배우고 서로를 일깨우는 것을 경험하게 된다.

이 예배서가 제시하고 있는 예배는 여성주의적 예배의 네 가지 특성들을 대체로 갖추고 있다. 이런 특징들을 드러내면서 이 예배서에는 총 열세 개의 공(公)예배 예배문이 수록되어 있는데 모든 예배의 순서가 완전히 동일하지는 않지만 대체로 순서를 지칭하는 용어는 통일되어있으며, 대체로 일관성 있게 구성되어 있다. 예배는 전주, 촛불 점화, 예배로의 부름, 세 번의 징 울림, 성령 임재송, 교독문, 여는 찬송, 함께 드리는 기도 또는 고백의 기도, 기도송, 성서 봉독, 말씀 선포, 말씀 명상과 말씀 나누기, 응답과 다짐, 성찬식 또는 애찬식 그리고 공동 축도 등으로 구성되어 있다.

성경 봉독 이전까지의 예배는 개회 예전 혹은 입당 예전으로 불릴 수 있다. 전통적인 예배의 개회 예전은 삼위일체 하나님에 대한 영광 돌림, 인간을 향한 구원 사역에 대한 감사와 찬양, 예배드릴 수 있도록 인간을 불러주심에 대한 감사, 죄의 고백과 용서의 선언, 용서에 대한 감사 찬송 등으로 구성되어 있다.

이 예배서에서 예배는 순서상으로는 전주로 시작되는 듯이 보이지만 내용적으로는 예배 참여자들의 준비 혹은 초의 점화와 봉헌 또는 묵상 혹은 다 함께 노래 부르기로 시작되었다고 할 수 있다. 그런데 누구에 의해서 예배가 시작되는가 하는 문제는 매우 중요하다. 왜냐하면 이 문제는 예배에서 누구에게 카리스마가 있는지를 상징적으로 드러내기 때문이다.[33] 일반적으로 여성주의적 예배는 카리스마나 권위가, 한 사람 또는 특정한 소수 집단에 집중되는 것에 반대하면서 그것을 예배 참여자들이 고루 나누는 방식을 채택한다. 이런 측면에서 이 예식서의 예배가 실제적으로 반주자 한 사람에 의해서가 아니라 여러 예배 참여자들에 의해 시작되고 있다는 점은 긍정적으로 평가되어야 할 것이다. 이런 권위의 나눔은 예배의 시작뿐만 아니라 전 과정에서 실현되고 있다.

개회 예전에서 세 번의 징 울림 혹은 네 번의 북 울림은 매우 특징적이다. 그런데 아쉽게도 예배로의 부름에 연이어 나오는 이런 징 울림이나 북 울림이 예배에서 하는 역할이 무엇인지 그 의미가 분명하게 드러나지 않고 있다.

징 울림 이후에 오는 성령 임재송은 '성령 임재 기원송'이라고 칭하는 것이 더 정확할 것이다. 또한 이 예배서의 어떤 예배문에서는 성령 임재의 기원과 전혀 상관없는 내용의 노래가 선곡되고 있는데 이런 태도는 지양되어야 할 것이다.[34] 왜냐하면 예배에서 모든 순서는 동등한 가치를 지니고 있으며, 그 자리에 있어야 할 이유가 있고, 그 자리에 있음으로서 의미가 있기 때문이다. 즉 예배의 각 순서는 예배의 신학적 통일성을 위하여 복무한다. 따라서 성령 임재의 기원을 노래로 한다면 그 노래는 반드시 성령 임재 기원을 내용으로 하여야 할 것이다.

성시 교독 순서에서 사용되고 있는 여성 시편은 여성주의적 예배의 진보적 정체성을 잘 표현해주고 있다.* 여성에 의해서 재해석되어 쓰인 기독교 공동체의 새로운 버전의 경전인 여성 시편은 매우 획기적이고 전통에 반하는 이론적 시도라고 생각된다. 적어도 공동의 경전, 공동의 의례, 공동의 상징, 공동의 신앙 고백이 하나의 기독교 공동체를 이룬다는 전통적인 관점에서 보면 그러하다. 여성 시편과 같은 이런 획기적인 시도가 기독교인들로 하여금 여성주의적 예배를 가장 과감하고 진보적인 예배 갱신의 사례로 인식하도록 만들어줄 것이다.

성서 봉독은 교독 형식으로 이루어지면서 예배 참여자들의 적극적인 예배 참여를 유도하고 있다. 말씀 선포에서는 간혹 연극과 같은 비구술적 표현이 사용되기도 하였지만 전반적으로 여전히 구술 언어적 말씀 선포와 청각 위주의 커뮤니케이션에 고착됨으로써 일반적인 개신교 예배의 특성을 공유하고 있다.

말씀 선포 다음에 이어지는 말씀 나누기 순서가 예외 없이 모든 예배에 등장한다. 말씀 나누기는 그날 말씀에 대해 묵상하고 소감을 나누고 발표하는 순서이다. 말씀 나누기는 말씀에 대한 신학적 엘리트들의 해석만이 표준적이라는 전통적인 사고에 정면으로 도전하고 있다. 또한 말씀 나누기를 통해 일방적으로 해석된 말씀이 전달되지 않고 증언된 말씀에 대하여 각자의 의견을 말할 수 있는 기회가 주어지게 된다는 점도 긍정적으로 평가되어야 한다. 그런데 이런 측면은 성령의 감동을 받은 사람이 받은바 은혜를 예배 시간에 자유로이 발설하는 오순절 예배의 경우와 유사하다.[35] 한편 말씀 나누기 순서가 정치적 예배의 일반적인 사례에서 발견되는 것처럼 명상, 토론 그리고 행동 제안의 세 단계로 세분되지 않고 이 단계들을 하나로 뭉뚱그리고 있다는 점에서 특이성을 보이고 있다.

말씀 나누기 이후에 응답과 다짐하는 순서가 이어진다. 이것은 예배의 과정을

---

* 여성 시편은 한국여신학자협의회 성서언어연구반에서 공동으로 작업하여 100편의 시편에 제목을 붙이고 개정하여 주제별로 묶은 책이다(한국여신학자협의회 성서언어연구반 편, 《한반도에서 다시 살아나는 여성시편》, 여성신학사, 2000).

통하여 변화된 여성의 새로운 신앙 고백이 제시되는 순서라고 할 수 있다. 그런데 이 다짐의 순서는 말씀 선포 후와 성만찬 예전에서도 등장한다. 이렇게 다짐이 반복되는 것은 이를 통하여 예배 구성자가 예배 참여자들이 여성신학의 비전으로 새롭게 무장한 새사람으로 거듭나길 간절히 바라고 있기 때문일 것이다. 이런 요소로 인해 이 예배서의 예배가 선교적 의도나 교육적 효과가 앞서는 예배로 규정되고 있는 것이다.

이 예배서의 예배에서 사용된 노래들이 기존 회중 찬송가에서 선곡된 경우가 드물다는 것도 주목할 만하다. 또한 회중 찬송가도 아니고 교회 음악이 아닌 곡을 예배에 사용한 경우도 발견되고 있다. 그러나 대부분의 경우는 기독교 문화 운동가로 분류될 수 있는 음악인들이 만든 노래들을 예배 찬송으로 채택하고 있다. 이처럼 기존 회중 찬송가를 탈피하려고 하는 것은 새로운 예배 혹은 대안적인 예배를 지향하는 이 예배서의 성향을 고려해볼 때 지극히 자연스럽다.

그런데 하필이면 왜 기독교 문화 운동가들이 만든 노래인가? 모든 예배는 불가피하게 문화적 외피를 입을 수밖에 없고 문화적 외피는 예배 구성자들의 문화적 지향과 취향에 의해 규정된다. 필자가 보기에 관습적인 것에 반대하지만 통속적일 수 없는 것이 이 예배서의 문화적 지향이다. 이 예배서는 클래식류의 소위 고급문화를 추구하지 않지만 그렇다고 기복적이고 사회와 기존 교회에 대해 무비판적인 노래들, 예를 들면 소위 CCM류의 소위 통속적인 문화에 전적인 신뢰를 보이지 않는다. 이런 이유에서 기독교 문화 운동 단체들에서 생산된 노래를 채택하고 있는 것이 아닐까 한다.

이 예배서에서 말씀 예전 다음에 성만찬 예전이 거행되고 있다. 그런데 여기서 드러나는 성만찬의 의미는 성만찬 예전에 참여하게 됨으로써 형성되는 공동체감과 일체감에만 한정되고 있다. 이런 통합 기능만을 염두에 두고 있기에 성만찬이

빈번하게 애찬식으로 대체되고 있는 것이다.[36]

이 예배서가 일상적인 사랑의 식사인 애찬을 굳이 의례화하려고 하는 것은 성만찬 예전문이 더 이상 여성주의적 예배에서 유의미하지 않기 때문일 것이다. 이 예배서의 예배가 여성신학의 확장을 위한 비밀 결사적 모임이고, 그래서 예배 참여자들로 하여금 여성신학의 세례를 받은 새사람으로서 비장한 각오를 하도록 하는 기회를 제공해야만 한다면 기존의 성만찬 예식문만으로는 불충분하다고 판단하지 않았겠는가?

"우리의 사랑을 더욱 뜨겁게 하고 사귐을 더욱 두텁게 하며, 평화와 통일, 해방을 향한 우리의 사명을 굳게 다집시다"[37], "목숨을 다해 사랑하고 싶습니다. 오늘 우리 앞에 차려진 이 사랑의 식탁 앞에서 외눈박이 물고기의 사랑으로 장벽을 녹아내는 살림네로 거듭나고 싶습니다"[38], "우리로 하여금 분열과 죽음, 폭력이 가득 찬 이 세계를 화해, 생명, 평화의 세상으로 만드는 일에 온 힘을 쏟게 도와주소서"[39] 이런 다짐과 각오의 말들이 애찬식의 예식문이 되고 있다는 사실은 필자의 이와 같은 분석에 신빙성을 더해주고 있다.

전통적인 기독교 예배는 예배 대상과 예배자의 구분이 명확하고 모든 예배의 과정이 예배의 대상을 높이고 예배의 대상으로부터 예배자들에게로 은총이 내려오는 수직적 차원과 예배 참여자들 간의 관심을 서로 주고받는 수평적 차원을 모두 포괄하고 있다. 그러나 이 예배서에서는 예배의 수직적 차원이 거의 발견되지 않고 대부분의 경우 예배의 수평적 차원만이 부각되고 있다. 이런 경향은 여성신학이 신앙의 대상인 하나님의 내재성을 강조하는 데서 비롯된 것이라고 판단된다.

4. 나오는 말

여성주의적 예배는 여성들을 해방시켜 독립적인 사회적 주체로 세우고 나아가 계층, 인종, 능력의 차이, 나이 등으로 인해 주변화된 사람들 모두를 해방시키고 사회적 주체로 세우는 관계를 의례화하는 것을 목표로 한다. 그러므로 여성 예배는 사회적인 소수 집단들의 정치적 목적을 위하여 예배를 수단화하였다는 비판을 피하기는 어려울 것이다.

그러나 이런 문제점에도 불구하고 여성주의적 예배가 지닌 신학적 지향이 윤리적인 관점에서, 그리고 복음의 빛 아래서 보았을 때 결정적인 약점으로 작용하는 것은 아니다. 여성주의적 예배는 단지 전통적으로 그리스도교적 예배라고 칭할 수 있는 기준에서 벗어나 있을 뿐이기 때문이다. 이렇게 보면 여성주의적 예배는 그리스도교 공동체 내에서 반문화적 성격을 지니고 있다고 할 수 있다.

예배서《새 하늘과 새 땅을 여는 예배》의 경우도 예외는 아니다. 이 예배서에서는 가부장제적인 전통 신학과 대립각을 세우고 있는 여성신학적 요구를 충실히 일관되게 수용하면서 반문화적인 예배를 구성하고 있다. 이런 의미에서 이 예배서는 전형적인 여성주의적 예배서라고 평가될 수 있다.

그럼에도 한국의 여성신학계가 이런 평가에만 안주하는 것은 적절하지 않을 것이다. 앞으로 여성신학계는 여성주의적 예배의 설득력을 확대시키는 데 주력해야 할 것이다. 이런 의미에서 여성주의적 예배가 어떻게 보다 보편적인 지평에서 그리스도교적 예배로서의 정체성을 구현할 것인가 하는 것은 여성신학계에 부여된 커다란 과제가 아닐 수 없다.

이런 과제를 수행하기 위해 구체적으로 여성주의적 예배를 주일 예배의 한 형태로 정착시킬 수 있는 예배 형식을 개발하는 일이 시급하다. 이런 작업을 통해 여성 예배가 여성들만의 배타적이고 폐쇄적인 예배가 아니고 전통적인 예배의 문제점들을 지양한 하나의 대안적 예배라는 인식을 심을 수 있을 것이다.

한편 이 예배서에는 공동 예배뿐 아니라 일상적 삶에 의미를 부여할 수 있는 의례를 개발하고 있다는 것이 강점이다. 그럼에도 아쉬운 점이 있다면 세례 예식문이 없다는 것이다. 기독교에 입문하면서 여성신학에 의해 재해석된 세례식을 경험하는 것은 매우 의미 있는 일이 될 것이다. 특히 유아 세례를 임신과 출산을 통하여 여성에서 어머니로 변화하는 여성의 통과 의례로서 인식하는 일은 여성신학적으로 가치 있는 일이 아닐 수 없다. 따라서 앞으로 여성신학계에서는 유아 세례와 성인 세례를 위한 새로운 예식문을 개발할 필요가 있을 것이다.

최근 들어 많은 교단들이 교단 예식서를 갱신하고 있다. 이런 상황에서 교단 총회가 발행하는 예식서를 여성신학적으로 검토하고 그 예식서에 여성 예배의 유형을 첨가하는 일은 여성신학계의 주요한 과제가 될 것이다.

현재 지극히 부족한 기독교적 상징물들을 제작하고 보급하는 것도 시급하다. 나날이 놀라울 만큼 세련되고 이전과 차별화된 이미지와 상징들이 쏟아져 나오는 현대 사회에서 여성주의적 예배의 진정성을 담아내는 상징물들을 만들고 확산시키는 일은 여성주의적 예배의 활성화를 좌우하는 핵심적 과제가 아닐 수 없다.

끝으로 이 예배서에서는 연도連禱 형식의 기도나 주기도송이 발견되지 않고 있다. 평신도의 참여도를 높이고 기도의 형식을 다양화할 수 있다는 측면에서 연도 형식의 기도와 주기도송을 여성 예배에 도입하는 문제를 보다 진지하게 고려해야 할 것이다.

7장
열린 예배

1. 들어가는 말

실천신학자들에 의해서 소위 '열린 예배'가 논의되고 있다. 이 논의는 새로운 교회적 현상에 대한 신학적 성찰을 그 주된 과제로 담당하고 있는 실천신학과 그 분과 학문인 예배학에서 큰 관심과 비중을 차지하고 있다. 이 주제에 대한 관심과 비중은 최근 10년 동안 발행된 실천신학과 예배학 단행본에서 예외 없이 논의되고 있다는 사실에서 입증된다. 이 주제에 대한 논의가 속행되고 있는 것은 한국 교회에서 '열린 예배'가 뚜렷한 흔적을 남기는 현상으로 자리 잡았기 때문이다.

흥미로운 사실은 '열린 예배'가 한국 교회 내에서 확산되기에 이르자 '열린 예배'에 대한 학자들의 성찰이 초기의 조심스러운 비판으로부터 그 효용 가치를 평가하는 긍정적인 결론으로 변화된 것이다. 그리하여 '열린 예배'에 대한 논의는 그 효율성을 인정하면서 문제점을 지적하는 정도로 수렴되고 나아가 개교회에 적극 권장하는 것으로 일단락되고 있다. 이러한 '열린 예배'에 대한 신학자들의 재가는 '열린 예배'의 확산에 기폭제 역할을 하고 있다.

이 장에서 필자는 이미 논의된 결과물들의 토대 위에서 '열린 예배'에 대한 성찰을 한층 심화시키고자 한다. '열린 예배'의 효율성이 학계와 교회에서 이미 입증된 상태여서 그 확산이 매우 넓고 빠르게 전개될 것이고 그 파급 효과는 매우 클 것으로 예상되기 때문이다. 그러나 주류적인 현상과 대세일수록 이에 대해 더욱 엄밀한 비판적 성찰을 가할 필요가 있다. 반복을 중심 특징으로 삼는 예배의 경우는 더더욱 그렇다.

예배는 주기적으로 반복됨으로써 그리스도인들을 종교적으로 사회화시키는 데 기여한다. 교회 공동체가 다른 공동체와 구별되기 위해서는 상이한 가치관과 세계관을 지니고 있는 구성원들이 여러 가지 방식을 통해 하나의 공통된 인생관과 가치관을 내면화시켜야 한다. 이때 예배는 이런 방식들 가운데 하나로서 반복적 수행의 메커니즘을 통해 교회 공동체의 정체성을 확보하는 데 결정적인 역할을 수행한다.

그런데 열린 예배는 이전과는 다른 새로운 예배의 환경을 구성하기에 열린 예배 참여자들은 새롭게 구조화된 예배의 환경을 반복적으로 경험하게 된다. 나아가 예배 참여자들은 새로운 예배 환경에서의 경험을 전인적으로 체현(體現)하게 된다.[1] 이렇게 함으로써 변화의 정도에 따라 차이가 있겠지만 변화된 예배는 예배 참여자들에게 이전과는 다른 새로운 예배 이해, 공동체 이해 등을 부여할 수 있고, 그들을 여러 면에서 이전과는 다르게 사회화시킬 수 있을 것이다. 따라서 예배가 달라진다는 것은 단순하게 예배의 형식만이 달라지는 것을 의미하지 않는다. 여기에 '열린 예배'에 대한 심화된 성찰의 필요성이 존재한다.

이러한 문제의식하에 필자는 이 장에서 먼저 열린 예배의 사회 문화적 배경을 살펴보고 열린 예배를 정의할 것이다. 이어서 전통적인 형식의 예배와 비교해보았을 때 열린 예배를 선호하는 연령층이 확연히 구분된다는 점에 착안하여, 열린 예배와 문화적 취향과의 관련을 살펴보고, 그 문제점을 지적할 것이다. 마지막으로 열린 예배가 옳으냐 전통 예배가 옳으냐 하는 문제에 대해서는 예배 다원주의의 맥락에서 접근해야 함을 강조할 것이다.

2. 열린 예배의 기본 이해

1) 사회 문화적 형성 배경

지금까지 한국 교회의 예배 문화를 규정하고 있는 중심 테마는 다음의 두 가지이다. 첫째는 1980년대 말부터 본격적으로 시작된 '예배의 한국 문화화' 또는 '예배의 토착화'라는 이름의 예배 갱신 논의와 실행이다. 둘째는 근자에 들어 큰 관심을 불러일으킨 이른바 '열린 예배'에 관한 논의와 실행이다.

그런데 여기서 우리가 주의해야 할 사항은 이 두 주제가 단지 교회 내부의 요구와 문제의식에 의해서만 제기된 것이 아니라는 점이다. 이 두 주제는 교회가 한국의 사회 문화적 정황 속에서 발생한 사회적 사건들에 대해 나름대로 대응하는 과정에서 나타난 것이다. 다시 말해 교회가 이런 사회적 사건들로 인해 사회 전반에 생긴 갈등과 위기를 완화하고 교정하고자 노력하는 과정에서 생겨난 것이라고 할 수 있다.[2] 예배의 토착화가 외래문화의 범람이란 문제 상황에 직면해서 우리 민족의 문화적 정체성을 회복하자는 민족 문화 운동이라는 사회적 사건과의 대결 속에서 심화된 주제라면, 열린 예배는 사회 전반적인 민주화의 진전이라는 사회적 사건과의 만남 가운데 생성된 주제라고 할 수 있다.

'예배의 토착화'는 여전히 충분히 논의되지 않은 채 남아 있는 주제이지만 그에 대한 이론적 논의는 현재 답보 상태에 놓여 있으며 실행의 경우는 오히려 퇴보한 경향마저 보이고 있다. 이러한 현상은 민족의 문화적 정체성을 둘러싼 우리 사회의 갈등 상황이 국가적 경계나 민족주의적 이상보다는 '세계화'나 '지구촌'으로 상징화되는 시대적 분위기로 인하여 완화되거나 종료되었기 때문이다. 이는 이런 갈등 상황을 완화하거나 교정하려는 교회 내부의 노력이 더 이상 필요하지 않게 되었다는 것을 의미한다. 이런 이유에서 현재 한국 교회의 예배 문화를 규정함에 있어 예배의 토착화의 논의와 실행보다는 열린 예배의 논의와 실행이 더 결정적인 테마로 간주되고 있는 것이다.

열린 예배는 미국의 윌로우크릭 교회를 비롯한 몇 개의 교회들이 불신자들로 하여금 심적인 부담 없이 교회의 문턱을 넘을 수 있도록 고안한 구도자 예배에서 유래한 것으로 알려져 있다. 그런데 이 예배 형태가 그 유래를 미국의 구도자 예배에 두고 있다고 하더라도 우리 사회에 도입되어 '열린 예배'라는 이름으로 자리를 잡게 된 데에는 한국 사회의 특수한 사회 문화적 분위기가 크게 영향을 미쳤다고 판단된다.

1990년대 이래로 한국 사회에서는 사회 체제나 정치적 이데올로기를 문제 삼는 거대 담론보다는 여성, 환경, 문화 등 미시 담론이, 또한 정치와 경제 문제보다는 문화가 논의의 중심 주제가 되고 있다. 또한 한국 사회의 민주화가 급속도로 진행되어 정치 부문에서 뿐만 아니라 사회의 각 부문에서 결과물을 내놓고 있는 상황이다.

이런 가운데 민주화 이후의 세대는 이전의 세대와 여러 면에서 차이를 보이고 있으며, 심지어는 대립적인 경향까지 보이고 있다. 거칠게 표현하면, 민주화 이후의 젊은 세대는 이전 세대와는 달리 감성에 의해 지배받고, 직접적인 체험에 의한 학습을 선호하며, 탈정치적이며 문화에 대한 관심이 매우 크다. 이전 세대와 질적으로 다른 젊은 세대의 등장으로 한국 사회는 세대 간의 갈등을 첨예하게 안게 되었다.

이러한 사회 문화적 분위기에 대한 교회 측의 대응이 열린 예배의 형태로 나타난 것이라고 보인다. 일반적으로 예배의 갱신은 한편으로 교회가 처한 외부의 사회 문화적 환경의 변화와 갈등의 문제에 대처하기 위해 이루어지며, 다른 한편으로 교회 내부적으로 이전의 예배가 공동체 구성원들에게 더 이상 의미 작용을 일으킬 수 없을 때, 해당 공동체가 연대와 화합, 불안감의 해소, 공동체 발전을 위하여 새로운 전기를 마련하고자 할 때, 곧 공동체 내부의 위기 상황을 계기로 논의되고 실행된다.

이렇게 보면 열린 예배의 등장에는 사회 문화적 변화라는 교회 외부적 요인뿐만 아니라 교인의 수, 특히 청년층 교인의 수가 정체되고 있는 교회 내부적 조건도 한몫을 거들고 있다고 볼 수 있다. 성장의 한계에 봉착하여 해결 방안을 모색하고 있던 교회들을 중심으로 열린 예배 형식을 도입하는 것으로 문제를 해결하려 했던 것으로 파악된다.[3]

문화인류학자 빅터 터너는 사회의 변화에 따라 어떤 공동체가 위기 상황을 맞게 될 때 그 혼란한 위기 상황의 확산을 방지하기 위하여 그 공동체의 지도자 또는 대표적인 구성원이 일련의 교정 행위redressive action를 수행한다고 한다.[4] 그 교정 행동은 다양하게 발생할 수 있는데, 예를 들면 공식적인 법률적 조처가 교정 행동으로 발현될 수 있고, 비공식적이나 개인적인 차원에서의 중개나 조언도 교정 행동이 될 수 있다. 무엇보다도 공공의 영역에서 행해지는 의례는 전형적인 교정 행위의 한 종류로서 기능을 한다. 교정 행위는 자기 성찰적이고 리미널한 경향을 지녔던 것이다.[5]

이런 맥락에서 열린 예배는 한국 사회의 전반적인 민주화를 비롯한 사회 문화의 변화에 대응하는 교회 측의 교정 행위의 하나로서 발생하였으며 동시에 교회 내부의 문제에 대한 해결책으로 제시되었다. 1980년대 후반 정치적으로 절차상의 민주화가 이룩되면서 우리 사회에는 정치적 영역뿐만 아니라 사회 전반에 걸쳐 계층적 위계질서가 확고한 권위적인 사회로부터 탈피하려는 움직임과 분위기가 고조되었던 것인데, 열린 예배는 이렇게 발생한 일종의 위기에 대응하는 교정 행위였던 것이다.

이런 필자의 견해와 비슷하게도 김세광 교수는 열린 예배가 1970년대 시작된 미국의 '구도자 예배'의 영향으로 새롭게 구성된 예배 형태임에도 불구하고 '열린 예배'라고 부르게 된 요인을 한국의 사회 문화적 변화의 과정에서 찾고 있다.[6] 그에 의하면 열린 예배라는 용어는 한국 교회에서 1990년대 중반부터 사용되기 시작한 것인데 당시 한국 사회에서 유행하던 '열린'이란 단어를 예배에 적용한 것으로 보고 있다.[7] 군사 독재 정권하에서의 닫힌 사회와 대조를 이루는 현대적이고 미래적인 이미지를 풍기는 단어로 '열린'이란 용어가 등장해서 이 시대의 대안으로 자리를 굳혔다는 것이다. 따라서 열린 예배라는 용어자체는 순전히 한국적인 사회적 변혁의 과정에서 탄생한 용어라고 할 수 있다.[8] 이로써 김세광 교수는 예배에 미치는 사회 문화적 변화의 영향에 주목하고 있는데 '열린 예배'의 경우 군사 독재 정권의 붕괴와 민주화가 그 시대적 배경임을 지적하고 있다.

2) 정의

'열린 예배'는 하나의 고정된 형식의 예배를 일컫는 개념이라기보다는 한국 교회 안에 존재하는 일련의 특정한 예배 현상을 일컫는 개념이다. 따라서 이 개념은 다양하고 새로운 예배 현상들이 지니는 일종의 가족 유사성에 근거한 개념이다. '열린 예배' 가족군을 형성하는 예배들은 다음과 같은 특징들을 지닌다.

첫째, 열린 예배는 전통적인 예배와 그 형태에서 판이하게 다르다. 예배서에 따른 고정적인 형식이 있다기보다는 자유스러운 예배 순서의 나열을 특징으로 하고 있다. 찬송, 기도, 말씀을 기본 구조로 하되 드라마와 인터뷰를 삽입하고 전통적인 예배에서 볼 수 없었던 예배의 요소들을 새로이 개발하여 예배를 구성한다.[9]

전통적인 예배의 고정된 형식을 탈피하려는 이유는 전통적인 예배 형식에 따른 기존의 예배가 주로 엄숙한 분위기로 진행되며, 말이 통제되고, 행동 표현이

극히 절제되며, 감정을 억제함으로써 생동감을 잃어버렸기 때문이요, 이러한 모든 문제는 바로 고정된 순서 때문이라는 것이다.[10) 따라서 예배가 생동감을 회복하기 위해서는 새로운 형태의 예배가 필요하다는 것이다.

둘째, 열린 예배는 예배의 축제성을 회복하는 것을 목표로 한다. 예배는 부활의 기쁨을 나누는 공동체의 축제인데, 지금까지 예배는 너무도 근엄하게 드려져서 부활의 축제라는 본질을 상실하였다는 것이다. 따라서 열린 예배에서는 축제의 의미를 회복하고자 축제적 분위기를 돋울 수 있는 예배 공간을 준비하고 예배 음악에 특별한 관심을 집중한다. 예배 음악의 사용에서도 탈전통적인 경향이 두드러지는데 이전의 예배에서 사용되지 않았던 현대적 악기를 사용하는 경우가 대부분이다.[11) 전자 악기와 드럼 등 대중음악의 악기가 선호된다. 최근에는 교회의 강단에 드럼, 앰프, 기타, 신시사이저 등 온갖 종류의 악기들이 자리를 잡고 있는 모습이 흔하게 목격된다.

셋째, 열린 예배는 평신도의 참여를 독려한다. 전통적인 의미의 성가대의 역할은 없어지거나 축소되고 찬양 그룹이 예배의 모든 음악을 이끌어간다. 찬양 그룹은 예배 인도자와 설교자의 역할에 버금가는 중요한 역할을 담당하고 있다. 평신도로 이루어진 찬양 그룹의 예배에서의 비중이 커진 것은 예배 인도에서 평신도의 참여율이 높아진 것이다. 또한 열린 예배에서는 예배에 참여하는 평신도의 적극적인 참여를 권장하는 의미에서 예배 중 예배 참여자 개인의 신앙을 표현하도록 권장하는 순서가 들어있는 경우가 있다. 평신도의 적극적인 참여를 특징으로 하는 열린 예배는 예배당의 구조까지도 바꾸어 놓았다. 높고 접근이 불가능하던 강단들은 마치 연극 무대처럼 낮고 넓어졌다. 종래의 예배는 오직 성직자만이 강단에 올라갈 수 있었으나 이제는 여러 사람이 한꺼번에 강단에 올라가 드라마나 촌극 또는 각종 발표회 등이 행해지는 일도 다반사가 되었다.[12)

넷째, 열린 예배는 다양한 매체를 사용한다. 전통적인 예배에서는 설교를 통하여 말씀이 전달되는 데 비해 열린 예배에서는 영상 매체나 연극, 상징물을 사용하여 다양하게 전달된다. 마치 어린이 책과 어른 책이 다른 점은 어린이 책일수록 그림이 많듯 열린 예배 옹호론자들은 열린 예배에서 불신자들을 위해서 그림, 드라마, 영상 등을 많이 준비한다는 것이다.[13] 또한 성서에서도 모세의 떨기나무, 오병이어 등 사물을 통해 하나님의 말씀이 계시되었다는 것에 근거하여 무엇인가를 보여줌으로써 말씀의 쉬운 이해를 도모한다.[14]

다섯째, 열린 예배는 예배에서 일상성을 회복하려고 한다. 인간의 구체적인 삶과의 관련성을 예배에서 드러내려는 것이다. 예배는 일상과의 단절이 확고하게 일어나고 그 안에서 전혀 다른 현실이 경험됨으로 해서 예배가 예배자들의 삶과 유리되는 경향이 있었다. 반면 열린 예배는 예배자들의 삶의 상황을 구체적으로 서술하거나 일상에서 사용하는 언어와 표현을 그대로 예배에서 사용한다. 이렇게 함으로써 열린 예배는 일상적인 삶과 구분된 차원을 예배에서 추구하기보다 일상성을 더 중요한 것으로 간주한다.

이러한 다섯 가지의 특징을 공유하는 형태의 예배를 우리는 열린 예배라고 정의할 수 있을 것이다. 이 점에서 우리는 여성 해방적 예배[15]라고 불리는 페미니스트들의 여성 예배도 일종의 열린 예배라고 정의할 수 있으며, 미국 윌로우크릭 교회의 구도자 예배에 그 기원을 두고 있는 찬양 예배도 열린 예배라고 정의할 수 있다. 나아가 예배의 토착화 논의의 결과물로서 나타난 한국적 예배 또한 열린 예배의 특징들을 공유하고 있다.

그러나 실제로 열린 예배라는 개념은 윌로우크릭의 구도자 예배를 기원으로 하는 새로운 형태의 예배에만 한정되어 사용되고 있다. 그 이유는 무엇보다도 페미니스트들의 탈전통적인 새로운 형태의 예배와 토착화를 시도하는 새로운 형태의 예배는 저변으로 확대되지 못하여 소수의 사람들에게만 알려진 예배이기 때문이다. 반면 구도자 예배에 기원을 두고 있는 새로운 형태의 예배들은 그들 스스로 열린 예배라는 명칭을 사용하기 시작하였고, 대형 교회를 중심으로 확산되었으며, 규모와 파급 효과 면에서 교계의 이목을 집중시켰다. 따라서 구도자 예배에 기원을 두고 있는 새로운 형태의 예배만이 열린 예배로서 각인되었으며, 열린 예배는 이 형태의 예배를 규정하는 개념으로 한정되었다.

다른 그룹의 열린 예배와 구도자 예배로부터 유래된 열린 예배의 두드러진 차이는 무엇보다도 예배에서 신앙 표현의 도구가 되고 있는 문화적 요소를 선택함에 있어서 취향의 차이가 두드러진다는 것이다. 페미니스트 여성 예배는 오늘날의 가부장적 문화와 그 문화를 뒷받침 해주는 지배적인 문화에 대항하는 문화, 또는 그 문화를 극복하고 새로운 문화 창조를 염두에 두는 대안 문화의 요소들을 사용하고 있다. 예를 들면, 예배 찬양곡의 선택에 있어서 페미니스트 여성 예배는 문화 운동 계열의 곡이나 한국 전통 가락 찬송을 선호한다.[16] 그들의 문화적 취향은 대중적이거나 통속적인 문화에 반대하는 대안적인 것이다.[17] 반면에 구도자 예배로부터 유래된 열린 예배의 경우 철저하게 현대적이고 대중적인 취향의 문화 요소들을 신앙 표현에 사용하고 있다. 무엇보다도 이 예배에서 사용하는 음악과 악기는 이 예배가 문화적으로 이전의 예배와는 다른 문화 유형에 속하고 있음을 여실히 드러내고 있다.[18]

따라서 '열린 예배'는 탈전통적, 축제적, 참여적인 예배를 추구하고 다양한 매체를 사용하며 일상성을 회복하려는 새로운 형태의 예배 중에서 대중적 취향의 문화적 요소들과 결합한 형태를 일컫는 개념이라고 정의할 수 있다.

3. 열린 예배의 신학적 정당성

열린 예배는 실제로 교회 현실에서 큰 효과를 거두고 있지만 신학적으로는 온전한 그리스도교 예배로 인정받기에 부족하다는 지적을 받는다. 예배학자들 가운데 많은 이들이 열린 예배가 가지고 있는 몇 가지 문제점들을 지적하고 있다. 국내에서 수행된 열린 예배에 대한 학문적인 논의에서는 열린 예배와 구도자 예배의 관련성이 언급되고 있다. 그중에서도 구도자 예배가 신앙 경력의 정도에 따라 구도자 중심 예배, 구도자 민감 예배, 방문자 친절 예배, 신자 중심 예배 등으로 구분되듯이, 열린 예배도 대상에 따라 구분되어야 함을 제기하고 있다.[19]

또한 열린 예배가 생동감이 있고 감격적인 예배를 추구하면서 지나치게 감정적이 된다는 점 역시 문제로 지적된다. 인간을 지적, 의지적, 감성적 성향으로 분류할 때 열린 예배는 이 가운데 감성적 성향의 회중만을 대상으로 하고 있다는 것이다.[20]

나아가 예배를 지나치게 특정 연령대의 현대인들이 좋아하는 취향에 맞춘 것은 아닌지 의문이 제기되고 있다.[21] 열린 예배에 대한 이러한 평가는 평가의 진위를 판단하기에 앞서 예배에서의 표현이 개인과 공동체의 성향 또는 취향과 관련됨을 명시적으로 진술하고 있는 것이다.

또한 열린 예배는 전통적 신앙 유산을 소홀히 하고 있다고 지적을 받는다.[22] 나아가 열린 예배의 문화관에 우려가 표명되고 있다. 열린 예배가 문화의 개혁자가 아니라 문화 추종자가 될 수도 있는 현실에서, 흥행성을 바탕으로 한 상업주의나 세속 문화의 큰 물결로부터 예배의 본질을 어떻게 지켜나갈 수 있느냐의 문제가 제기되고 있다.[23]

이런 지적들 가운데 가장 대표적인 것으로 열린 예배가 기독교 예배 전통으로부터 많이 벗어나 있다는 점을 들 수 있다. 객관적인 입장에서 보면 열린 예배는 전통적인 예배가 아닐 뿐만 아니라 전통적인 예배 이해에서도 멀리 벗어나 있다. 그러나 그렇다고 하더라도 열린 예배가 그리스도교적이 아니라고 단언할 수는 없다. 왜냐하면 전통적인 예배나 그것에 대한 이해만이 그리스도교적인 것이라고 한정할 수 없기 때문이다.

1960년대 이후 세계 교회는 예배 갱신에 관심을 가지면서 예배에 대한 새로운 이해들을 발견해내기 시작하였다. 전통적인 예배학적 관점에서 예배는 예수 그리스도를 통한 구속 사건의 재현이며, 인간에 대한 하나님의 봉사와 하나님을 위한 인간의 봉사로 이해되었다. 그리고 이러한 예배 이해의 토대 위에 예배에 대한 새로운 해석들이 발견되기 시작한 것이다. 예컨대 예배를 그리스도 부활을 축하하고 구속함을 받은 인간들이 만끽하는 기쁨의 축제로 이해한다거나, 하나님께서 인간을 위해 마련해주신 하나님 나라의 잔치를 미리 맛보게 하는 행위로 이해하는 것 등이다.

세계의 교회들은 이러한 새로운 예배 이해들에 근거하여 예배를 새롭게 구성하기에 이르렀고 전통적이지는 않지만 나름대로 사회 문화의 변화에 반응하며 깊이 성찰하는 가운데 형성된 신학적 함의를 지닌 예배를 구성하고 있다.

전통적인 예배가 오랜 세월을 통과하면서 형식적으로나 신학적으로 더 정교하게 다듬어진 것이요 우리에게 친숙한 것임에는 틀림없다. 그러나 전통적인 예배도 오늘날에 이루어진 신학적 성찰에 근거해서 재검토해보면 완벽한 예배 형태라고 평가할 수는 없다. 오히려 열린 예배가 예배 인도자와 예배 참여자의 권위주의적 분리를 극복하기 위해 예배의 공간 배열을 전통 예배와 차별한다는 점에서는 열린 예배가 전통 예배보다 현대 신학의 성찰을 더 잘 반영한 것이라고 볼 수도 있다. 이렇게 보면 전통적인 예배에서의 예배 이해와 열린 예배에서 드러나는 예배 이해는 그 강조점이 상이하다는 결론에 이르게 된다.

　의례학자들의 연구에 의하면 모든 종류의 의례는 그 본성상 변화에 둔감하고 개혁에 적대적이라고 한다. 이러한 의례의 본성은 그리스도교의 예배 안에도 고스란히 남아있다. 예배에 참여한 사람들은 자신에게 익숙한 예배 형태에서 안정감을 느낀다. 그렇기 때문에 주일 예배의 순서 하나가 바뀌거나 예배 순서를 지칭하는 표현 하나가 달라져도 예배 참여자들은 혼란을 느끼기 쉽다. 열린 예배의 수용 문제에 있어서도 예외는 아니다. 그러나 예배가, 변화된 사회 현실과 그에 따른 사회 구성원, 특히 젊은 세대들의 변화된 의식 세계를 반영하지 않는 것은 바람직하다고 평가할 수는 없다.

　진정한 예배란 무엇인가라는 질문에 대한 모범 답안이 있다. 신령과 진정으로 예배하라는 것이 그것이다. 그런데 한 그리스도인의 신앙을 표현하는 방식이 다른 그리스도인의 신앙을 표현하는 방식과 동일시될 수는 없다. 그리스도인은 문화적 성향에 따라 신앙을 다르게 표현할 수 있으며, 그래서 그리스도인들은 시대와 지역에 따라 자신들의 예배를 다르게 구성할 수가 있다.

4. 열린 예배의 문화적 정당성

1) 술체의 문화 이론의 관점에서

　앞에서 필자는 열린 예배란 몇 가지 특성을 지닌 새로운 형태의 예배를 지칭하되, 대중적 취향의 문화적 요소들과 결합한 형태를 일컫는 개념이라고 정의했다. 열린 예배와 몇 가지 특성을 공유하면서도 열린 예배로서 명명되지 않는 다른 새로운 형태의 예배와 열린 예배가 분명하게 구분되는 것은 예배의 문화적 외피이다. 이렇게 서로 다른 문화적 외피는 열린 예배가 다른 예배들과 서로 다른 문화적 토대 위에서 형성되었음을 의미한다. 즉 열린 예배는 전통적인 예배 및 다른 새로운 형태의 예배들과 상이한 유형의 문화적 토대를 지니고 있다.

독일의 사회학자 게르하르트 슐체는 그의 책《체험 사회Die Erlebnisgesellschaft》를 통하여 현대인들이 아름다운 삶의 체험에 목적을 두고 있음을 밝히고 있다.[24] 여기에서 아름다움이란 긍정적으로 평가되는 체험 모두를 종합한 개념이다.[25] 슐체의 연구에 의하면 소비재 사용에 있어서도 현대인들에게는 필요성, 유용성, 내구성 등이 아니라 체험, 안락, 취향 등이 기준이 되어 상품의 가치를 판단하는 데 영향을 미친다. 따라서 사회 속의 모든 개인은 스타일, 나이, 교육에 관한 관점의 유사성에 따라 자신의 교제 상대, 그리고 최종적으로 한 사회적 환경 안으로의 편입 여부를 결정하게 된다.[26] 슐체는 전체 사회의 환경을 다섯 가지 사회적 환경들로 구분하는데 이 사회적 환경들은 각각 집단의 고유한 실존 양식과 고도화된 내부 의사소통을 통해 상호 간에 구별된다. 이 사회적 환경들은 수준 환경Niveaumilieu, 통합 환경Integrationsmilieu, 조화 환경Harmoniemilieu, 자아실현 환경Selbstverwirklichungsmilieu, 오락 환경Unterhaltungsmilieu인데 이들은 각각 교육 수준, 기호, 취미, 생활 철학, 문화 선호 유형, 특징에서 차이를 보인다. 예를 들면, 수준 환경의 경우 교양 있는 사람들로 이루어진 이 그룹은 고급문화를 추구하는 유형으로 고전 음악을 즐겨듣고 여가를 이용하여 박물관에 가는 것을 취미로 여기고 관조와 명상을 즐기고 통속 문화에 반대하고 생활 철학으로서 완벽을 추구한다.[27] 조화 환경의 경우는 학력이 그다지 높은 편이 아니고 보호와 안전을 추구하는 사람들의 그룹이다. 대중문화 유형에 친근하며, 유행가를 즐기고 스포츠 연예 신문을 읽는 사람들의 환경이다. 또한 안락함을 즐기고 유행에 순응하는 특징을 지넜고 생활 철학으로 조화를 추구한다.[28] 수준 환경과 조화 환경 사이에 통합 환경이 있는데, 통합 환경은 각각 수준 환경과 조화 환경의 특성들을 공유하고 있다. 마찬가지로 조화 환경과 오락 환경 사이에 자아실현 환경이 존재하며 두 환경의 특성들을 공유하고 있다. 이러한 사회적 환경들은 문화 유형으로는 세 가지로 분류된다. 고급문화 유형, 대중문화 유형 그리고 체험 문화 유형이 그것인데 이 세 유형들이 보이고 있는 차이점을 정리해보면 아래의 표와 같다.[29]

	취미	기호	특징	생활 철학
고급문화 유형	고전 음악 박물관 방문 양서 독서	관조, 명상	통속 문화에 반대	완벽
대중문화 유형	유행가 스포츠 연예 신문, 대중서 독서	안락함	유행에 순응	조화
체험 문화 유형	록 음악 스릴러물을 즐김 술집, 디스코텍, 영화관에 가길 즐김	행동	관습에 반대함	자아도취

슐체의 문화 유형론은 독일의 사회 구성원들의 취미, 기호, 특징, 생활 철학을 유형화한 것이므로 우리 사회의 구성원들의 계층과 문화적 성향 등을 유형화하기에는 한계를 지니고 있다. 그럼에도 불구하고 슐체의 유형을 통해 우리는 사회 구성원들의 문화적 성향, 특성, 취미, 생활 철학 등이 서로 다르게 유형화될 수 있다는 사실과 유형에 따라 취향이 차이가 난다는 사실을 극명하게 파악할 수 있다. 따라서 예배의 표현에 있어서도 전혀 다른 문화 유형에 속한 사람들은 저들과 다른 문화 유형에 속한 사람들이 구성하고 표현한 예배를 이질적이며 이상한 것으로 느끼게 되리라는 점은 분명하다. 그렇다면 지금까지 우리에게 익숙한 전

통적 예배 역시 일부 사회 구성원들의 문화적 취향을 반영하고 있다는 사실을 알 수 있다. 거칠게 이야기해서 전통적인 예배는 고급문화 유형을 반영한 것이라는 판단이 가능해진다. 그렇다면 오늘날의 열린 예배는 다른 문화 유형을 반영하고 있다고 규정할 수 있다.

전통적인 예배는 고전적인 악기와 음악을 사용하는 경향이 있으나, 열린 예배는 앞에서도 언급했듯이 구도자 예배와 깊은 관련을 지니고 있으며, 이 물결과 동일하게 CCM을 예배 음악으로 사용하고 있다. CCM은 한국에 들어오면서 복음성가를 대체하는 말로 쓰이기 시작하였으며 전통적인 교회 음악이나 성가와 대비되는 대중적인 기독교 음악이란 뜻을 갖게 되었다.[30] CCM의 특징은 동시대성과 대중적 감각으로 만들어져 연주되는 음악이라는 점이다.[31] 그래서 CCM의 곡들은 부르기 쉽고 가벼우면서도 매우 인상적인 특징을 지니고 있으며, 기타를 사용하는 젊은 층들에서부터 폭발적으로 확산되었으며, 주로 감성적 특징을 표출하는 일에 역점을 둔다.[32] 열린 예배에서 CCM이 선호되고 있다는 것은 열린 예배가 대중적 기호와 취향에 맞는 예배로 구성되어 있다는 뜻이다. 그렇기 때문에 다른 기호와 취향을 가진 사람들에게는 열린 예배가 이질적인 것이 되기 쉽다.

열린 예배를 옹호하는 신학자들의 경우 열린 예배에서 음악이 차지하는 비중을 매우 높이 평가하면서 어떤 음악을 사용하는 것이 효과적인지에 대해 조언하고 있다. '빠른 템포를 사용하라'는 조언은 미국의 구도자 예배 주창자들의 조언인데, 그 이유는 현대 젊은이들이 이런 유의 음악을 선호하기 때문이라는 것이다. 그러나 선율이 곱고 아름다운 곡을 사용하기를 조언하는 경우도 있다.[33] 이러한 음악은 한의 정서를 지닌 한국인의 경우 영적인 정서를 만드는 데 유리하다는 것이다. 즉 록 음악 계통의 미국 음악만이 열린 예배의 음악일 수는 없다는 지적이다.

그러나 빠른 템포의 곡과 선율이 곱고 아름다운 곡 중에서 어느 것이 더 종교적이라고 판단할 수 없다. 선택은 오히려 취향의 문제이다. 한국인의 정서 운운한 것은 실제로 개인의 취향 혹은 집단의 취향을 의미하는 것이다. 이 점에서 열린 예배에 대한 비판적 성찰을 시도한 조기연 교수는 열린 예배가 예배 참여자의 문화적 취향을 고려하는 예배임을 인식하고 있다.

> "열린 예배가 성공하려면 회중을 분명하게 설정해야 하며 그들의 문화적 상황을 정확히 이해하여야 한다. 그다음에 그들을 대상으로 한 예배 프로그램을 작성해야 한다. 한국의 상황에서라면 한국 사람들의 심성에 맞는 예배 환경과 예배 음악을 설정하여야 한다. 만일 회중이 50~60대가 대부분이라면 전자 기타가 아니라 오히려 북 치고 장구 치면서 찬송하는 것이 더 맞을지도 모른다. 곡조도 빠른 서양풍의 복음 성가보다는 트로트 가락이 그들에게 더 맞을 것이다. 그렇지 않고 회중이 30대 후반에서 40대가 주류를 이룰 경우에는 전자 기타보다는 오히려 통기타가 더 친숙하게 느껴질 것이다. 물론 10~20대에게는 빠른 록 음악이나 랩 음악이 더 어필할 것이다. 이렇듯 철저하게 불신자들을 대상으로 하는 열린 예배 혹은 회중을 정확하게 파악하여 그들의 취향에 맞게 접근하는 열린 예배라야만이 성공할 수 있다."[34]

또한 열린 예배는 예배자들의 문화에 맞추려는 시도를 한다. 예배당 건물의 외관이나 내부를 구도자들의 취향에 맞게 설정하고 예배 중에 사용되는 음악도 구도자들의 취향에 맞도록 세심하게 배려한다. 예배에서 드라마를 보여준다든지 또는 멀티미디어를 사용하는 것은 모두 이러한 노력의 일환이다.[35] 이러한 열린 예배의 노력은 이전의 침묵과 명상을 특징으로 하는 차갑고 친밀감이 없는 예배들을 대화가 있고 수평적 친교가 있는 예배로 갱신하려는 시도였다. 이러한 노력은 무엇보다도 예배에 참여하게 될 사람들의 문화적 취향에 맞게 예배를 구성하겠다는 시도였다. 이전의 예배가 고전 음악과 침묵과 명상을 중요시하는 문화적 취향에 따라 구성되었다면 새로운 열린 예배는 현대의 대중적인 음악과 친밀하고 안락함을 중시하는 문화적 취향에 따라 구성되는 것이다. 따라서 이전의 예배와 열린 예배는 예배의 공간, 내용적 구성 그리고 음악적 구성에 있어서 차이를 보이며 이러한 차이는 예배자들의 문화적 취향을 고려한 것에서 비롯된 것이다.

이와 마찬가지로 오늘날 우리가 전통적인 예배라고 하는 예배 또한 문화적 취향에 따라 구성되었다는 추론이 가능하다. 앞서 언급한 바와 같이 예배는 규칙적인 반복을 통하여 예배 참여자들을 사회화하듯이 예배를 통하여 취향은 재생산될 수 있다. 또한 오랜 기간 동안 재생산된 취향은 오직 자신들 취향의 예배만이 옳다는 사고를 낳을 수 있다. 그러나 하나의 예배만이 시대와 계층을 막론하고 옳은 것은 아니다.

예배가 계시 사건을 매개하고 그 사건을 경험한 인간의 표현이라고 본다면 매개체와 표현 방식은 시간과 공간을 점하여 살고 있는 예배자의 역사적 문화적 한계를 벗어날 수 없다. 따라서 시대의 변화에 따라서 문화적 변동에 순응하여 각계 각층의 예배자들의 취향에 맞는 예배를 구성하는 것은 자연스럽다. 그러므로 열린 예배의 문화적 표현은 가치 중립적이다. 그렇기 때문에 열린 예배에 대한 평가는 무엇보다도 평가자의 취향이 그 기준이 될 수 있다. 열린 예배에 대한 찬반은 취향의 다름에서 비롯될 수 있다는 사실에 주목할 필요가 있다.

2) 부르디외의 문화 이론의 관점에서

열린 예배가 나름대로 현대 신학에 의해 해석된 신앙을 표현하고 있으며 동시대적인 예배 참여자들의 선택된 취향이 반영된 예배라고 한다면 우리는 예배의 형태를 결정짓는 취향이 과연 무엇인지 알아볼 필요가 있다.

프랑스의 사회학자 부르디외Pierre Bourdieu, 1930~2002는 취향의 문제에 관해 우리에게 새로운 관점을 제시한다. 부르디외에게 있어서 취향은 한 개인과 집단의 물질적인, 비물질적인 사회적 조건에 의해 형성된 미학적 태도이다.[36] 취향은 일차적으로 한 개인의 태도처럼 보이지만 실제로는 사회적 조건에 의해 강제된 계급적인 태도이다. 그러므로 개인들의 문화적 욕구는 양육과 교양 교육의 산물이다. 나아가 취향은 행위자의 사회적 지위를 나타내며 다른 사회 구성원들과의 사이에서 그 자신의 서열과 차이를 드러내준다. 이 때문에 취향은 계급의 지표로 사용될 수 있는 것이다.[37] 나아가 취향은 다른 계급의 사람들과 구별 짓기를 하는 기제로 작용하게 된다.

흔히 사람들은 취향을 지극히 일상적이고, 개인적이고, 감정적이며, 우연적이라고 생각하지만 실제로 취향이야말로 인간이 가진 모든 것, 즉 인간과 사물 그리고 인간이 다른 사람들에게 의미할 수 있는 모든 것의 원리라고 할 수 있다. 사람들은 취향을 통해 스스로를 구분하며 다른 사람들에 의해 구분된다.[38] 즉 공휴일에 영화관에 가는 사람과 박물관에 가는 사람들의 문화적 선택의 차이는 단순한 것이 아니라 사회 내의 계급적 위치에 따라서 길들여지고 강요된 것이라는 주장이 부르디외의 설명이다.

어떤 작품을 좋아한다는 것은 그 작품에 대해서 사회적으로 인정된 평가를 수용한다는 의미를 가지며, 이러한 맥락에서 예술 작품에 대한 선호는 이미 사회적 세계관이나 정치적 판단과 밀접하게 연결되어 있다는 것이다.[39] 따라서 사람들의 문화 활동은, 예를 들면 사진 찍기, 박물관이나 그림 전람회에 가기 등의 일정한 취향이 사회 계급을 유지시키며 궁극적으로 사람들로 하여금 자신의 계급적 정체성을 인정하게 만드는 사회적 기제가 된다는 것이다. 나아가 계급적 신분 질서는 타인과 구분되는 취미 생활의 방식을 통해 성립되고 유지되며 이것을 통해서 일정한 동류의식이 형성된다는 것이다.

이런 맥락에서 부르디외는 개인들의 미학적 취향에 순수함이란 존재하지 않는다고 주장한다. 오히려 이러한 순수 취향 뒤에는 사회 문화와 분리될 수 없는 계급적 에토스가 존재하며 아름다운 것과 추한 것 혹은 탁월한 것과 천박한 것을 구별함으로써 스스로의 탁월함을 드러내려는 지배 계급의 구별 짓기 전략이 존재한다는 것이다.[39] 따라서 서로 다른 취향은 서로 다른 사회적 계급에 속함을 드러내는 표현이다. 또한 다른 계급으로부터 자신을 구분하기 위한 구별 짓기의 기제가 된다.

이것을 예배에 적용하여 보자. 우리가 앞서 살펴보았던 전통적인 예배와 열린 예배도 각각 다른 취향의 사람들에 의해 선택되거나 거부된다. 전통적인 예배를 옹호하는 사람들끼리는 고상하고 고급스러운 문화를 향유하고 명상과 관조를 즐기고 대중적인 취향과는 거리를 두는 동질의 취향을 가짐으로 해서 일정한 동류의식을 형성하고 있다. 그런데 이들의 취향과 동류의식은 비슷한 사회적, 경제적, 문화적, 상징적 자본을 지니고 있는 사회 계급에서 유래한다.

열린 예배를 옹호하는 사람들은 보다 대중적인 취향을 지니고 있으며 예배 음악의 경우도 전적으로 전자 악기와 드럼을 중심으로 한 대중음악을 사용한다. 그들은 안락함을 추구하고 유행에 순응하는 삶의 태도를 지닌 일군의 계급에 속할 것이다. 따라서 전통적인 예배와 열린 예배는 서로 다른 계급의 서로 다른 취향의 사람들의 예배로서 인식되어야 한다. 이들은 각각 문화 상품을 소비하는 데 있어서 표현되는 미학적 태도, 즉 취향이 다르듯이 각각 다른 예배를 자신들의 신앙 표현으로서 선택하고 옹호하는 데 있어서 서로 다른 미학적 태도를 보인 것이라

볼 수 있다. 문제는 서로 다른 취향을 인정하지 못하는 데 있다. 이 문제에 대하여 부르디외는 취향이 지닌 특성 때문이라는 답변을 제시한다.

부르디외에 의하면 취향은 자기가 속한 계급과 다른 계급을 구분 짓는 역할을 할 뿐 아니라 다른 취향들에 대한 거부의 형태로 나타난다.[41] 그렇기 때문에 나 자신의 것과 다른 취향에 대해서 무엇보다도 먼저 혐오감을 느끼며, 다른 사람의 취향에 대한 공포감 또는 본능적인 짜증에 의해 불쾌감이 촉발된다.[42] 부르디외에 의하면, 취미에 대해서는 논쟁하지 말라는 말에서 알 수 있듯이 하나의 취향은 또 다른 취향에 대하여 매우 부정적이라고 한다. 그러나 그것은 모든 취미가 타고난 본성에 있기 때문이 아니라 사회적으로 구성된 각 취향이 스스로에게 본성처럼 자연스럽다고 느끼기 때문이라는 것이다. 그리하여 나와 다른 취향에 대하여 부자연스러우며 따라서 타락한 것이라고 주장하며 거부하게 된다는 것이다.[43]

따라서 우리는 열린 예배에 대한 비판적 논의가 혹시 다른 취향에 대한 적대감에서 비롯되었는지 의심할 필요가 있다. 전통적인 예배로 대변되는 취향의 소유자들은 중산층의 대중적 취향의 예배인 열린 예배로부터 자신들의 취향을 구별 짓기를 원한다. 그리고 그들의 고급문화 취향을 통하여 상위 계급의 사회적 지위를 상징적으로 드러내고 싶어 한다.

"스스로 정통 문화를 소유하고 있다고 자부하는 사람들에게 가장 참을 수 없는 일은 취향에 따라 의당 분리하지 않으면 안 되는 취향들을 모욕적으로 재결합시키는 일일 것"[44]이라는 부르디외의 말은 다른 취향과 그것에서 비롯된 생활 양식에 대한 미적 불관용은 얼마나 가공할 만한 폭력성을 갖고 있는지를 잘 보여준다. 그러므로 구별 짓기란 계급적 구분을 만들어내는 일종의 적대 관계, 혹은 지배 계급이 피지배 계급을 억압하는 폭력의 한 양식이다.[45]

그러므로 열린 예배의 논의에서 전통 예배만이 기독교의 정통적인 예배이며 정통 문화를 보유하고 있다고 주장하는 것은 사회 자본, 경제 자본, 문화 자본, 상징 자본을 적게 소유하고 있는 중간 계급의 종교 문화적 취향, 생활 양식을 차별하는 것이고, 나아가 다른 취향의 예배에 대해 불관용의 태도를 보이는 것이며, 중간 계급을 억압하는 폭력의 한 양식으로 간주될 수 있다.

부르디외가 대중적 오락물의 특성을 나열하는 대목에서 우리는 열린 예배가 얼마나 대중적 취향을 발산하고 있는지 분명하게 알 수 있다. "무엇보다도 대중적 오락물은 관객들이 쇼에 참여할 수 있게 해준다. 또한 무대 장식의 화려함과 흥을 불러일으키는 음악과 생생한 율동, 열정적인 배우 등 집단 축제적인 분위기를 불러일으키고 화려한 구경거리를 제공한다. 마지막으로 기존의 예의범절을 뒤집어버림으로써 사람들을 자유롭게 해준다."[46]

이로써 대중적 오락물은 흥청망청 놀거나 허심탄회하게 수다 떠는 사람들뿐만 아니라 가슴을 탁 털어놓고 호탕하게 웃는 취향을 즐기는 사람들에게도 커다란 만족감을 준다. 그리고 대중미학의 경우 예술과 삶의 연속성의 확증 위에 수립되어있으며 이것은 기능에 대한 형식의 종속을 함축하고 있다.[47] 열린 예배가 추구하는 바가 참여적, 축제적, 다양한 매체 사용, 탈전통성 그리고 예배와 삶의 단절 극복과 일상성의 회복이고, 나아가 비신자들이 부담을 갖지 않고 방문하기에 좋은 것이라면 열린예배는 대중적 취향을 지닌 계급의 예배임에 틀림없다.

5. 나오는 말

열린 예배는 한국 사회와 기독교에서 뚜렷한 현상이다. 이 예배는 한국 사회의 민주화라는 전환기적 변혁의 상황에서 교정 행위로서 등장하였다. 열린 예배는 이전의 예배와는 달리 탈전통적인 것과 축제적인 예배를 추구하고, 위계질서와 권위를 중시하기보다는 예배 참여자의 고른 참여를 중시하고, 다양한 매체를 사용하고, 예배에서 일상성을 회복하려는 것을 특성으로 지니게 된다. 그리고 이러한 새로운 특성을 지닌 예배가 대중적 취향의 문화적 요소들과 결합된 형태로 구현될 때 우리는 그 예배를 열린 예배로 정의한다.

열린 예배는 기독교의 전통에 대해 소홀한 점이 있다는 비판을 받기도 하지만, 실제로 현대 신학의 강조점이 전통 예배보다 더 잘 반영된 점도 있기 때문에 신학적으로 정당성을 획득할 수 있다. 따라서 열린 예배에 대한 비판은 실제로 취향의 차이에 근거해 있다고 볼 수 있다.

슐체가 구분한 문화 유형론에 근거해볼 때, 대중적 취향의 문화적 요소들과 결합된 열린 예배는 그 사회의 대중문화적 취향이 반영된 예배인 반면, 전통적인 예배는 고급문화적 취향이 반영된 예배라는 사실을 어렵지 않게 판단할 수 있다. 부르디외에 의하면 취향은 사회 구조적으로 형성되는 미학적 태도로서 계급적인 산물이다. 그리고 취향을 통하여 다른 계급과의 구별 짓기를 행하고 구별 짓기를 통하여 자신이 속한 계급의 탁월함을 입증하려 한다.

이러한 이론들을 종합하여 볼 때 열린 예배는 중간 계급의 종교 문화적 취향의 산물이라고 할 수 있다. 열린 예배를 반대하고 전통 예배를 고수하는 경우도 마찬가지다. 전통 예배 역시 상류 계급의 종교 문화적 취향의 결과물이다. 더 나아가 부르디외의 이론을 적용하면 전통 예배의 고수자들은 문화적 자본의 측면에서 자신들을 열린 예배의 참여자들과 구별 짓고 있다고 할 수 있다.

시대와 연령, 그리고 계급에 따라 다른 종교 문화적 취향을 가지고 신앙을 표현할 수 있다고 하면 열린 예배와 전통 예배는 모두 신학적으로 정당화될 수 있다. 이런 맥락에서 열린 예배가 옳으냐 전통 예배가 옳으냐는 잘못 설정된 문제 제기라고 할 수 있다. 상류 계급의 종교 문화적 취향이 반영된 전통 예배가 수용되고 있다면 중간 계급의 종교 문화적 취향이 담긴 열린 예배도 받아들여져야 마땅하다.

이렇게 보면 중요한 것은 예배를 회중에게 개방하느냐 하지 않느냐에 있는 것이 아니라 새로운 예배 형태에 대한 관점을 개방하느냐 하지 않느냐에 있는 것이다. 전통 예배에 대해 개방적 자세를 갖고 그것을 신학적으로 수용하는 신앙인이라면 열린 예배에 대해서도 동일한 자세를 견지하면서 그것을 신학적으로 인정해야 한다. 결국 열린 예배와 전통 예배를 둘러싼 문제에 대해 우리가 가져야 할 관점은 예배의 다양성을 인정하는 예배 다원주의일 것이다.

8장
유아 세례

1. 들어가는 말

개신교는 세례와 성만찬을 성례전으로 집행한다. 그러나 유아 세례에 관하여는 각 교단의 신학적 입장에 큰 차이가 있다. 대체로 그 입장은 다음 두 가지로 구분될 수 있다.

첫째는 성령에 의한 내적 체험과 그로 인한 신앙적 결단을 강조하는 입장이다. 이 입장에 따르면 유아는 신앙적으로 결단을 할 수 없기 때문에 따라서 유아 세례를 반대한다.

둘째는 하나님의 은총은 인간의 신앙적 결단과 관계없이 선재한다고 하는 입장이다. 이 입장에 따르면 유아의 신앙적 체험과 결단 유무에 관계없이, 유아에 대한 하나님의 은총이 선재하기 때문에 유아 세례 베푸는 일이 가능하며, 따라서 유아 세례를 찬성하며, 이를 성례전으로 집행하고 있다.

유아 세례에 대한 이러한 논쟁은 매우 오랜 역사를 지녔으며, 많은 교의학적인 논점들과 맞물려 있기에, 평면적인 고찰로 유아 세례의 유효함 혹은 불가함을 가볍게 논할 수는 없다. 그렇다고 해서 교의학적인 논쟁만을 계속하며 그 결과를 막연하게 기다릴 수도, 그 결과에 따라 유아 세례의 집행 여부를 판단할 수도 없다. 왜냐하면 목회 현장에는 그리스도인들의 인생 여정에서 중요한 시기마다 신앙적인 의미를 부여하고자 하는 욕구가 있으며, 이 욕구에 응해야만 하는 긴박함이 있기 때문이다.

신앙인의 의례적 욕구를 교회가 수용하는 것은 예배와 성례전을 의미 있게 하는 중요한 두 기둥, 즉 그리스도 사건과 인간 삶의 관련성 중에서 우리 삶과의 관련성을 충족시키는 행위이다. 따라서 신앙인의 욕구를 면밀히 파악하여 예배와 성례전이 우리의 일상적인 삶과 보다 밀접한 관련 속에서 해석되고 집례 되도록 하는 것이 목회자와 실천신학자의 중요한 임무이다.

유아 세례는 아기의 탄생으로 시작된 인생의 새로운 단계에 신앙적인 의미를 부여하는 성례전이다. 그러나 유아 세례의 성례전으로서의 유효성을 인정하지 않는 교단에서는 유아 세례식 대신 헌아식을 거행하고 있다. 이것은 의례가 신앙적 의미를 부여하는 통로로서 꼭 필요하다는 사실을 보여주는 사례이기도 하다. 헌아식은 그리스도교 신자의 자녀 출산과 양육에 대한 신앙적인 의미를 되새기는 의식으로서, 유아 세례와 부분적으로 의미를 공유하며, 형식상 유아 세례를 대체하고 있다. 즉 헌아식은, 유아가 의지적으로 신앙적 결단을 할 수 없기 때문에 유아 세례를 베풀 수 없다 할지라도, 아기의 탄생으로 인한 삶의 전환기 내지 혼란기에 신앙적인 의미를 부여하고 싶은 그리스도인의 욕구를 수용한 교회의 대응으로서, 신앙인의 일상적인 삶과 깊은 관련성을 맺고 있는 의례인 것이다.

그렇다면 유아 세례를 성례전으로서 인정하고 있는 경우는 어떠한가? 무엇보다 유아 세례가 신앙인들의 삶과 밀접한 관련 속에서 거행되고 있는지 검토해볼 필요가 있다. 왜냐하면 오늘날 교회가 당면한 과제는 성례전의 의미 있는 실행이요, 더욱이 유아 세례는 매우 비중이 매우 큰 성례전이기 때문이다.

유아 세례를 인정하는 교회는 부활절, 어린이 주일, 그리고 성탄절이 돌아오면 유아 세례를 거행하는데, 성인 세례에 비해 유아 세례의 비중은 앞으로 더욱 커질 전망이다. 교인의 수적인 성장이 둔화되고 있는 한국 교회의 현실을 감안한다면, 앞으로 새 신자로 등록한 성인이 세례를 받는 경우보다 기존의 세례 교인의 자녀가 유아 세례를 받는 경우가 더욱 빈번할 것이기 때문이다. 물론 그 실행의 빈도수가 많아진다고 해서 그 성례전이 의미를 갖게 되는 것은 아니다. 그러나 빈번해질 유아 세례가 더욱 의미 있는 성례전이 되게 하기 위해서는 무엇보다도 신앙인의 삶과 밀접한 관련성을 회복하여야 한다는 뜻이다.

유아 세례의 의미 있는 실행을 위해서는 무엇보다 먼저 유아 세례에 관한 신학적 논의를 전개함에 있어서 과거의 논쟁적 관점에서 벗어나야 한다. 이 장에서는 이런 논쟁적 관점을 벗어나서, 현재 사용되고 있는 한국기독교장로회와 대한예수교장로회 통합 교단의 유아 세례 예식서를 분석하고, 유아 세례가 관련 맺고 있는 신앙인의 삶의 자리를 알아본 후, 유아 세례의 통과 의례로서의 특성을 살펴봄으로써 유아 세례를 이해하는 새로운 관점을 제시해보고자 한다.

2. 유아 세례 예식서의 분석

한국기독교장로회 《희년예식서》*의 경우 유아 세례를 어린이 세례 예식이라고 칭한다. 세례 예식은 찬송-지원자 나옴-성경 봉독-세례의 의미-서약-신앙고백-세례 기도-세례-선언-세례 후 기도-환영-찬송-축복 기도의 순서로 진행된다.

대한예수교장로회통합 《표준예식서》**의 경우 유아 세례 예식서는 주일 예배 중에 행해지는 예식서***와 찬양 예배 또는 기타 예배 중에 행해지는 예식서****로 구분되어 있다. 예식의 진행 순서는 어린이 호명-성경 봉독-권면-서약-세례-기도-선포의 순으로 그 기본 형식이 두 예식서 모두 동일하지만, 찬양 예배 때 행해지는

---

* 한국기독교장로회 총회, 《희년예배서》, 2003, 71~77쪽. 이후 기장 예식서라 칭한다.

** 대한예수교장로회 총회, 《표준예식서》, 1997, 88~93쪽. 이후 예장통합 예식서라 칭한다.

*** 이후 예식서 I이라 칭한다.

**** 이후 예식서 II이라 칭한다.

예식서의 경우 서약 순서 전에 사도 신경이 들어있는 점과 선포의 순서 이후에 회중과의 서약, 회중의 응답, 세례 후 기도, 환영, 찬송이 추가된 점이 다르다. 첫 번째 예식이 주일 예배의 시간적 제약을 배려하여 축약된 형태라고 한다면, 두 번째 예식은 시간 제약으로부터 비교적 자유로운 상황을 전제로 작성된 것으로 보이며, 회중과의 서약, 회중의 응답, 환영 순서가 있어서 세례 예식의 공동체적인 성격이 잘 표현되어 있다고 하겠다.

기장 예식서의 경우, 성경 로마서 6장 3~4절, 사도행전 2장 38~39절, 에베소서 4장 4~6절의 본문을 택하여 읽도록 지시하고 있다. 이 본문들은 세례 예식의 그리스도 관련성을 잘 드러내주는 것들이다. 세례가 그리스도의 죽으심과 부활하심에 연합함을 의미한다는 것, 또한 세례는 죄 사함의 효력을 갖는다는 것, 그리고 세례를 통하여 공동체 구성원의 한 사람이 된다는 것 등이다.

세례의 의미를 밝히는 순서에서는 세례가 예수 그리스도 안에서 누리는 새 삶의 표징이라고 선언한다. 또한 어린이 세례가 지닌 의미를 두 가지로 밝히고 있는데, 첫째는 아이가 하나님을 믿고 신앙을 고백하기 오래 전부터 하나님이 이 아이를 선택하셨다는 사실을 선포한다는 것이요, 둘째는 부모가 아이를 신앙적으로 양육하겠다고 하나님 앞에서 약속하는 예식이며, 동시에 교우들이 부모와 함께 아이를 신앙적으로 양육하겠다고 하나님 앞에서 약속하는 예식이라는 것이다.

그다음은 서약 순서로서 세례의 의미를 세례 받는 아이의 부모에게, 또한 교우들에게 확인하는 절차가 이어진다. 세례 받는 아이를 신앙으로 양육할 것인지, 그 아이를 위하여 믿음과 사랑으로 그리스도교 가정을 가꾸어 나갈 것인지, 또한 부모와 함께 이 아이를 신앙적으로 돌볼 것인지 등을 묻고 답하는 것이 그 내용이다.

세례 기도의 순서에서는 성서 전통을 통해 드러난 구원 역사에서 물의 소재성과 세례수와의 연관성을 두고 기도하며, 이 세례수로 세례 받는 아이의 새롭게 태어남을 기원한다.

이어 세례를 집례 한다. 예식서에는 집례자가 아이를 부모로부터 넘겨받아 성부, 성자, 성령의 이름으로, 아이의 머리 위에 세 번 물을 부어 세례를 집례 하도록 지시하고 있으며, 이후 다시 아이를 부모에게 돌려주라고 한다. 곧이어 세례받은 아이가 세례 교인이 되었음을 선언하고 세례 후 기도를 한다. 세례 후 기도의 내용은 하나님께 아이의 보호와 인도를 간구하고, 부모에게 베푸신 은혜를 감사하며, 가정의 평안을 빌고, 교우들이 자신의 세례를 기억할 것을 기원하는 것이다. 이후 환영과 찬송, 축복 기도가 이어진다.

예장통합 예식서 I의 경우 성경 말씀은 마가복음 10장 13~16절로 정해져 있는데, 이는 세례의 의미가 드러나는 말씀은 아니고 예수의 어린아이에 대한 각별한 사랑을 드러내 주는 본문이다. 예장통합 예식서 II의 경우 마태복음 28장 18~20절, 마가복음 16장 15~16절, 요한복음 3장 5절, 사도행전 2장 38~39절, 로마서 6장 3~4절, 갈라디아서 3장 27~28절, 골로새서 2장 11~12절 중에서 택하도록 되어 있다. 이 본문들은 그리스도의 세례 명령, 세례와 구원의 연관성, 세례의 죄 사함과 성령 받음의 효력, 그리고 세례는 그리스도의 죽으심과 부활하심에의 연합이라는 내용들이다. 이 내용들은 세례의 그리스도 관련성을 잘 드러내준다.

예장통합 예식서에는 기장 예식서와는 달리 세례의 의미를 따로 밝히는 순서가 없다. 그 순서를 대신하고 있는 것이 권면의 순서인데, 권면에서 드러난 의미는 첫째, 세례는 그리스도가 세운 것이며, 둘째, 세례는 그리스도인의 특권이고, 셋째, 세례는 그리스도의 명령이며, 넷째, 인간의 성품이 죄로 더럽혀졌으니 그리스도의 피로 씻으며 성령의 권능으로 성결함을 얻어야 하고, 다섯째, 부모들은 자녀들을 하나님의 말씀으로 가르쳐야 하며, 신앙생활의 본을 보이고 주님의 성품과 훈계 안에서 자라게 해야 한다는 것이다. 이 권면은 세례가 그리스도로부터 유래하였다는 점을 강조하며, 따라서 죄 사함을 받아야 한다는 사실을 강조하지만, 죄 사함과 세례와의 관련성을 밝히지는 않고 있다. 또한 부모가 자녀들을 신앙적으로 양육해야 한다고 강조하지만 그것이 일반적인 권면을 넘어서, 유아 세례와 어떤 특별한 연관성을 지니는 것인지에 대해서는 답변을 하고 있지 않다. 따라서 이 권면의 말씀이 유아 세례 예식서에 매우 적절하다고 판단되지는 않는다.

바로 이어지는 서약 순서에서 제시된 두 개의 질문은 세례의 내용을 집약해주는데, 그 내용은 다음과 같다. 첫째는 그리스도의 피로 씻음과 성령의 새롭게 하는 은혜를 받아야 한다는 것이요, 둘째는 아이를 완전히 하나님께 바치고 하나님을 의지하고 아이에게 본을 보이고 믿음으로 양육해야 한다는 것이다. 이 두 가지 내용이 유아 세례와 관련이 있다는 것이다. 그러나 첫 번째의 서약 질문이 뜻하는 바는 세례 예식의 맥락에서 여전히 난해하다. 세례 받을 아이가 죄인이며 그리스도의 피로 씻음을 받아야 한다는 것인지, 또는 오늘 받게 될 세례가 그리스도의 피로 씻음 받음을 상징적으로 표현한다는 것인지가 분명하지 않다. 두 번째의 서약 질문은 유아 세례가 부모의 신앙적 양육 태도를 다짐하는 의례임을 밝히고 있다는 점에서 기장 예식서와 동일하다. 그러나 기장 예식서와 다른 점은 "아이를 완전히 하나님께 바치고"라는 헌아의 표현이 들어있다는 점이다.

이후 세례 순서가 있는데, 예장 예식서에는 집례자가 아이를 어떻게 다루어야 하는지를 지시하는 지문이 없다. 또한 세례 문안이 "주 예수를 믿는 이의 자녀 ○○○,"로 되어 있어서, 기장 예식서의 "하나님의 자녀가 된 ○○○에게"와 차이를 보인다. 예장 예식서의 경우 아이의 부모가 "주 예수를 믿는 이", "아이를 완전히 하나님께 바치는 이"로 규정되어 있어, 유아 세례에 있어서 주체적으로 역할을 하는 반면, 기장 예식서에서는 세례 받는 아이가 주체로 언급된다.

곧이어 세례 받은 아이가 교인으로 선포된다. 예장 예식서 II의 경우 집례자와 회중 사이의 서약과 응답이 있는데, 이때 회중은 세례 받은 아이가 교회의 한 지체로서 성장하도록 기도하며 돌보아 줄 것을 서약한다. 또한 예장 예식서 II의 경우 세례 후 기도, 환영, 찬송으로 세례식을 마친다. 세례 후 기도의 내용은 감사, 그리고 아이의 앞날에 하나님의 은총과 보호하심을 기원하는 것이다.

유아 세례 예식서를 분석하여 본 결과, 두 교단의 예식서는 모두 유아 세례의 그리스도 관련성을 잘 표현하고 있다. 세례의 의미를 밝히는 순서 또는 권면의 순서에서 세례가 그리스도 사건과 어떤 관련이 있는지를 드러내기도 하지만, 그리스도 관련성은 주로 예식서 안의 성경 본문을 통해서 드러난다. 유아 세례는 그리스도가 제정하고 명령한 예식이며, 그의 죽으심과 부활하심에 연합하는 사건이라는 점이 선택적으로 사용하도록 제시된 본문들의 핵심적인 내용이다.

또한 이 예식서들에서 세례 받는 아이의 부모와 공동체가 서약을 통하여 "하나님께서 주신 아이"[1]를 신앙적으로 양육하겠다고 약속하는 것은 유아 세례가 지닌 우리 삶과의 관련성을 표현하는 부분이다. 하지만 두 교단의 예식서 모두에서 아이는 하나님께서 주신 선물이요, 이 아이를 교우들과 더불어 신앙적으로 양육하겠다고 약속하는 것만이 현재의 유아 세례가 맺고 있는 신앙인의 구체적이고 일상적인 삶과의 관련성 전부이다. 그러나 아이의 탄생으로 시작되는 인간의 삶은 그렇게 단순하게 언급할 수 있는 성격의 것이 아니다. 하나님이 주신 자녀를 신앙적으로 양육한다는 예식서의 간략한 진술은 매우 복잡하고 힘든 삶의 과정을 지나치게 축소한 것이다. 현재의 예식서에 따른 유아 세례는 산고, 아이 탄생, 부모 됨, 양육에 대한 신앙적 의미를 부여하는 의례가 되기에는 턱없이 미진한 것이 사실이다. 문제는 일상적인 삶과 밀접한 관련을 지니지 못한 성례전은 기계적으로 행해질 뿐이며, 전혀 의미를 생산하지 못한 채 화석화될 수밖에 없다는 점이다. 그러므로 유아 세례가 의미 있게 거행되기 위해서는 유아 세례가 신앙인의 삶과 어떤 관련을 지니는가를 제대로 파악해야 하며, 유아 세례의 삶의 자리를 진지하게, 그리고 우선적으로 검토하는 일이 선행되어야 한다.

3. 유아 세례의 삶의 자리

유아 세례가 거행되고 있는 삶의 자리는 아기의 탄생, 그리고 그로 인한 부모의 삶의 변화와 관련이 있다. 아기의 탄생으로 부모는 이전과는 극명하게 대비되는 다른 삶을 살게 되는데, 아기의 탄생을 몸으로 체험하는 어머니의 경우 더욱 큰 변화를 경험하게 된다. 특히 가사와 양육이 주로 어머니의 역할로 주어지는 사회적 현실을 놓고 볼 때, 산모가 겪게 되는 삶의 변화는 더욱 극심하다. 따라서 유아 세례는 우선적으로 분만과 회복 및 양육의 경험을 직접 체험해야 하는 여성의 삶에 그 자리를 잡고 있다고 볼 수 있다.

무엇보다도 출산은 단순한 신체적 경험이 아니다. 정신 및 사회적 상호 작용과 인지 과정에 영향을 주는 총체적 경험인 것이다. 따라서 분만 이후 산모의 상태가 이전의 상태로 회복되기까지의 기간인 산욕기는 신체, 심리, 사회적 변화와 더불어 모성으로서의 새로운 역할이 부가되고 또한 책임이 가중되는 생의 전환기로서 산모 자신뿐 아니라 가족 전체에까지 커다란 영향을 주는 중요한 시기이다. 이러한 산욕기는 사회 심리적 재통합이 이루어지는 중요한 시기로 간주되고 있다.[2]

그런데 이 시기의 어머니들은 영아들의 어머니 의존성으로 인해 수면 부족과 만성 피로에 시달리며, 나아가 자신이나 다른 가족 구성원들의 욕구를 해결해줄 수 있는 시간과 기회의 부족, 역할 재조정 등 예기치 않았던 여러 문제들로 인하여 신체적, 정서적, 사회적 부담감과 함께 상당한 스트레스를 겪게 된다. 이러한 스트레스에 뿌리를 둔 잠재된 갈등은 출산으로 인하여 산모가 더 이상 일을 하지 못하게 되었을 경우 더욱 심하게 겪을 수밖에 없는 물질적인 어려움과 주거 공간의 협소함으로 인해 증폭되어 폭발할 수 있다.

이러한 요인들로 인하여 출산 후 대부분의 부모는 양가감정을 느끼게 되는데, 심한 경우 병리적인 현상으로 귀결되기도 한다. 연구에 따라 차이를 보이기는 하지만 이 시기에 50~70퍼센트의 산모가 산후 우울증에 시달린다.[3]

산후 우울증은 주로 산후 6개월 이내에 발생하며, 출산 후 퇴원하는 시기와 주변의 관심과 도움이 사라지는 시기에 빈번하게 발생한다. 산후 우울증은 신체 생리적 요인에서 가장 강한 증세를 보이며, 그다음이 아기에 대한 부담감이라는 요인, 그리고 아기와의 관계에서 발생할 수 있는 어머니로서의 부정적인 자아 정체감이라는 요인에서 그 증세를 보인다.[4] 대개 출산 직후에는 상대적으로 많은 관심과 돌봄을 받게 되지만, 이러한 관심과 돌봄은 곧 소멸된다. 문제는 산모가 아직 달라진 상황에 완전히 적응하지 못한 상태에서 관심과 도움만이 사라진다는 점이다.

실제로 한 연구에 따르면 산후 13주 이상이 지나도, 산모가 아기 돌보기를 책임지면서 일상의 활동들을 다시 시작할 수 있는 준비된 기능 상태functional status로 완전히 회복되지 못한다고 한다.[5] 이는 여성의 산후 회복 기간이 교과서적으로 정해놓은 생식기 치유 위주의 6주보다 더 길 수밖에 없다는 뜻이다. 특히 예상하지 못했던 사회적, 정신적 변화를 경험해야 하는 시기라는 점에서, 산후 회복 기간은 더 길어질 수 있다.

이러한 연구 결과에 따르면, 여성들의 출산 경험은 신체, 정신, 정서적으로 다양한 반응이 나타나는 하나의 총체적 과정이기에 전문적인 돌봄을 필요로 한다. 이때 무엇보다도 중요한 것은 긍정적인 출산 경험을 가질 수 있도록, 출산 과정 중에 신체적 심리적으로 지지해주는 일이며, 또한 산모들이 출산의 의미를 발견하고 어머니 됨을 조기에 인식하도록 돕는 일이다. 이는 산후 우울증이 사회적인 지지로 극복될 수 있다는 뜻이기도 하다.[6]

사회적 지지란 일반적으로 사회적 결속 관계 안에서 개인 간의 상호 작용으로 일어나는 타인에 대한 호감, 타인의 언행에 대한 인정 및 타인에 대한 상징적인 또는 물질적인 도움과 같은 지지적인 대인 관계를 말한다.[7] 출산 경험과 관련하여, 어머니 된 여성을 위한 사회적 지지는 다음과 같이 정의할 수 있다. 사회적 지지란 부모가 되는 특별한 시기에 발생한 스트레스와 정서적 불균형을 줄여주고, 어머니와 아기의 애착을 증진시켜 주며, 어머니의 신체적, 심리적 건강을 도모해 줄 뿐만 아니라, 어머니 역할을 원만히 수행할 수 있도록 만족감을 높여주는 지지적인 대인 관계를 말한다.[8]

그러므로 출산을 경험하는 여성은 신체적, 심리적, 사회적 혼란으로 어려운 시기를 보내야 하지만, 그러나 그 혼란은 어머니로서의 자아 정체성을 인식하는 일과 사회적 지지를 통해 극복 가능하다. 이 과정에서 교회 공동체의 역할이 매우 중요하며 또한 필요하다. 좀 더 구체적으로 말하자면, 교회 공동체는 출산의 신앙적 의미와 어머니 됨의 신앙적인 의미를 밝혀주고, 그 의미가 자신의 삶과 자녀 양육의 지침이 되게 함으로써 사회적 지지를 제공할 수 있다.

이 시기의 산모들이 겪는 혼란과 고충은 어머니로서의 전이 과정에서 오는 것들이다. 이러한 혼란과 고충은 교회 공동체의 사회적 지지와 더불어 창조적으로 극복되고 또 전이될 수 있다. 교회는 유아 세례의 준비, 교육, 그리고 세례식의 전 과정을 사회적 지지의 한 형태로서 활용할 수 있는데, 더욱이 유아 세례를 새롭게 해석하고, 그 새로운 해석에 따라 세례식을 의미 있게 거행함으로써 사회적 지지의 역할을 잘 담당할 수 있다. 따라서 유아 세례의 삶의 자리가 한 여성이 출산과 산욕기를 거치는 시기와 맞물려 있으며, 동시에 많은 변화와 혼란이 초래되는 전이기에 놓여 있다는 점을 인식하는 일이 중요하다.

4. 유아 세례와 통과 의례

1) 방주네프의 이론

통과 의례라는 말은 문화인류학자인 아르놀드 방주네프에 의해서 처음 사용되었다. 방주네프는 그의 책《통과 의례》[9]에서 재생再生을 인생과 우주의 법칙으로 보았다. 그에 따르면 어느 체계이든 그 체계에서 발견되는 에너지는 엔트로피가 증가하는 방향으로 고갈되어가기 때문에 일정한 간격을 두고 갱생되어야만 한다는 것이다. 그는 이러한 재생이 사회적 영역에서는 죽음과 부활의 의례에서 나타나는 통과 의례에서 성취된다고 보았다.[10] 그러면서 그는 세례, 침례, 미사 의례와 함께 유대교를 비롯한 원시 부족들의 할례 의식을 "분리-전이-통합"의 구조로 설명하고 있다.[11]

방주네프는 인간의 일생, 즉 탄생으로부터, 사춘기, 결혼, 죽음에 이르기까지의 과정이 마치 자연의 주기적 변화와 흡사하다는 점에 착안하여, 의례를 통한 상징적 죽음과 재생을 구조화하였다.[12] 방주네프에 의하면, 인생에는 장소, 상태, 위치 그리고 나이의 변화에 수반되는 의례들이 있는데, 이것이 통과 의례라는 것이다. 하나의 통과 의례는 세 단계를 거치게 되는데, 첫 단계는 분리 의례라고 불리며, 의례의 주체가 이전의 사회적인 신분과 문화적인 조건들로부터 놓여나는 상징적 행위가 일어나는 단계이다.

두 번째 단계는 전이 의례의 단계이다. 문지방의 단계, 혹은 변화의 단계 또는 리미널 단계라고도 명명되는 단계로서, 의례 주체의 상징적, 존재론적 위상이 모호함에 처하는 단계이다. 의례의 주체는 이 단계에서 이전의 상태와 이후의 상태가 지니는 특징을 거의 보이지 않은 채 문화적 영역들을 넘나든다.

세 번째 단계는 통합 의례의 단계로서 의례의 주체가 그의 새롭고도 안정된, 그리고 정확하게 정의될 수 있는 위치와 사회에로 돌아가는 것을 표현하는 상징적인 행위들을 포괄하는 단계이다.

방주네프의 출생과 아동기에 대한 의례 연구는 유아 세례를 통과 의례적으로 해석할 수 있는 근거를 제시해준다. 방주네프의 연구는 무엇보다도 유아 세례가 산모로부터의 분리를 위한 분리 의례의 범주에 속할 수 있다는 해석을 가능하게 한다. 그에 의하면 출생한 아이를 위해 행하는 의례 중에 처음으로 아이를 목욕시켜 주고, 얼굴을 씻겨주는 행위는 기본적으로 위생적인 목적으로 행하는 것이지만, 동시에 산모로부터의 분리를 위한 분리 의례의 범주에 속하는 정화 의례이기도 하다.[13]

또한 무엇을 자르는 것, 특히 처음으로 머리를 자르거나, 면도를 하거나, 처음으로 옷을 입히는 행위들을 포함하는 의례를 보통 분리 의례라고 한다.[14] 개신교의 유아 세례에서는 볼 수 없는 의례적 광경이지만 정교회의 유아 세례에서는 세례 받는 아기의 머리카락을 자르고 새 옷을 입혀주는 행위를 볼 수 있다. 이것은 이미 오래전부터 세례식의 일부로 자리 잡은 의례적 행위로서 세례가 분리 의례적 요소를 지니고 있음을 분명히 드러내 주는 것이다. 전통적으로 인류학에서 세례는 대부분 정화 의례나 분리 의례로 간주되어 왔다.[15]

그러나 방주네프는 또한 아이의 이름을 지어 부르는 것과 더불어 세례가 통합 의례라는 주장을 제기한다. 세례가 분리 의례일 뿐 아니라 통합 의례일 수 있는 것은 세례식 때에 단순한 '물'이 아니라 '성수'로써 의례를 거행하기 때문이라는 것이다. 여기서 방주네프는 성수로써 세례를 받는 경우, 세례를 받는 사람은 한 가지 속성을 잃게 되지만, 동시에 새로운 속성을 얻게 된다고 한다.[16] 그러나 방주네프는 물이 아니라 성수로써 세례를 받는다는 것이 어떤 의미가 있는지, 또한 아이가 성수로 세례를 받게 됨으로써 어디로 통합된다는 것인지에 대해서는 밝히지 않고 있다. 단지 명명命名, 세례 등 탄생을 계기로 수행되는 의례가, 동아프리카의 야오족에 따르면 '아이를 이 세상에 안내해주는' 역할을 하며, 북부 보르네오의 바카랑의 디약족은 이것이 배를 바다로 내보내듯 '아이를 이 세상에 내보낸다'는 의미를 지닌다고 밝힐 뿐이다.[17]

이처럼 방주네프는 유아 세례가 분리 의례적 요소와 통합 의례적 요소를 고루 가지고 있는, 아이의 탄생을 계기로 이루어지는 통과 의례임을 분명히 하고 있다. 즉 통과 의례란 인생의 여정에서 겪게 되는 지위, 신분, 나이, 위치의 변화에서 오는 혼란과 고통을 완화시키고 새로운 단계로의 진입을 용이하게 해주는 의례이다. 통과 의례가 인간 삶의 과정에 천착하고 있는 의례인 만큼, 유아 세례를 통과 의례라고 간주하는 것은 유아 세례와 신앙인의 삶의 관련성을 확보하는 것이다.

유아 세례를 통과 의례라고 볼 때 문제는 그 의례의 주체가 누구인가 하는 점이다. 방주네프의 연구에서는 당연히 아이의 분리, 아이의 통합을 수행하는 의례이기에 유아가 의례의 주체가 된다. 그러나 통과 의례의 의미 측면에서 본다면 과연 아이 혼자만이 의례의 주체인가라는 질문을 던지지 않을 수 없다. 오히려 유아 세례가 지위나 신분이나 위치의 변화에서 오는 혼란과 고통을 완화시키고 새로운 단계로의 진입을 용이하게 하는 통과 의례적인 성격을 지닌다면, 아이를 출산

한 어머니를 의례의 동반 주체로 세워야 할 것이다. 즉 유아 세례는 아이와 어머니 모두의 통과 의례이다. 특히 통과 의례를 기능적인 면에서 살펴본다면, 이 의례의 주체가 어머니라는 점이 보다 명확하게 드러난다.

2) 통과 의례의 기능

의례의 전통적인 순기능을 수행하는 통과 의례는 보통 다음과 같은 여섯 가지 기능을 수행한다.[18]

첫째, 목표 제시의 기능이다. 모든 지위, 신분, 위치의 전이에 있어서 개인은 지금까지 사회적으로 규정된 위치를 떠나 전혀 알지 못하는 새로운 위치에 도달해야 한다. 이때 의례는 개인이 가야 할 길을 상징적으로 미리 보여줌으로써 그 개인으로 하여금 이 목표를 유지하도록 돕는다.

둘째, 감정 제어의 기능이다. 지위 등의 전이는 일상의 삶에 분포되어 있으며 또한 삶과 연결되어 있는 감정의 표출과 연관되어 있다. 이 감정의 표출은 불가피하지만 상반된 감정은 새롭게 재분배되어야 하는데, 의례는 감정이 제어되도록 하는 데에 기여한다.

셋째, 불안 감소의 기능이다. 모든 지위의 전이는 불안과 결합되어 있다. 새로운 지위에 잘 도달하게 될 것인지가 지위 변화를 경험하는 사람에게는 불안의 요인이다. 이때 의례에 참석하는 모든 사람들에게 의례를 통하여 안정감을 줌으로써 지위의 전이는 성공적으로 수행된다.

넷째, 새로운 지위를 확증하는 기능이다. 지위의 변화란 오랜 시간을 필요로 함에도 불구하고 의례는 전이기를 거치는 개인에게 이미 새로운 지위를 확증하여 준다.

다섯째, 공표하는 기능이다. 지위의 전이를 수행해야 하는 것은 개인이다. 그러나 그 개인이 속해 있는 사회 그룹에 의해서 공적인 인정이 필요하다. 해당되는 개인이 전이기를 지냈으며 이제는 새로운 지위에서 권리와 의무가 주어진다는 사실을 공표해주는 것이다. 의례는 이 공표가 일어나는 자리이다.

여섯째, 통합의 기능이다. 통과 의례가 한 사회 그룹의 구성원을 위해 수행됨으로써, 이 의례를 체험한 개인들을 특별한 계기에로 모여들게 하는, 많은 비슷한 종류의 통과 의례들에 연관된다.

위에 상술한 여섯 가지의 기능들을 종합해보면, 통과 의례가 인생의 여정에서 전이의 과정을 순조롭게 이끌어주는 역할을 하고 있음이 분명해진다. 유아 세례가 아이의 탄생으로 혼란과 위기를 겪게 되는 부모, 특히 어머니의 어머니 됨을 위한 통과 의례가 될 수 있다면, 유아 세례는 신앙인의 일상적인 삶과 밀접한 관련을 지닌, 보다 의미 있는 의례가 될 수 있을 것이다. 따라서 통과 의례가 지닌 여섯 가지의 기능들이 유아 세례식을 통해 잘 수행되도록 하는 세심한 의례적 고안들이 필요하다.

통과 의례의 여섯 가지 기능은 유아 세례에서 다음과 같은 기능을 수행할 것이다.[19]

첫째, 출산을 통해 하나님께서 선물로 주신 아이를 얻게 됨으로써 어머니가 된다는 목표를 인식시킨다.

둘째, 출산 이후의 환희와 기쁨, 그러나 아이와의 관계에서 부담감을 느끼거나 혹은 어머니로서의 부정적인 자아 정체성을 갖게 되는 데서부터 생기는 양가감정으로 인한 감정의 불안정한 상태를 완화시킨다.

셋째, 출산 이후 사회적 관계는 극감되고 소외감은 증가되어 불가피하게 얻게 되는 심리적 불안감이나, 어머니의 역할을 제대로 수행할 수 있을 것인가에 대한 불안감 등을 해소한다.

넷째, 출산으로 인하여 이전과는 달리 어머니로서의 지위를 얻게 되었다는 것을 확증하여 준다.

다섯째, 신앙 공동체 앞에서 한 여성의 어머니 됨을 공표한다.

여섯째, 유아 세례자의 어머니가 신앙 공동체 안의 어머니 그룹에 통합되며, 공동체 안에 새로운 세례 교인이 생긴 것을 계기로 공동체 역시 통합된다.

3) 통과 의례로서 유아 세례

기능적인 면에서 유아 세례가 통과 의례로서 역할을 수행할 수 있다면 이제는 내용적인 측면에서 유아 세례가 어떻게 통과 의례로서 해석될 수 있는지 알아보아야 한다. 무엇으로부터 분리인지 또한 무엇에로의 통합인지, 실제로 세례 예식 상황에서 표현되는 상징을 통과 의례적 관점에서 어떻게 해석할 것인지 등이 문제이다.

유아 세례에서 유아와 어머니는 상징적으로 분리를 경험하게 된다. 이로써 유아 세례는 분리 의례적인 성격을 지니게 되는데, 그것은 물이 지닌 상징적 의미와 세례 받을 아이를 세례 집례자의 손에 넘겨줌으로써 표현된다.

세례의 도구가 되는 물이 지닌 상징적인 의미는 무엇보다도 세정洗淨이다. 전통적으로 그리스도교에서는 원죄의 씻음[20]에 세례의 의미가 있음을 강조해왔듯이 세례에서 물을 사용하는 것은 무엇인가를 씻는다는 상징이다.[21] 유아 세례에서 세례수로 씻어내는 것은 어머니의 양수다. 양수와 세례의 물은 상징적으로 대립한다. 세례 이전까지 양수에 속해 있었던 아이는 세례식에서 세례수로 양수를 씻어냄으로 해서 어머니와는 분리가 일어나며, 동시에 그 아이는 하나님의 창조 세계에 단독으로 편입되는 것이다. 즉 세례의 물은 어머니로부터의 분리와 하나님의 창조 세계에의 통합을 이루는 상징적 도구가 된다. 방주네프가 "물이 아니라 성수로써 의례를 수행할 때 통합을 나타내는 것일 수도 있다"라고 한 것은 유아 세례가 단지 어머니로부터의 분리만을 나타내는 것이 아니라는 점을 시사한다.[22] 즉 성수로써 세례를 받은 아이는 어머니의 아이로서의 한 속성을 잃게 되지만, 하나님의 아이라는 새로운 속성을 얻게 되는 것이다. 이와 같은 물의 상징적인 의미는 물이 지닌 세정의 의미로부터만 가능한 것은 아니다. 물이 지닌 죽음과 재생의 상징성을 통해서도 이와 같은 해석은 가능하다.

물은 잠재성의 보편적 총체를 상징한다.[23] 물은 근원이자 원천으로서 모든 존재 가능성의 저장소이다. 물 위로 올라오는 것은 창조와 재생이며 물 아래로 내려가는 것은 죽음과 해체이다. 모든 창조의 모델이 되는 이미지는 물결 한 가운데 갑자기 나타나는 섬의 이미지이다. 반대로 침수는 형태 이전으로의 퇴행, 존재 이전의 미분화 상태로의 회귀를 상징한다.[24] 이렇듯 물의 상징은 죽음과 재생을 모두 내포하고 있다.

이러한 물의 상징은 세례에 대한 전통적인 이해에서 잘 드러난다. 즉 침수에 의하여 "옛 사람"은 죽고 재생된 새로운 존재가 태어난다. 그리하여 세례는 죽음과 매장, 그리고 생명과 부활을 나타내며, 무덤 속에 들어가듯이 우리의 머리를 물속에 담글 때, 옛 사람은 완전히 물에 잠겨 매장되어버린다. 그 후 다시 우리가 물에서 나올 때, 동시에 새사람도 나타난다는 것은 보편적인 물의 상징 가치를 활용한 세례 해석이다.

개신교 유아 세례의 경우 침수례를 행하지 않기 때문에 세례수가 지닌 죽음과 재생의 상징성이 극적으로 표현되기는 어렵지만, 의미에서만큼은 죽음과 재생의 모티브를 살릴 수 있다. 그것은 한 어머니의 아이로서의 죽음과 하나님의 아이로서의 재생이다.

아이의 탄생 후 어머니는 아이와 자신이 개체이며, 아이가 자신과 인격적으로 독립된 존재라는 사실을 자각하기 쉽지 않다. 또한 양육에 대한 부담감과 좋은 어머니로서의 자질을 고민하기도 하는데, 이는 산후 우울증을 심하게 만드는 요인이며, 동시에 산후 우울증에 반드시 동반되는 질문이기도 하다. 유아 세례식은 물이 지닌 상징적 가치인 정화 및 죽음과 재생의 모티브를 살려서 어머니가 유아 세례식에서 자신과 아이가 개체라는 것을 인식하는 계기를 제공할 수 있다. 어머니는 이때 아이와의 관계에서 오는 양육의 부담감과 어머니로서의 자신에 대한 부정적인 정체감을 벗어버릴 기회를 얻게 될 수도 있다.[25] 왜냐하면 세례를 통하여 동의한바, 이제 자신의 아이는 존재하지 않고, 다만 하나님의 세계에 편입된 하나님의 아이가 존재하며, 어머니 자신은 그 아이와 동등한, 하나님의 창조 세계의 일원일 뿐이기 때문이다.

세례 받은 아이를 집례자의 손으로부터 넘겨받을 때 어머니는 하나님으로부터 아이뿐 아니라 어머니로서의 역할을 위임받게 된다. 이때 어머니는 신앙으로 아이를 양육하는 어머니로의 정체성을 부여받는데, 어머니의 역할은 아이의 소유주에서 아이를 위한 보호자guardian로 축소된다. 이로써 유아 세례식은 어머니와 아기의 관계가 비분리된 배타적인 친밀한 관계에서 인격적으로 분리된 성숙한 관계로 전이됨을 상징적으로 드러내게 된다. 즉 '내 새끼'라는 자식에 대한 소유적인 사고로부터 놓여나서 '하나님의 자녀'라는 새로운 존재에 대한 인식을 갖게 되는 것이다. 그러면서 집착과 기대와 부담감으로부터 벗어난 보호자 어머니로서 자신의 정체감을 확고히 하게 된다. 이로써 유아 세례를 통하여 존재의 변화로 인한 혼란스런 한 여성에서 한 아이의 보호자 어머니로의 존재의 전이가 일어난다.

즉 유아 세례를 통하여 아이는 한 여성으로부터 분리되어 하나님의 창조 세계에 통합되고, 어머니는 한 아이를 낳은 여성으로부터 분리되어 하나님으로부터 하나님의 자녀의 양육을 위임받은 어머니로 통합되는 것이다. 유아 세례가 지금까지 상술한 탄생, 어머니 됨, 양육에 대한 신앙적 의미들을 담아낼 수만 있다면, 유아 세례와 일상적인 삶의 밀접한 관련성은 이미 확보된 것이다.

5. 나오는 말

교회와 신학은 신앙인의 인생 여정에 체계적으로 신앙적인 의미를 부여해야 한다. 교회와 신학이 신앙인의 삶에 늘 새로운 의미를 부여하지 못한다면, 그것은 삶과 괴리된 종교가 될 수밖에 없으며, 삶과 관련 없는 종교는 생명력을 잃기 때문이다. 이때 신앙인의 삶에 보다 체계적으로 신앙적인 의미를 부여하기에는 인생의 중요한 단계에서 수행되는 의례가 그 무엇보다도 중요한 통로가 될 수 있다. 의례는 다른 어떤 방법보다 더욱 통전적으로 의미를 생산해낼 수 있기 때문이다.

이 글은 새 아기의 탄생과 관련된 유아 세례에 새로운 의미를 부여하려 시도하였는데, 지금까지의 논지를 테제화하면 아래와 같다.

1. 세례에서 유아 세례의 비중이 커질 전망이며, 유아 세례를 좀 더 의미 있게 실행할 방안이 필요하다. 따라서 유아 세례에 대한 논의는 지금과는 다른 관점에서 수행되어야 한다.
2. 성례전은 그리스도 사건이 신앙인의 일상적 삶과 관련을 맺을 때 의미 있게 실행될 수 있다. 그러나 한국기독교장로회 교단과 대한예수교장로회 통합 교단의 유아 세례 예식서를 분석한 결과, 일상적 삶과의 관련성이 축소되어 있다.

3. 유아 세례의 일상적 삶과의 관련성은 여성의 출산 경험에서 비롯된 삶의 변화에서 드러난다.

4. 유아 세례는 아이의 탄생으로 비롯된 인생의 위기 상황에서 수행되는 의례로서 통과 의례라고 규정할 수 있다.

5. 통과 의례란 인생의 과정에서 신분이나 지위 등의 변화로부터 오는 혼란을 감소시켜주고 새로운 세계에로 통합시켜주는 의례이다.

6. 아이의 출산과 양육으로 맞게 되는 위기 상황은 사회적 지지로써 극복될 수 있는데, 유아 세례와 그 준비 과정은 사회적 지지로서의 역할을 감당할 수 있다. 그것은 유아 세례가 아이와 어머니를 위한 통과 의례로의 역할을 적절하게 수행할 때 가능하다.

7. 유아 세례는 아이를 세례수로 씻음으로써 그 아이가 한 어머니로부터 분리된 개체로서 하나님의 피조 세계에 통합된다는 의미를 지닌다.

8. 유아 세례에서 어머니는 하나님의 아이를 돌보는 자로서 자신의 정체성을 새롭게 인식하게 된다. 이로써 유아 세례는 여성의 어머니로의 전이를 가능하게 한다.

9장

예배 갱신

1. 들어가는 말

한국 교회 위기를 규명하기 위해 기독교 신학의 거의 모든 분과들에서 분석이나 해결책이 제시되고 있다. 실천신학의 경우도 예외는 아니다. 실천신학은 다른 분과들보다도 한국 교회 위기 문제에 대해 더 철저하게 성찰하고 있다. 이는 다른 분과들과 비교해볼 때 실천신학이 교회 현장에 보다 더 직접적으로 관여하고 있기 때문이다. 위기 상황에서 벗어나기 위한 첫 걸음은 위기 문제에 관심을 갖는 것이다. 이런 의미에서 한국 교회 위기에 대한 실천신학적 연구 성과가 많아진다는 것은 그 자체로 고무적인 현상이 아닐 수 없다.

그럼에도 필자가 보기에 이런 기존의 연구 성과들은 교회 내부의 영역에 매몰되어 있다는 한계를 노정하고 있다. 한국 교회 위기에 대하여 교회 내부적으로만 접근하는 것은 적절치 못한 신학적 구도이다. 왜냐하면 이런 위기의 결정적 원인이 교회와 사회의 관계에서 비롯되었기 때문이다. 한국 교회의 위기는 일차적으로 교회의 운영 방식이나 신앙 담론이 교회 구성원들을 설득하지 못해서 발생한 것이 아니다. 오히려 그것은 교회에 대한 사회 구성원들의 반감으로부터 시작되었다고 판단하는 것이 타당하다. 그리고 이런 반감은 사회 구성원들이 교회에 유입되는 것을 저지하면서 교인 수의 감소를 초래하고 있다.

그런데 한국 사회는 어떤 이유에서 한국 교회에 대해 이처럼 부정적인 정서를 갖게 되었는가? 그리고 이를 극복하기 위해 어떤 해결 방안들이 제시될 수 있는가? 이 장에서는 한 공동체 구성원들이 나름의 사회화를 통해 유사한 가치, 행동 양식, 태도 등을 지니게 되는데, 이때 의례가 사회화의 통로로서 기능한다는 전제 아래, 이런 물음들에 대해 답변을 제시해보고자 한다.

이를 위해 먼저 사회화와 재사회화의 개념에 관해 설명할 것이다. 이어서 사회화 및 재사회화와 예배의 관계를 규명할 것이다. 그런 다음 한국 교회가 예배를 통해 구성원들을 사회화시킨 결과 교인들에게 내면화되어 있는 행동 양태들을 서술할 것이다. 마지막으로 한국 교회가 예배 갱신을 통해 구성원들을 재사회화하는 과정에서 추구해야 할 방향성을 모색할 것이다.

2. 사회화, 재사회화, 예배

이 장의 중심 개념인 재사회화resocialization를 제대로 이해하기 위해서는 우선적으로 사회화socialization에 관해 알아볼 필요가 있다. 에밀 뒤르켐Emile Durkheim, 1858~1917은 사회화란 개념과 관련해서 다음과 같은 주장을 내세우고 있다. "사회가 존속하려면 그 구성원들 사이에 동질성이 충분히 유지되어야만 한다. 교육은 아동에게 어릴 때부터 집단 생활에 필요한 기본적인 동질성을 형성시킴으로써 사회의 동질성을 영구 강화시키고 있다."[1]

여기서 교육이란 다름 아닌 사회화를 의미한다. 따라서 사회화란 집단의식의 고취 혹은 사회적 동질성의 내면화를 통해 사회 질서를 구성하고 재생산하는 활동이라고 정의될 수 있다. 물론 많은 학자들 가운데 단지 뒤르켐만이 사회화를 정의한 것은 결코 아니다. 사회화의 정의는 매우 다양하다.

어떤 학자는 사회화를 '개인이 사회의 기대에 적응하고 동조하는 과정'이라고 규정하였다. 다른 학자는 그것을 '개인이 특정 세계 또는 그 일부 세계의 구성원이 되고자 할 때 경험하거나 경험을 구조화하는 활동'이라고 정의하기도 하였다. 또 다른 학자는 사회화를 '특정 문화 또는 하위문화의 가치, 관습, 시각을 받아들이는 과정'으로 이해하였고, 또 다른 학자는 그것을 '개인들로 하여금 특정 사회의 구성원 혹은 그 사회 특정 부문의 구성원이 되게 하는 과정'으로 받아들이기도 하였다.[2] 종합해보면 사회화란 '구성원들로 하여금 해당 사회의 규범과 가치를 내면화하도록 함으로써 기존의 사회 질서를 유지하고 재형성하는 과정'이라고 정의할 수 있다.

그런데 사회화는 세속 사회나 세속 집단에서만 진행되는 것은 아니다. 종교 집단 안에서도 사회화가 시행될 수 있고 실제로 시행되고 있다. 종교 공동체는 자신만의 집단적 정체성을 확보하기 위해 신도들에게 자신이 내세우는 가치관이나 세계관을 내면화하도록 유도하거나 강제한다. 이렇게 종교 집단 안에서 일어나는 사회화를 세속적인 그것과 대비해서 '종교적 사회화religious socialization'라고 부른다. 이에 착안해보면 교회 안에서 이루어지는 사회화는 '기독교적 사회화Christian socialization'라고 지칭될 수 있다.

같은 기독교적 사회화라고 하더라도 해당 기독교가 속해 있는 지역에 따라 내용적으로 상당한 차이를 보일 수 있다. 예컨대 한국 교회 안에서 이루어지는 사회화와 미국 교회 안에서 이루어지는 사회화가 무척 다를 수 있다. 이런 맥락에서 한국 기독교의 사회화는 '한국 기독교인들이 한국 교회가 제시하는 기독교적 가치관이나 세계관을 내면화하면서 기존의 한국 교회가 제시하는 신앙적 콘텐츠, 교회 운영 방식, 교회적 제도 등을 유지하고 강화하는 과정'이라고 이해할 수 있다.

일반적으로 사회화는 몇 가지 맥락에서 이루어진다. 첫째는 다른 사람의 시각으로 자아를 바라보는 '반성적 평가'의 맥락이다. 둘째는 타인과 자아를 비교하는 '사회적 비교'의 맥락이다. 셋째는 자신의 행위가 어떤 사회적 결과를 야기할지 추론하는 '자아 귀착'의 맥락이다. 넷째는 특정한 사회적 기준에 자아를 맞추는 '동일시'의 맥락이다.[3]

흔히 한국 기독교인들은 배타적이고 독선적이라는 평가를 받고 있다.[4] 이런 평가를 위의 맥락 이론에 비추어보면 한국 기독교인들은 반성적 평가의 맥락과 자아 귀착의 맥락에서 제대로 사회화되지 않고 있다는 사실이 확인될 수 있다. 한마디로 말해서 한국 기독교인들은 사회화 과정에서 교회 밖의 사람들이나 다른 종교인들의 시선을 고려하지 않고 자신의 신앙 실천이 어떤 사회적 결과를 초래하는지를 염두에 두지 않음으로써 배타적이고 독선적인 태도를 드러내고 있다고 할 수 있다.

한편 재사회화란 급변하는 사회 속에서 개인이 한 가지 형태의 사회화를 일회적으로 경험하는 것이 아니라 여러 형태의 사회화를 평생에 걸쳐서 경험하게 되는 현상을 지칭한다. 재사회화론에 따르면 한 번 형성된 자아는 고정된 형태로 머물지 않고 여러 차례 거듭나게 된다. 이런 측면에서 그것은 종교적 개종이나 교육적 변화와 유사한 경험이라고 말할 수 있다. 따라서 그것은 초기 사회화의 방향을 수정하고 기존의 사회화를 부정하는 과정이 될 수도 있다.[5]

3. 예배 갱신을 통한 재사회화

예배는 인간의 조건 속에서 하나님의 신비스러운 삶에 참여하는 행위로서 하나님을 영화롭게 하고 인간을 성화시키는 기독교의 중심된 의례이다. 사회화 문제와 관련해서 예배는 다음과 같은 특성을 지닌다.

첫째, 예배는 기독교인의 정서를 형성한다. 이렇게 형성된 정서는 기독교인의 존재 및 행위의 심연에 놓이게 되는데, 기독교인은 이를 통해 세상을 이해하고 그

곳에서 행동하게 된다. 다시 말해서 이런 정서는 세상에 대한 앎과 자각을 연결하고 기독교인의 행동을 좌우하는 동기를 제공한다.[6]

둘째, 예배는 기독교인에게 종교적 정체성을 제공하고 사회적 행동의 방향성을 설정해준다. 예배에서 사용되는 언어는 예배 참여자에게 자기 자신, 다른 인간들 그리고 피조물들을 서술하는 방식을 가르쳐준다. 이런 과정을 통해 예배는 예배 참여자와 동료 인간들의 상황과 실존적 조건을 규정하고 세상에서 그들의 근본적인 위치와 방향을 설정해준다.[7]

수잔 랭거Susanne Langer, 1895~1985에 따르면 공적으로 제공되는 상징들은 물질적이고 사회적인 영역에서 우리 삶의 방향성을 규정한다고 한다.[8] 물론 이런 그녀의 주장은 서구의 기독교 국가라는 상황에서 도출된 것으로 교회가 사회 전반에 걸쳐 공적인 상징의 제공자가 될 수 있음을 전제로 하고 있다. 따라서 우리나라와 같은 비기독교 국가의 경우에는 그대로 적용하기 어렵다. 그러나 어떤 국가라 하더라도 한 교회 공동체 내에서 사용되는 공적인 상징들은 해당 교회 구성원들이 사회적 행동을 하는 과정에서 방향성을 제공해줄 수 있음에 분명하다.

동일한 맥락에서 클리퍼드 기어츠Clifford Geertz, 1926~2006의 견해를 살펴볼 필요가 있다. 기어츠는 의례를 에토스와 세계관의 상징적 융합으로 이해하고 있다. 여기서 에토스란 도덕적 성향의 총체로서 분위기, 동기, 성향 등으로 표현되는 세계와 인간을 향한 태도를 의미한다. 그리고 세계관은 사물이 실제로 존재하는 방식에 접근하는 관점으로서 질서에 대한 가장 포괄적인 관념을 포함하고 있다. 따라서 그것은 사람들에게 자신의 경험을 인식 가능하도록 현실 인식의 감각을 제공하는 것을 가리킨다.[9] 그는 이런 에토스와 세계관이 의례에서 종합된다고 보는 것이다. 다시 말해서 개인이 자신의 경험을 해석하고 자신의 행동을 조직화하는 시도가 의례 안에서 일어난다는 것이다.

셋째, 예배는 반복적으로 시행된다. 이런 반복성은 사회화 문제와 관련에서 예배의 가장 중요한 특징이라고 할 수 있다. 예배는 일정한 주기를 가지고 규칙적으로 반복되기 때문에 신앙적 가치를 강화한다. 이 과정을 거치면서 신앙적 가치는 몸에 밴 오랜 습성처럼 자연스럽게 내면화된다.

이런 예배의 특징을 놓고 볼 때 예배는 기독교적 사회화의 강력한 수단이라고 할 수 있다. 예배를 구성하고 있는 상징적인 요소들과 행위들은 예배 참여자들로 하여금 그리스도인으로서의 삶의 패턴을 인식하고 수용하도록 하는 매체들로 기능한다. 또한 예배에서 들려지는 목회자의 설교를 통해 예배 참여자들의 가치관과 세계관이 주조된다. 따라서 기독교인들은 예배를 통해서 기독교적으로 사회화된다고 할 수 있다.

예배가 사회화의 수단이 된다는 명제는 한국 기독교의 경우 더 큰 유효성을 지닌다고 할 수 있다. 다른 나라의 경우 기독교인들은 일주일에 한번 예배를 보는 것이 보통이다. 반면 한국 교회는 일주일 내내 거의 쉬지 않고 예배를 시행하고 있다. 이런 상황에서 예배가 한국 기독교인들의 의식과 행동에 미치는 영향은 실로 지대하다고 할 수 있다. 따라서 한국 교회에서 예배는 기독교인을 사회화하는 가장 중심적인 통로라고 할 수 있다.

여기서 우리는 다음과 같은 비판적 문제를 제기할 수 있다. 한국 기독교인들이 지금처럼 외부 사회로부터 비판을 받고 있는 것은 그들의 기독교적 사회화에 문제가 있기 때문이 아닌가? 더 나아가 한국 교회에서 기독교적 사회화의 핵심 통로인 예배에 문제가 있는 것은 아닌가?

돈 샐리어스Don Saliers, 1938~에 따르면 예배와 윤리 행위의 관계는 예배에서 어떤 정서와 덕성이 형성되고 표현되느냐에 따라 다르게 형성될 수 있다고 한다.[10] 예를 들어 예배에서 어떤 기도를 드리느냐에 따라 다른 자기 정체성을 형성할 수 있다는 것이다. 이를 한국 교회에 적용시켜보면 한국 기독교인들은 잘못된 의례적 수행을 통해 개인적이고 기복적이고 정복적인 정서와 덕성을 보유하게 되었다고 결론지을 수 있다.

한국 교회의 경우 만약 예배가 잘못되어 기독교인들이 바람직하지 않은 방향으로 사회화되었다면, 반대로 예배가 변화시킴으로써 다른 정서와 덕성을 형성할 수 있고, 이를 통해 기독교인들의 보다 바람직한 방향으로의 재사회화를 가능케 할 수 있다고 말할 수 있다. 수잔 랭거 방식으로 이야기하면 구성원들이 사회적인 관계를 이전과 다르게 수립해야 할 상황, 곧 재사회화되어야 할 상황에서는 예배와 그 안의 상징들이 변형되어야 하는 것이다. 이렇게 예배에서 다루어지는 상징들은 사회와의 관계에 방향성을 부여해주기 때문에 그 방향성을 달리 설정하고자 할 경우 예배는 갱신될 필요가 있다. 이런 의미에서 갱신된 예배는 재사회화의 통로라고 할 수 있다.

이렇게 보면 예배는 이미 시행된 사회화를 다시 교정하는 기능을 수행할 수 있다. 이런 맥락에서 우리는 예배를 '사회화의 교정 행위'로 규정할 수 있다. 여기서 말하는 교정 행위는 기존의 사회화가 지닌 문제점을 비판적으로 성찰하고 바람직한 의미의 대안적 사회화를 추구하는 시도를 의미한다. 그렇게 보면 교정 행위로서의 예배는 두 단계로 구성된다고 할 수 있다. 곧 기존의 사회화를 해체시키는 단계와 새로운 방향에로의 사회화를 재형성하는 단계가 그것이다.

4. 한국 교회 예배의 문제점

그렇다면 우리는 한국 교회의 사회화 과정에서 무엇을 해체시킬 것인가? 이런 물음에 제대로 답변하기 위해서는 한국 교회가 기독교인들을 어떤 신앙적 콘텐츠를 가지고 사회화시키고 있는지를 밝히는 작업이 요구된다. 한국 교회는 부정적인 측면에서 예배를 통해 다음과 같은 방향으로 기독교인들을 사회화시키고 있다.

첫째, 한국 교회는 예배를 통해 기독교인들로 하여금 신앙을 정신적인 과정으로만 이해하도록 사회화시키고 있다. '믿기만 하면 구원에 이른다'는 신앙적 진술을 강조함으로써 신앙 경험을 정신적 과정과 구술적 고백에 한정하도록 사회화하고 있는 것이다. 흔히 한국 기독교인들은 세속 사회로부터 '말만 잘한다'는 평가를 받고 있다. 이런 사회적 평가는 기독교인들이 말을 잘하도록 사회화되었다는 사실을 함축한다.

동작과학자들Kinesiologist에 따르면 사람들의 행동 패턴은 신경 근육의 움직임에 기반을 두고 있다. 그런데 신경 근육은 그들이 주변 세상을 지각하고 행동하는 방법을 유도한다고 한다. 이것이 이른바 몸 통합somatic integration의 패턴인데 움직임의 질과 뇌의 인식, 그리고 감정적 과정 사이에 어떤 패턴이 있다는 것이다.[11] 이런 견해에 따르면 인간이 외부 상황을 인지하고 행동하는 것은 신경과 근육의 움직임에 기반을 두고 있다고 할 수 있다. 따라서 만일 우리가 어떤 특정한 행동을 하지 않는다면 그것은 신경과 근육에 그런 행동을 하도록 패턴화된 정보가 없기 때문이다. 반면 어떤 특정한 행동을 자주 하게 되는 것은 신경과 근육에 그런 행동이 유형화되어 있기 때문이다.

이런 동작과학자들의 주장은 인간의 몸이 단지 내면을 밖으로 표현하는 것에 그치지 않고 반복적인 행위를 통해 재구성되기까지 한다는 의례학자들의 의견을 과학적으로 뒷받침해준다. 개인이 어떤 몸짓을 반복적으로 행할 경우 그는 자연스럽게 이전에 몸에 배인 형태로 외부 상황에 반응하게 된다는 것이다. 그리고 이런 과정을 통해 '의례화된 몸'이 형성된다는 것이다.

의례화된 몸은 인간으로 하여금 세계나 신과 같은 외부 대상을 인지하고 그것에 대해 행동하도록 유도한다. 이런 맥락에서 캐서린 벨Catherine Bell, 1953~2008은 무릎 꿇는 행위가 신에 대한 인간의 복종 행위를 의미함으로써 인간과 신의 관계 양상을 표현하는 것일 뿐만 아니라 신을 인식하는 의례화된 몸을 생산한다고 주장한다.[12] 즉 몸이 단지 신앙을 표현하는 수단일 뿐만 아니라 신앙의 대상을 인식하는 매체까지 된다는 것이다.

같은 맥락에서 인지철학자 마크 존슨Mark Johnson, 1949~은 신체적 체험에서 형성된 은유적 투사와 이미지를 통해 의미들이 생산된다고 이야기하면서 인간의 인식과 행위에 있어서 신체적 체험의 중요성을 강조하고 있다. 그는 모든 사고의 뿌리가 신체적 활동에 있기 때문에 복잡하고 추상적인 사고는 신체적 활동을 토대로 하는 은유적 확장을 통해서 형성된다고 주장한다.[13] 따라서 신체적 활동에 근거하지 않은 이해와 사고는 의미를 생산하지 못하게 된다는 것이다.

이런 학문적 연구 성과에 근거해서 한국 기독교인들을 향해 가해지는 '말만 잘하고 실천에 약하다'는 세간의 비판을 분석해보면 다음과 같은 결과가 도출될 수 있다. 곧 한국 기독교인들의 신앙은 머릿속에만 저장되어 있지 몸에 깊이 체화되지 않아서 실천으로 옮겨지지 못하고 있다는 분석 결과가 그것이다. 바꾸어 말하면 우리의 몸, 즉 신경과 근육이 주변 세상과 환경을 인지하고 그것에 대해 행동하도록 사회화되지 못하였다고 할 수 있다.

이렇게 된 것은 한국 교회 예배의 설교 중심주의가 그 근본 원인으로 작용하기 때문이다. 한국 교회 예배에서 일어나는 신앙적 커뮤니케이션은 상당히 개념적이다. 그래서 신앙적 경험이란 것이 '이해'하는 수준에만 머물게 된 것이다. 곧 개념이 신앙 경험의 통로가 된 것이다. 종교 개혁자들이 주장하였던 '이해될 수 있는 예배의 개념das Konzept eines verstandlichen Gottesdienstes'[14])이 한국 교회 예배에도 그대로 관철되고 있다고 하겠다.

물론 이처럼 예배를 통해 그리스도의 복음을 명확히 알고자 하는 노력은 개신교 신앙의 기초 가운데 하나임에 분명하다. 그러나 이런 개념주의적 신앙에 과도하게 집착하는 것은 위험하다. 왜냐하면 개념주의적 신앙은 '예배의 정신화'를 초래할 수 있기 때문이다. 예배의 정신화로 인해 한국 교회 예배를 구성하는 모든 행위는 구술적인 것으로 대체되었고, 그 결과 육체적인 것은 모두 배제되어 버렸다.* 이전에 종교적 경험의 중요한 통로였던 육체와 그것과 관련된 경험들이 한국 교회 예배에서는 말, 특히 설교로 대체되었던 것이다. 이로 인해 한국 교회 구성원들은 '말만 잘하는 신앙인'으로 사회화되었고, 그래서 몸으로 세상과 환경을 인지하고 자체의 종교적 에토스를 실천에 옮기는 데 익숙하지 않게 된 것이다.

둘째, 한국 교회는 기독교인들로 하여금 자신의 신앙을 외부 지향적이고 발산적으로 표현하도록 사회화시키고 있다. 개신교에서 가톨릭교로 개종한 이들은 한국 개신교가 전체적으로 감정을 표출하는 것을 중시한다고 이야기한다. 그들은 한국 개신교를 '표현의 종교'라고 규정하면서 한국 개신교인들이 자신의 영적

---

* 풀버트 슈터펜스키는 이러한 개신교의 예배를 영적인 문맹주의에 빠진 예배라고 비판한다. 이에 관해서는 F. Steffensky, *Feier des Lebens, Spiritualität im Alltag*, (Stuttgart: Kreuz Verlag, 1984), 81쪽을 참조할 것. 한편 칼하인츠 비어리츠는 이러한 현상에 대해 예배의 구술 언어주의 혹은 구술 언어 과적재 현상 등으로 비판한다. 이에 관해서는 K.-H. Bieritz, *Dass das Wort im Schwange gehe. Reformatorischer Gottesdienst als Ueberlieferungs- und Zeichenprozess*, in: JLH, Bd, 29, 1985, 90~103쪽 참조.

인 상태를 밖으로 표출하는 데 관심을 갖는다고 본다. 자기 내면의 모습을 성찰하고 성서의 가르침을 묵상하기보다는 빠른 박자의 찬양을 부르며 자신의 신앙을 외적으로 표출하기에 바쁘다는 것이다.[15] 이러한 평가는 한국 개신교인들이 극성맞고, 시끄럽고, 도전적이라는 비판에서 극에 달한다.[16]

한국 기독교인들이 이렇게 된 것은 그들이 자신의 신앙을 외부 지향적이고 발산적으로 표현하도록 사회화되었기 때문이다. 이런 사실은 한국 교회 예배에서 빈번하게 사용되는 '통성 기도', '주여 삼창', '아멘과 할렐루야 화답' 등에서 확인될 수 있다. 통성 기도는 주변사람들을 의식하거나 배려하기보다는 자신의 내면에 있는 소망이나 관심을 말로 토해내는 방식을 취하고 있다. 예배 중에 통성 기도가 행해질 경우 신앙인들은 다른 사람의 기도 소리와 혼재되지 않도록 더 큰 소리로 기도하면서 자신의 기도 소리에 집중하려고 한다.

하나님을 크게 세 번 부르짖는 주여 삼창의 형식도 한국 기독교인들의 신앙을 외부 지향적이고 발산적으로 표출하게 하는 사회화의 도구가 되고 있다. 또한 아멘과 할렐루야 화답의 경우 예배 집례자나 설교자가 흔히 "사람이 마음으로 믿어 의에 이르고 입으로 시인하여 구원에 이르느니라"는 로마서 10장 10절에 근거해서 예배 참여자들로 하여금 크고 분명하게 응답할 것을 강요함으로써 자신의 신앙을 외부적으로 표현하도록 사회화하고 있다.

셋째, 한국 교회는 기독교인들로 하여금 사회 문제에 무관심하도록 사회화시키고 있다. 한국 기독교가 사회적 공신력을 상실하게 된 데에는 여러 가지 이유가 존재하나 그 가운데 결정적인 것은 한국 기독교가 전반적으로 기복적인 형태의 신앙을 유포하고 있다는 점이다.[16] 한국 교회는 구성원들로 하여금 기복적이고 개인적인 신앙을 지니도록 사회화시킴으로써 사회 문제나 공동체 문제에 관심이 없는 신앙인들을 양산하고 있다.

그런데 이런 현상은 한국 교회 예배에서 신앙인들로 하여금 세상의 현실에 직면하지 못하도록 하는 기도가 드려진다는 사실과 연관이 있다. 담임 목사에 의해서 수행되는 목회 기도나 교회의 원로에 의해 수행되는 대표 기도는 신앙인들의 축복이나 교회 공동체 내부의 필요에 대한 간청을 그 주된 내용으로 하고 있기 때문에 예배 참여자들은 이런 기도의 집례자들을 모범으로 기복적이고 개인적인 기도를 반복하기 쉽다. 그 결과 기독교인으로서의 자신을 사회 문제와 전혀 무관한 존재로 인식하도록 사회화되는 경향을 보인다.

그러나 본래 기독교에서 말하는 영성은 개인적인 수준에 머무는 것이 아니라 공동체적이고 사회적인 수준에서 발현되는 것이다. 그럼에도 한국 기독교는 영성이 지닌 공공성 혹은 공적인 차원을 배제시킴으로써 사사화私事化되고 개인주의화된 신앙을 형성해왔던 것이다. 이는 예배나 기도를 통해 기독교인들에게 사회에 반하는 내면적 경건을 훈련시킨 결과라고 할 수 있다.

넷째, 한국 교회는 기독교인들로 하여금 외부 세계에 대해 정복적이고 호전적인 태도를 취하도록 사회화시키고 있다.[18] 한국 교회 예배의 경우 기도, 찬송, 설교 등에서 호전적인 메타포들이 빈번하게 사용되고 있다. 특히 이런 경향은 해외 선교의 현장에서 두드러진다. 이런 정복주의적 태도 때문에 한국 기독교는 피선교국의 지배 엘리트나 전통 종교 세력으로부터 경계의 대상이 되고 있다. 물론 한국 사회 내에서도 이런 정복적이고 호전적인 태도는 그대로 관철되고 있다.

그런데 이러한 정복적이고 호전적인 이미지는 한국 기독교 전체에 해당되는 것일 뿐만 아니라 한국 기독교인의 개인적 심성에도 그대로 내면화되어 있다. 이는 '땅 밟기', '영적 전쟁' 등의 호전적이고 정복적인 메타포의 사용이 기도, 찬송, 설교 등에서 빈번하게 반복되기 때문에 개개의 한국 기독교인들이 그렇게 사회화된 것이다.

인지과학자 조지 레이코프George Lakoff, 1941~와 마크 존슨에 따르면 정작 중요한 것은 어떤 은유가 참 또는 거짓인가가 아니라 그 은유로부터 비롯되는 지각, 사고 그리고 추론이 어떤 행위를 추동하는가 하는 것이다. 우리는 삶의 모든 영역에서 은유에 근거해서 실재를 규정하고 행동으로 나아간다고 한다. 다시 말해서 우리는 의식적이든 무의식적이든 은유를 통해 우리의 경험을 구성하는 방식을 주조하면서 추론을 하고, 목표를 세우고, 언약을 하고, 계획을 실행한다는 것이다.[19]

이런 이론적 맥락에서 보면 "마귀들과 싸울지라, 죄악 범한 형제여", "십자가 군병들아, 주 위해 일어나" 등의 찬송을 부르는 예배 참여자들은 이러한 메타포를 통해 자신도 모르게 자신과 세상을 인지하는 틀을 얻고 그 틀에 근거해서 행동하게 된다. 즉 자신을 마귀와 싸워야 할 십자가 군병이며 세상으로 나가서 싸워야 할 전투적 존재로 이해하면서 행동의 방향을 설정하는 것이다. 이때 정복이나 적대의 주된 대상은 세속 사회와 문화, 그리고 기독교를 믿지 않는 사람들이다.

5. 예배 갱신의 방향

그렇다면 이렇게 건강하지 못하게 사회화된 한국 기독교인들을 어떤 방향으로 재사회화시킬 것인가? 이에 대한 답변은 다음과 같이 정리될 수 있다.

첫째, 한국 교회는 몸 수행에 관심을 기울여야 한다. 신앙을 몸으로 익히고 신앙 고백을 몸으로 하기 위해서는 예배에서 몸을 빈번하게 사용하면서 기독교적 가치를 몸에 배게 해야 한다. 앞서 언급한 바와 같이 여러 번 반복되어 패턴화된 신경 근육은 개인의 의식과 행위를 지배한다. 나아가 그것은 인간 태도의 내재화된 패턴을 만들어낸다. 이에 한국 교회는 기독교적 신앙과 가치를 신경과 근육에 저장하려고 반복적으로 시도하면서 머릿속으로만 인정하고 입으로만 고백하는 신앙을 극복함으로써 행동하고 실천하는 신앙을 갖도록 기독교인들을 사회화시켜야 한다.

예배학적인 관점에서 보면 패턴화된 신경 근육은 예배에서 종교적 에너지와 힘을 제공받는 매체로 기능한다. 그런데 이러한 에너지들은 인간의 몸으로 하여금 운동 감각적으로 하나님을 알도록 해준다. 바로 이런 신앙이 몸으로 체현된 신앙이다.[20] 동작과학자들과 마크 존슨이나 조지 레이코프와 같은 인지과학자들의 주장에 따르면 사람들이 종교적 의미를 만드는 과정은 신체적 경험에 근거하고 있다고 한다. 즉 신앙적으로 의미 있는 일은 단지 머리 안에서만 일어나는 것이 아니라 신체적 경험을 통해 몸에까지 배는 것이라는 주장이다. 이런 의미에서 그들은 체현되지 않은 마음 혹은 신체화되지 않은 마음은 존재하지 않는다고 단언한다

단순히 음성적인 요소만을 사용하는 예배, 또는 신체적 경험을 가능하게 하는 음악, 상징, 몸짓, 장소 등이 지닌 중요성을 고려하지 않는 예배는, 예배 참여자가 하나님께 총체적으로 응답하는 방식을 무시하는 예배가 된다. 그 결과 그런 예배는 예배 참여자로 하여금 신앙적 진리와 정직하게 대면하도록 하는 일에 실패하게 된다.

특히 성례전에의 참여는 신앙인들로 하여금 예배를 통해서 신앙의 통전적인 이해와 인식을 가능하게 한다. 상징적 행위들로 이루어진 성례전은 신체적 경험을 통해 신앙적 커뮤니케이션을 가능하게 하고, 이런 성례전의 반복 수행은 기독교인으로서의 태도를 신경과 근육에 내면화하게 된다. 그리고 이런 숨겨진 언어에 참여하는 것은 인간의 말이 하나님의 살아 있는 말씀이 되도록 하고 표징들이

살아 생동하는 상징이 되도록 하는 데 근본적인 조건을 이룬다고 할 수 있다.[21]

둘째, 한국 교회는 침묵 수행을 예배에 도입해야 한다. 침묵은 외부 지향적이고 발산적인 한국 교회 구성원들의 신앙 표현을 내면적이고 성찰적으로 교정할 수 있는 좋은 기회를 제공할 수 있다. 현대 예배학에서 침묵은 예배의 한 요소로서 매우 중요하게 다루어지고 있다. 말과 말 사이에 존재하는 침묵은 소리만큼이나 중요하다. 왜냐하면 말과 아울러 이러한 침묵을 통해 청각적인 이미지들이 형성되기 때문이다.

침묵은 성서에 제시된 교회 공동체의 기억을 나눌 수 있는 분위기를 조성해준다.[22] 또한 어디를 가든지 소리들로부터 계속 공격을 받는 오늘의 문화 속에서 우리가 고요함에 이르도록 인도해준다.[23] 나아가 침묵은 인간의 격한 내부적인 정서들을 그대로 발산하지 않도록 완충 작용을 한다. 이런 맥락에서 막스 피카르트 Max Picard, 1965~는 다음과 같은 주장을 내세운다.

> "침묵의 실체가 자신의 내부에서 활동하고 있는 인간이라면, 그의 모든 움직임은 그 자신의 침묵에 의해서 지배된다. 그래서 그의 움직임은 완만하다. 그의 움직임들은 서로 격하게 충동하지 않는다. 그의 움직임들은 침묵에 실려 다닌다. 그 운동들은 침묵의 파동일 뿐이다."[24]

한편 침묵은 반대되는 것들이 공존할 수 있게 해준다. 따라서 침묵 수행은 다른 이들에 대한 배타적인 사고나 태도를 교정할 수 있는 유용한 도구가 된다. "침묵하는 실체가 서로 대립되는 것들 중간에 존재하면서, 그것들이 서로에게 공격적이 되지 않도록 작용한다. 한쪽이 다른 한쪽에 닿으려면 그 드넓고 유화적인 침묵의 평면을 넘어가야만 한다. 그렇게 서로 대립되는 것들 사이에서 침묵하는 실체가 중재를 한다."[25]

침묵에는 명상적인 침묵과 열정적인 경청의 침묵이 있다. 명상적인 침묵을 통해서 사람들은 신성함을 발견하고 그 신성한 이미지 속에서 창조된 그들 자신을 발견하고 하나님의 지혜, 진리 그리고 힘을 그들 자신의 것으로 사용할 수 있게 된다. 반면 열정적인 경청의 침묵을 통해서 사람들은 타인의 목소리에 사랑과 정렬을 가지고 귀를 기울이게 된다.[26] 즉 침묵은 자기 자신의 내면을 강화하고 동시에 다른 이들을 경청할 수 있는 개방성으로 인도하는 길이 되는 것이다.

세계 교회의 일치 운동에 많은 기여를 한 바 있는 테제 공동체의 예배도 침묵을 예배의 본질적인 요소로 인식하면서 예배에서 침묵을 실행하고 있다. 그들의 '공동생활 규칙서'에 의하면 인간이 내면의 평화를 유지하고 예수 그리스도와 대화하기 위해서는 침묵이 절실히 요구된다고 한다.

"내적 침묵은 우선 자신의 망각을 요구하나니, 그것은 항상 용서받기 때문에 결코 실망하지 않는 인간이 끊임없이 재출발하는 데 있어서 불협화음과 끈질긴 근심을 가라앉히기 위해서이다. 내적 침묵은 예수 그리스도와의 대화를 가능하게 한다."[27]

침묵의 수행은 한국 기독교인들을 바람직한 방향에서 재사회화시키는 중요한 과정이 될 것이다. 침묵은 자신의 내부를 밖으로 분출하고 발산하는 외부 지향적 신앙 표현을 교정할 수 있으며 타인의 목소리에 귀를 기울이면서 자신의 배타적인 태도를 성찰할 수 있도록 인도한다. 이처럼 침묵은 추상적이고 타계적인 것이 아니라 자신과 타인의 삶 속에 구체적으로 역사하시는 하나님의 현존을 깨닫게 만들어주는 것이다.

셋째, 한국 교회는 중보 기도의 순서를 예배에 포함해야 한다. 중보 기도는 예배 참여자로 하여금 사회적 현실을 자각하고 연대 의식을 키울 수 있도록 해줄 것이다. 예배에서 마주 대하는 인간 세계의 현실은 개인적인 것이 아니다. 또한 엄밀하게 말하면 예배에서 하나님과 만나는 주체도 개인이 아니다. 예배는 철저하게 공동체적이다. 그런데 여기서 공동체란 개교회의 공동체만을 의미하는 것은 아니다. 좁게는 전 세계의 신자들이며, 넓게는 하나님의 피조물로서의 인류 공동체를 뜻하는 것이다.

예배에서 드려지는 기도가 개인적이고 교회적인 영역에만 한정되어서는 곤란하다. 따라서 한국 교회는 예배를 구성함에 있어서 중보 기도의 시간을 마련해야 한다. 중보 기도를 통해서 나 자신 및 가족, 그리고 교회의 안녕과 번영에만 초점을 맞추고 있는 기존의 기도 행태를 극복할 수 있다. 그러면서 예배 참여자는 세계의 현실에까지 자신의 관심을 확대시킬 수 있다.[28]

신학적으로 중보 기도는 그리스도가 사람들 가운데서 그들과 함께 그들을 위해 기도하신다는 사실에 근거해 있다. 이처럼 중보 기도는 하나님이 고통 받고 있는 인간들과 자신을 동일시한다는 사실을 선언한다. 여기서 예배 참여자는 중보자 그리스도와 함께 기도하는 사람으로서 자신의 정체성을 형성한다. 따라서 다른 이들을 위한 기도가 없는 예배에서는 기독교인들이 세상에서 하나님의 일을 수행하면서 성화되어가는 길을 발견하기 어렵다.

중보 기도에서 예배 참여자가 사회적 현실을 마주 대하게 되는 것은 다음의 세 가지 함의를 지닌다. 먼저 중보 기도에서 우리는 다른 이들과 더불어 다른 이들을 위하여 기도하는 우리 스스로의 차원과 만난다.[29] 다른 이들을 위한 기도는 우리가 다른 이들과의 관계에서 과연 자신이 누구인지에 대한 이해를 요구하기 때문이다. 이처럼 중보 기도에서 신앙인은 사회 공동체를 구성하고 있는 지체로서 자신의 위상을 깨달을 수 있다.

그런 다음에야 비로소 우리는 중보 기도에서 기도하는 이들과의 연대를 위해서 무엇을 간구해야 하는지를 알 수 있게 된다.[30] 빈곤의 극복, 평화의 조성, 차별의 시정, 부정의의 제거, 정치적 억압으로부터의 해방, 창조 세계의 보전 등이 간구의 주된 내용을 이루게 된다. 우리는 하나님께 이런 문제들을 아뢰면서 다른 이들의 처지를 공감할 수 있는 태도를 지니게 된다.

마지막으로 우리는 중보 기도에서 하나님께 세상의 문제들을 언급하면서 자신의 도덕적 지향성을 획득한다. 중보 기도는 우리로 하여금 하나님의 사랑이 추구하는 방향을 지향하도록 신앙적으로 자극한다.[31] 이런 신앙적 자극에 제대로 응답하기 위해 우리는 자아와 교회의 울타리를 떠나고자 노력해야 한다.[32] 이런 노력을 통해 예배 참여자들은 하나님께 진정으로 무엇을 구해야 하는지를 배울 수 있다. 이렇게 한국 기독교인들은 중보 기도를 통하여 기복적이고 개교회 중심적인 신앙에서 벗어나 사회적인 신앙을 소유할 수 있게 될 것이다.

넷째, 한국 교회는 기존의 부정적인 메타포들을 제거해야 한다. 앞에서 지적한 바와 같이 한국 기독교인들이 정복적이고 호전적이라는 평가는 우리가 어떠한 메타포를 사용하도록 사회화되었는가와 깊은 관련을 맺고 있다. 행동 및 태도와 메타포가 실제로 깊은 연관 관계에 있다는 사실은 인지과학과 인류학에서 이미 밝혀진 내용이다. 그러므로 행동과 태도의 교정을 위해서는 그 행동과 태도를 가능하게 하는 메타포의 변화가 선행되어야 한다.

문화인류학자 제임스 페르난데즈James W. Fernandez에 따르면 은유적 확언과 수행적 결과 사이에 밀접한 관련성이 존재한다고 한다. 은유적 언명들은 사람들 사이의 동질성identities을 형성하는데 이런 동질성은 사람들이 자신의 임무를 어떻게 바라보는지, 그리고 자신이 세상에서 무엇을 해야 하는지를 결정해준다는 것

이다.[33]

이런 문화인류학적 견해를 예배에 적용해보면 예배를 통해 형성되는 은유적 정체성들은 예배 참여자들로 하여금 하나님이 누구인지, 그리고 어떻게 하나님의 현존이 그들의 삶에 영향을 미치는지를 이해하고 표현하는 데 도움을 준다는 주장이 가능하다. 더 나아가 예배 참여자들은 이 은유를 통해 자신들이 이해한 대로 세상에서 행동하게 된다고 할 수 있다.

이런 맥락에서 한국 기독교인들의 호전성과 전투성을 극복하기 위해서는 그와 관련된 메타포를 제거하고 다른 것으로 바꾸어야 한다. 이를 위해 예배에서 부르는 찬송, 기도, 설교 등에서 신앙인들을 하나님의 군대로 이해하고 악마와 싸우는 존재로 표현하는 메타포의 사용을 자제할 필요가 있다. 대신 온유하고 겸손하고 평화적인 메타포를 채택하여 은유적 정체성을 형성해야 한다. 이런 새로운 정체성을 통해 한국 기독교인들의 태도를 관용적이고 화해 지향적인 것으로 재사회화시켜야 할 것이다.

6. 나오는 말

지금까지 우리는 예배가 신앙인의 사회화와 재사회화의 중요한 통로가 된다는 전제 아래 현재 한국 교회의 사회화 현황을 분석하면서 문제점들을 정리해보았다. 그런 다음 이런 사회화 과정을 해체하고 재사회화시킬 때 추구해야 할 방향성을 설정해보았다.

필자는 몇 해 전 '교회의 날' 행사에서 안티기독교 단체들의 질문에 대해 답변하는 자리에 초대된 적이 있다. 그때 한 안티기독교 단체로부터 '한국 기독교의 행태와 한국 기독교인들의 무례한 태도를 보면 애초에 기독교의 가르침 자체가 잘못된 것이 아니냐'는 매우 도발적인 질문을 받고 당황한 경험이 있다. 이런 비판적 문제 제기에서도 확인될 수 있듯이 전체 한국 사회에서 기독교인 각자가 보여주는 행위와 태도는 상당한 비중을 가진다. 따라서 한국 교회가 현재의 위기 상황에서 벗어나기 위해서는 무엇보다도 예배 갱신을 매개로 한 재사회화를 통해 한국 기독교인들의 태도를 교정해야 할 것이다.

그런데 문제는 한국 교회의 목회자들이 대안적 신앙 콘텐츠를 가지고 신도들을 재사회화할 필요성을 느끼는가 하는 데 있다. 지금의 교회적 조건이나 상황을 놓고 볼 때 대형 교회의 목회자들은 재사회화의 필요성을 그리 크게 느끼지 않을 것이다. 반면 중소형 교회의 목회자들은 기존의 사회화 과정을 통해 신도 수 확보나 예산 증가와 같은 실질적인 혜택을 보지 못하였기 때문에 재사회화를 선호할 가능성이 높다.

그렇다면 한국 교회에서 재사회화 혹은 예배 갱신의 주도 세력이 누구인지는 분명해진다. 곧 중소형 교회의 목회자 및 신도들, 그리고 대안적 목회를 계획하고 있는 예비 목회자들이 앞으로 한국 교회의 예배 갱신을 추진할 중심적 주체이다. 교회 현장에 관심을 가진 우리 실천신학자들, 특히 예배학자들이 특별히 연대하고 지원해야 할 그룹이 바로 이들인 것이다. 이런 현장과 신학의 연대성을 통해 한국 교회의 예배를 갱신함으로써 한국 기독교인들의 재사회화를 실현하는 것이 한국 실천신학의 가장 중요한 임무 중 하나일 것이다.

10장
청년 예배

1. 들어가는 말

한국 교회가 위기에 처해 있다는 담론이 확산되고 있다. 이런 가운데 개교회들은 예배 갱신이 위기 극복에 도움이 될 수 있다는 확신을 가지면서 새로운 형식의 예배를 도입하고 있다. 요즘 유행하는 '청년 예배'가 그 대표적 사례이다.

근자에 들어 한국 교회의 신도 수는 뚜렷한 감소 추세를 보이고 있다. 특히 청년층이 교회 출석을 멀리하고 있다.[1] 이에 대형 교회들은 청년층의 취향에 맞는 예배를 개발하기 위해 진력하고 있다. 대부분의 대형 교회들은 '열린 예배'를 변형하여 청년층을 대상으로 한 예배를 주일 오후에 행하고 있다. 또는 청년만을 위한 공동체로 따로 모이도록 청년 교회를 설립하여 분가시키기도 한다. 이러한 청년 교회에서도 '청년 예배'가 행해지는 것은 물론이다.

오늘 우리 사회에서 청년층은 고달픈 세대이다. 그들은 88만 원 세대, 높은 실업률, 높은 자살률 등으로 특징지어진다. 이런 사실을 염두에 두면 한국 교회가 청년 예배를 통해 청년층을 껴안으려고 한다는 것은 그 시도만으로도 긍정적인 평가를 받을 수 있다. 그럼에도 청년 예배도 교회 안에서 드려지는 예배인 만큼 예배가 갖추어야 할 최소한의 조건들을 구비하고 있는지 검토해볼 필요가 있다.

예배는 공동체가 하나님을 만나는 사건이다. 하나님의 부르심에 응답하여 그분을 만나서 경배하고, 송축하고, 말씀을 받고, 응답하며, 성찬으로 은혜를 경험하며 새 힘을 얻어 세상으로 파송받는 사건이다. 그리스도인은 이 예배를 통하여 삶의 한 의미 있는 순간을 경험하고, 총체적 변화 가능성의 충천함을 경험한다. 예배에서 하나님을 만나는 사건은 객관적으로 개인과 공동체의 의식 변화나 의식의 변화로 인한 삶의 총체적인 변환transformation으로 표현될 수 있다. 이러한 삶의 총체적인 변환이 일어나게 될 때 예배는 단지 허례허식이 아니라 삶으로 완성되는 예배일 수 있을 것이다.

그런데 과연 청년 예배는 청년들로 하여금 삶의 진정성을 실현하도록 돕고 있는가? 청년 예배가 청년들로 하여금 예배 경험을 통해 자신들이 직면한 삶의 구체적 문제들을 직시하도록 자극하고, 그것들에 관한 비판적 사고를 시도하도록 도와주고, 그것들을 극복하기 위한 의지를 강화시키도록 지원해주고 있는가?

이 장에서는 이런 문제의식을 가지고 청년 예배 현상에 비판적으로 접근해볼 것이다. 이를 위해 구체적으로 청년 예배의 배경, 신학적 자리, 특징, 문제점을 살펴보고 해결의 방향성을 모색해보려고 한다.

2. 청년 예배의 배경: 열린 예배

'청년 예배'의 형성 배경은 1990년대 중반 이후 대형 교회를 중심으로 시작되어 산골 교회에까지 확산된 '열린 예배'이다. 7장에서 서술한 바와 같이 열린 예배는 미국의 윌로우크릭 교회를 비롯한 몇 개의 교회들이 불신자들로 하여금 심적 부담 없이 교회의 문턱을 넘을 수 있게 하도록 고안된 구도자 예배에서 유래한다. 그런데 열린 예배의 유래가 미국의 구도자 예배에 있다고 하더라도 한국 사회에 도입되어 자리를 잡게 된 데에는 우리 사회의 특수한 사회 문화적 분위기가 크게 영향을 미쳤다.

1990년대 이후 우리 사회에서는 사회 체제나 정치 이데올로기를 문제 삼는 거대 담론보다는 여성, 환경, 문화 등 미시 담론이, 정치와 경제 문제보다는 문화 문제가 선호되어 왔다. 또한 민주화가 급속도로 진행되어 정치 부문에서뿐만 아니라 사회의 각 부문에서 민주화의 성과물이 나오고 있다.

그 결과 민주화 이후의 세대는 이전의 세대와 여러 면에서 차이를 보이며, 심지어는 대립적인 경향까지 드러내고 있다. 민주화 이후의 젊은 세대는 이전 세대와는 달리 감성에 의해 지배받고, 직접적 체험에 의한 학습을 선호하고, 탈정치적이고, 문화에 대한 관심이 높다. 열린 예배는 한국 교회가 이런 사회 문화적 변동에 대해 대응하는 과정에서 형성된 것으로 판단된다.

종합해보면 열린 예배 현상은 신도 수가 감소하는 교회 내부적 위기 상황과 아울러 민주화로 인한 사회 문화적 변화라는 교회 외부적 위기 상황을 타개하기 위한 예배 갱신의 결과물이라고 할 수 있다. 문화인류학자 빅터 터너는 사회 변화에 따라 어떤 공동체가 위기 상황을 맞게 될 때 그것의 확산을 방지하기 위해 그 공동체의 지도자 또는 대표적 구성원이 일련의 교정 행위를 수행한다고 주장한다.[2] 그런데 이런 교정 행위는 다양하게 발생할 수 있다고 한다. 예를 들면 공식적인 법률적 조처가 교정 행동으로 발현될 수 있고, 비공식적이고 개인적인 차원에서의 중개나 조언도 교정 행동이 될 수 있다는 것이다. 터너에 따르면 공식적 차원에서 행해지는 의례는 전형적인 교정 행위로서의 기능을 수행하는데 이때 교정 행위는 자기 성찰적이고 리미널한 경향을 지닌다.[3]

터너의 관점에서 보면 열린 예배는 민주화를 비롯한 사회 문화의 변화에 대응하는 교회의 교정 행위로 발생한 현상이다. 다시 말해서 그것은 외부 사회에 절차적 민주주의가 실현되면서 사회 구성원들이 전반적으로 계층적 위계질서가 확고한 권위적인 사회로부터 탈피하려는 움직임을 보이면서 발생한 일종의 위기에 대응한 교정 행위인 것이다.

교정 행위로서의 열린 예배는 다음과 같은 특징들을 지닌다.[4] 첫째, 열린 예배는 그 형태에서 전통적 예배와 판이하게 다르다. 열린 예배는 예전서에 따른 고정적 형식을 지니기보다는 자유롭게 예배 순서를 나열하고 있다. 찬송, 기도, 말씀을 기본 구조로 하되 드라마와 인터뷰를 삽입하고 전통적 예배에서 볼 수 없었던 예배의 요소들을 새로이 개발하여 예배를 구성하고 있다.[5]

열린 예배가 전통적 예배의 고정된 형식을 탈피하려는 것은, 기존 예배의 경우 엄숙한 분위기가 지배적이고, 말이 통제되고, 행동 표현이 극히 절제되고, 감정 조절로 인해 생동감을 잃어버리기 때문이다. 그런데 이런 모든 문제는 근본적으로 고정된 순서에서 비롯된다는 것이다.[6] 따라서 예배가 생동감을 회복하기 위해서 새로운 형태가 필요하다는 것이다.

둘째, 열린 예배는 예배의 축제성을 회복하는 것을 목표로 한다. 예배는 부활의 기쁨을 나누는 공동체가 누리는 축제인데 기존의 예배는 너무 근엄하게 드려지기 때문에 부활의 축제라는 본질을 상실하고 있다는 것이다. 따라서 예배가 지닌 축제의 의미를 회복해야 한다는 것이다. 따라서 열린 예배에서는 축제의 의미를 회복하고자 축제적 분위기를 북돋울 수 있는 예배 공간을 준비하고 그에 걸맞은 예배 음악을 사용한다. 예배 음악의 사용에서도 탈전통적 경향이 두드러지는데 이전의 예배에서 사용되지 않았던 현대적 악기를 사용하는 경우가 대부분이다.[7] 기타, 신디사이저, 드럼 등의 대중음악 악기가 선호된다.

셋째, 열린 예배는 평신도의 참여를 독려한다. 전통적 의미의 성가대의 역할은 없어지거나 축소되고 찬양 그룹이 예배의 모든 음악을 이끌어간다. 찬양 그룹은 예배 인도자나 설교자에 버금가는 중요한 역할을 담당하고 있다. 평신도로 이루어진 찬양 그룹의 비중이 커진 것은 예배 인도에서 평신도의 참여율이 높아진 것으로 볼 수 있다.[8] 또한 열린 예배에서는 예배에 참여하는 평신도의 적극적 참여를 권장하는 의미에서 예배 중 예배 참여자 개인의 신앙을 표현하도록 권장하는 순서가 들어있다. 평신도의 적극적 참여를 특징으로 하는 열린 예배는 예배당의 구조까지도 바꾸어 놓았다. 높고 접근이 불가능하던 강단은 마치 연극 무대처럼 낮고 넓어졌다. 기존 예배의 경우 오직 성직자만이 강단에 올라갈 수 있었으나 이제는 여러 신도들이 한꺼번에 강단에 올라가 드라마, 촌극, 각종 발표회 등이 빈번하게 행해지고 있다.[8]

넷째, 열린 예배는 다양한 매체를 사용한다. 전통적 예배에서는 설교를 통해 말씀이 전달되는 데 비해 열린 예배에서는 영상 매체, 연극, 상징물 등을 통해 메시지가 다양하게 전달된다. 열린 예배 주창자들에 따르면 어린이 책일수록 그림이 많듯 열린 예배에서도 불신자들을 위해서 그림, 드라마, 영상 등을 많이 준비한다. 또한 열린 예배는 성서에서 모세의 떨기나무, 오병이어 등 구체적인 사물을 통해 하나님의 말씀이 계시되었다는 점에 근거해서 무엇인가를 보여줌으로써 말씀의 쉬운 이해를 도모하려고 한다.[10] 여기에 대형 스크린이 필수적인 예배의 요소로 등장하는 경우가 대부분이다.

다섯째, 열린 예배는 예배에서 일상성을 회복하려고 한다. 열린 예배는 인간의 구체적 삶과의 관련성을 예배에서 드러내려고 한다. 기존 예배는 일상과의 단절이 확고하게 실시됨으로써 예배 안에서 전혀 다른 현실이 경험되고, 그래서 예배자들의 일상적 삶과 유리되기 쉽다. 반면 열린 예배는 예배자들의 삶의 상황을 구체적으로 서술하거나 일상에서 사용하는 언어와 표현을 그대로 사용한다. 그럼으로써 열린 예배는 일상적 삶과의 긴밀한 연관성을 추구한다.

이처럼 열린 예배는 탈전통적, 축제적, 참여적 예배를 추구하고 다양한 매체를 사용하면서 일상성을 회복하려는 새로운 형태의 예배로서 대중적 취향의 문화적 요소들을 적극 수용하면서 예배당의 문턱을 낮춘 예배라고 정의될 수 있다. 바로 이런 열린 예배가 현재 한국 교회에서 유행하는 청년 예배의 형성 배경으로 작용하고 있는 것이다.

3. 청년 예배의 신학적 자리 : 문화화

'청년 예배'는 현대 대중문화라는 특정한 문화적 외피를 입은 채 청년 세대라는 특정 연령층을 대상으로 실행되는 예배이다. 신학적 관점에서 보면 청년 예배는 복음의 문화화inculturation라는 문제에 대한 한 의미 있는 답변으로 간주될 수 있다.

첫 장에서 밝혔듯이 문화화는 복음에 대한 그리스도인들의 성찰이 그들의 고유한 시간적, 공간적 환경 안에서 이루어져야 함을 강조한다. 이런 의미에서 문화화는 그리스도교 신앙의 내용이 역사적으로 생성된 문화 및 세계관의 가치, 표현, 기호 체계와 지리적으로 한정된 공간 안에서 만나는 시도로 정의될 수 있다.[11]

지금까지 진행된 그리스도교의 문화화에 관한 논의는 역사적으로 세 가지 단계로 나뉠 수 있다.[12] 첫째는 솟아오르는 서구 문화에서의 문화화의 단계이다. 그리스도교 예배는 본래 유대교 의례를 재해석함으로써 기초를 형성한 다음 그리스 세계에서 문화화되는데 이 단계가 그리스도교 문화화의 첫 단계이다. 둘째는 서구 그리스도교가 다른 문화, 즉 비서구 문화와 만나는 단계이다. 이 만남은 서구 그리스도교가 비서구 세계로 퍼져나감으로써 이루어진 것인데 여기서는 선교 역사에서 제기된 문화화의 문제가 거론되었다. 셋째는 그리스도교가 현대 대중문화와 접촉하는 단계이다. 여기서는 그리스도교와 문화의 관계 규정이 논의의 핵심을 이룬다.

예배는 그리스도교와 문화 사이에 서 있는 그리스도교 공동체의 주된 모임이다. 그렇기 때문에 예배는 문화화라는 주제와 피할 수 없는 관련성을 지닌다. 또한 예배는 신앙 경험의 실천적 차원의 표현 양식, 곧 신앙 경험을 행위를 통해 표현하는 방식이기 때문에 그것은 신앙 공동체가 무엇을 지향하는지를 드러낸다.

이런 맥락에서 그리스도교의 문화화를 가늠하는 척도는 예배이고 문화화의 주장은 예배의 문화화로 귀결된다는 결론이 도출된다.

한국 신학의 경우 문화화에 관한 논의는 두 번째 단계와 세 번째 단계의 논의를 포함한다. 한국 개신교는 1980년대 후반부터 예배의 한국화 논의를 심도 있게 진행하기 시작하였다. 이런 움직임은 한편으로 1970년대부터 전개된 문화적 민족 정체성을 회복하고자 하는 청년층의 민족 문화 운동을 사회적 배경으로, 다른 한편으로 1960년대부터 지속되어온 신학의 토착화와 상황화의 경향을 신학적 배경으로 한다.

신학적 논의와 더불어 많은 실험 예배들이 교회 청년층의 주도 아래 구성되었다. 하지만 그리스도교의 가장 중심 되는 모임인 주일 오전 예배가 한국 문화적 요소를 수용하여 갱신된 예는 매우 드물다. 1990년대 초 예배의 한국화라는 주제를 특집으로 하는 교계의 월간지들이 많았었는데 여기에 실린 글들을 읽어보면 신학자들은 공통적으로 우리 예배가 한국 문화적 요소들을 받아들여야 할 부분들로 예배당, 예전복, 예배 음악 등을 지적하고 있다. 이런 충고를 받아들이기라도 한 듯 서울에 소재한 몇몇 교회에서는 나름의 예배 갱신을 이루었다.

예배당을 전통 가옥의 형태인 기와집으로 짓고예장통합의장성교회, 목사, 장로, 성가대의 예전복을 한국 전통 복식의 원리와 형태로 갱신하고기장의경동교회, 예배 음악을 한국 전통 음악의 리듬과 멜로디로 작곡된 곡으로 바꾸었다기장의향린교회. 이 세 교회의 예배 갱신은 문화화의 두 번째 단계, 즉 그리스도교가 비서구문화와 만나서 그 나라의 문화로 되는 과정을 담고 있다.

한편 열린 예배와 그것의 변형태인 청년 예배는 문화화의 세 번째 단계, 즉 그리스도교가 현대의 세속 문화 속에 문화화되는 과정에서 발생한 형태의 예배이다. 예배를 구성하는 두 기둥은 그리스도의 증언과 오늘 여기를 살아가는 사람들의 삶과의 관련성이다. 따라서 예배는 성서적 증언의 독특성에 묶여있지만 반드시 어느 한 시대의 문화에 고착되어 있는 것은 아니다. 오히려 예배는 특정 문화에 속한 실제적 인간의 삶을 담아낸다.[13] 예배 공동체는 예수의 삶과 가르침을 예배자의 문화적 삶의 콘텍스트에서 재해석한다.

문화적 상황은 그리스도교 예배 의식이 상징하는 의미를 보다 풍요롭게 할 수 있다. 모든 문화가 동일한 보편적 몸짓이나 상징적 능력들을 공유하지 않고, 그래서 성서의 주장을 동일하게 이해하는 것은 아니기 때문이다. 그리스도교는 예배의 문화화를 통해 문화의 다양성이 주는 풍요로움을 보존한다.

그럼에도 예배의 문화화가 항상 바람직한 결과만을 가져오는 것은 아니다. 현실 세계에서 예배의 문화화는 옳은 방향 혹은 그릇된 방향으로 전개될 수 있다. 따라서 예배의 문화화가 그리스도교적 선포, 즉 보편적인 종말론적 비전을 세속 문화 속에서 새롭게 고안된 기호를 통해 분명하게 드러낼 필요가 있다. 결국 중요한 것은 어떤 문화의 외피를 입은 예배가 과연 종말론적 비전을 온전히 선포할 수 있는가에 있다.[14]

예배를 문화화하려는 시도는 유의미하다. 하지만 그 방향과 결과에 대해 늘 비판적 성찰을 가해야 한다. 특히 예배의 문화화의 콘텍스트가 되는 세속 문화를 비평해야 한다. 다시 말해서 해당 세속 문화가 인간의 자아실현과 해방 추구를 촉진하는지 아니면 저해하는지를 끊임없이 물어야 한다.

4. 청년 예배의 특징 : 발산적 열광주의

'청년 예배'를 떠받치고 있는 중심 요소는 긴 찬양 시간이다. 30분간의 찬양으로 청년 예배는 시작되는데 베이스 기타, 드럼, 건반 악기 등을 기본으로 하는 반주단과 찬양 인도자와 찬양 팀, 그리고 율동 팀이 찬양 시간을 담당한다. 찬양 시간 동안 참여자들은 일어서서 찬양을 부르고 몸을 흔들고 율동을 한다. 좀 더 고조되면 큰소리로 노래를 부르고, 소리치고, 춤추고, 뛰어오른다. 찬양은 인도자의 즉흥적인 판단에 따라 악보와 상관없이 반복되는 것이 보통이다. 30분간의 찬양이 지속된 후 성서 봉독과 설교가 이어지며 다시 결단 찬송이 계속되다 축도로 마쳐진다. 때로 성서 봉독 전에 그날의 설교 주제와 관련된 이야기로 토크 쇼가 진행되기도 한다.

이런 내용을 갖춘 청년 예배는 몇 가지 특징을 보인다. 청년 예배의 첫 번째 특징은 대중문화적 성격을 지닌다는 것이다. 방금 언급한 바와 같이 청년 예배에서 가장 두드러진 요소는 찬양인데 이것은 세속 사회에서 유행하는 대중음악과 동일한 장르, 형식, 리듬으로 이루어져 있다. 또한 예배의 인도 방식과 찬양의 인도 방식을 포함하는 연행 방식에서 대중문화적이다. 그리고 예배 형식도 대중문화를 모방하여 수용한 흔적이 역력하다. 청년들이 대중문화를 소비하는 주체라는 점에서 그들의 예배가 대중문화의 외피를 입는다는 것은 자연스런 현상일 수 있다.

한편 청년 예배는 대중문화를 구성하는 매체를 그대로 사용한다. 텔레비전, 만화, 영화, 컴퓨터 등 대중 매체는 우리가 일상적으로 사용하는 도구들과 비슷한 성격을 띠고 있으면서도 근본적인 차이점을 지닌다.[15] 곧 대중 매체가 이미 메시지를 전달한다는 것이 그것이다.

대중 매체 속에는 사람의 생각, 사고방식, 가치관 등이 들어있기 때문에 그것은 생각을 자극하고 욕망을 충동하고 일정한 사고 습관을 조장한다. 나아가 대중 매체는 세계를 구성한다.[16) 세계는 대중 매체에 따라 기술되고 해석되고 재해석 되며, 이렇게 된 세계는 다시 유통, 전달, 소비, 재생산되어 우리가 살고 있는 세 계에 영향을 미친다. 따라서 그리스도인들이 대중 매체에 관심을 갖는 것은 단지 어떤 한 도구에 관심을 갖는 것을 넘어선다. 그것은 현대 세계를 구성하고 형성하 는 도구와 조직과 조직 원리에 관심을 갖는 것을 함축한다. 따라서 예배에서 대중 매체를 도구적으로만 사용하는 것은 불가능하다. 대중 매체는 세계의 구성 원리, 즉 메시지를 담고 있기 때문이다. 이런 의미에서 마셜 매클루언Marshall McLuhan, 1911~1980이 주장하는 바와 같이 매체는 메시지인 것이다.

청년 예배의 두 번째 특징은 다른 형식의 예배과 비교해볼 때 몰입이 보다 용이 하다는 것이다. 몰입은 의식이 심리적 엔트로피를 극복하여 질서 있게 구성되고 심리적 에너지인 주의가 목표를 위해 외부의 방해 없이 자연스럽게 활용되는 최 적 경험의 상태로서 삶이 고조되는 순간에 물 흐르듯 행동이 자연스럽게 이루어 지는 느낌을 표현한다.[17) 몰입은 정신적 경험과 육체적 경험을 포괄하여 양자를 통합시키며 삶의 질을 높이는 데 종교적 수행의 경지가 높은 사람이 겪는 신비적 합일에서뿐만 아니라 예술가들이 체험하는 물아일체物我一體의 미적 체험, 나아가 스포츠, 게임 등에 몰두할 때 생기는 희열감에서도 나타난다.[18)

몰입 체험은 몰입의 대상이 무엇이든지간에 참여자들에게 즐거움과 행복감을 준다. 대중문화적 요소, 즉 음악과 악기, 예배 언어와 레토릭을 사용하는 청년 예 배는 몰입 양상에서 대중문화 공연과 매우 유사하다. 청년 예배와 대중문화의 공 연은 반복적 몸짓, 이야기의 공유, 차별화된 모방적 실천 등에서 보이는 바와 같 이 형식적으로 상통할 뿐만 아니라 내용적으로도 몰입을 통한 행복감을 제공한 다는 점에서 퍽이나 유사하다.[19)

문제는 몰입이 늘 같은 예배 환경에서 일어나지 않는다는 데 있다. 몰입은 기회도전가 능력기술보다 높을 때 생기는 불안감, 능력이 기회보다 월등할 때 생기는 지루함 사이에서 적절한 균형을 취할 때 구현될 수 있다. 숙달에 따른 동일한 패턴의 반복은 외부 자극에 대한 의식적인 차원의 대응을 생략하는 효율성을 강화함으로써 지루함을 증대시킨다. 기술 능력의 향상은 더 높은 수준의 도전 과제를 초래하고 도전 과제의 제고는 기술 능력의 향상을 요구하게 된다. 따라서 몰입이 가능하기 위해서는 더 강한 자극과 새로운 시도가 강제되어야 한다.

이런 메커니즘에 따라 청년 예배에서는 새로운 노래, 새로운 악기, 음악의 변주, 음향 및 매체의 강화가 일어나면서 예배는 더욱 자극적으로 변화되어간다. 그런데 만일 이런 자극이 주어지지 않으면 몰입 체험은 일어나지 않게 된다. 청년 예배에서 몰입의 체험은 주로 30분간 계속되는 찬양에서 이루어진다.

인지종교학자 화이트하우스Harvey Whitehouse, 1964~에 의하면 종교적 신화와 의례는 사람들이 기억할 수 있는 형태를 갖추어야 하고, 사람은 이런 신화와 의례를 전달하는 데 의욕이 있어야 한다. 기억을 위해 지속적인 교리 전달과 의례 수행 반복이 이루어지는데 이때 반복은 지루함을 낳아 동기 부여를 약화시킨다. 따라서 강력한 동기 부여를 위해 열정적 실천이 요청되는데 지나친 열정은 불안함을 초래하면서 오히려 기억을 약화시킨다. 반면 반복 실천은 기억의 지속성을 유지하면서 오히려 심리적 지루함을 증대시킨다. 따라서 종교적 몰입은 관례화된 종교 전승 속에서 끊임없이 의미를 재발견하고 재해석하는 과정을 통해 수행과 성화를 거듭할 때 지속 가능할 수 있다.

청년 예배의 세 번째 특징은 몰입 체험 상태에서 주어지는 메시지의 주된 내용이 개인적인 자기 계발이거나 적극적 사고방식의 일종인 긍정의 힘이라는 것이다.[20] 이런 메시지는 젊은이들로 하여금 자신들이 살아가는 지금 여기의 문제들에 대해 눈감게 하는 몰역사적이고 탈정치적인 내용을 담고 있다. 청년 예배의 주된 메시지는 사회와 무관한 개인의 변화와 개인의 영적 체험에 초점을 맞춘다. 따라서 88만 원 세대로 지칭되는 젊은이들의 삶의 조건과 무관한 해석으로 성서 이야기를 풀어내면서 현실 문제로부터 도피적이고 그것의 실질적 해결에 무관심한 신앙을 지속적으로 재생산해내고 있다.

청년 예배의 네 번째 특징은 발산적 열광주의로 유형화될 수 있는 신앙을 훈련한다는 것이다. 발산적 열광주의는 신앙의 대상 또는 몰입의 대상을 외부에 두고 있는 집단적 영성을 열광적 몸짓에 따라 의례적으로 발산하는 종교적 양태를 말한다.[21] 월드컵 축구 경기 때의 붉은 악마 현상, 대중음악의 대형 콘서트, 집단적 축제나 굿, 부흥회나 찬양 집회 등이 대표적 사례가 될 수 있다.

발산적 열광주의는 일화 기억episodic memory, 즉 개인의 경험에 관한 기억으로서 사건이 일어난 시간, 장소, 상황 등을 함께 포함하는 기억과 연관되어 있고, 이미지적 양태를 특징적으로 지니고, 엑스터시를 추구하는 종교적 양태이다.[22] 여기서 주의해야 할 사항은 발산적 열광주의에서 신앙은 이미지적 양태에 의해 형성된다는 것이다. 발산적 열광주의에서는 빈번한 반복과 고도의 주의 집중을 통해 일화 기억이 활성화되며 일화 기억의 활성화는 자발적인 해석학적 반성을 유발한다. 그런데 자발적인 해석학적 반성은 종교적 표상의 다양성에 이르게 하며, 자발적인 해석학적 반성과 표상적인 다양성은 역동적 리더십을 저지한다. 역동적인 리더십과 집중화의 결여는 정통성의 결여를 강화한다.[23]

그러나 한편 동일한 일화 기억을 지닌 사람들끼리는 강렬한 유대감을 촉진하게 되고 이러한 강렬한 유대와 일화 기억은 배타적 공동체를 촉진한다. 청년 예배에 참여하는 사람들이 자신들끼리의 강렬한 유대감을 지닌 배타적 공동체로서 교회 공동체 내부에서나 전체 사회와의 사회적 관계에서 게토화되는 것은 그들의 예배가 지닌 종교성의 이미지적 양태와 무관하지 않다. 청년 예배는 예배 참여자들로 하여금 지적 능력을 통해 메시지를 수용하도록 하기보다는 일화 기억을 통해 메시지를 수용하도록 만든다.

그 결과 청년 예배는 종교적 가르침과 종교 지도자들의 현존을 의미 있게 만들지 못하게 된다. 청년 예배에서 대부분의 찬양 인도자들은 종교 지도자들을 대신하면서도 신학 교육을 받지 못하였기 때문에 그들에 의해 선곡되고 인도되는 찬양과 기도와 유사 설교적인 메시지는 비신학적이기 쉽다.[*] 여기서 우리는 청년 예배가 일화 기억의 활성화를 통해 이미지적 양태의 종교성을 생산하는 발산적 열광주의에 속해 있음을 확인할 수 있다.

5. 청년 예배의 문제점

'청년 예배'가 발산적 열광주의 유형에 속한 의례로서 참여자들에게 엑스터시를 경험하게 할 수 있는 것은 분명하다. 하지만 엑스터시 이후에 찾아오는 에너지의 고갈을 어떻게 극복할 수 있는가는 심각한 문제가 아닐 수 없다. 청년 예배에 참여하면서 열성적인 신앙생활을 하는 젊은이들이 여전히 심리적 공허함에 시달리고 세상을 살아갈 용기와 힘을 얻지 못하고 삶의 중심을 잡지 못한 채 방

---

[*] 찬양 인도자들은 찬양 인도자 학교를 통해 양성되기도 하는데, 우리는 2010년 가을 찬양 인도자 학교 학생들의 "봉은사 땅 밟기" 사건의 파문을 눈여겨 볼 필요가 있다. 찬양 인도자는 이런 사설 학교를 통해 단기간의 수련을 거쳐 양성되어 활동하며, 유사 설교적 멘트를 곁들인다. 이들의 세계관과 가치관, 비신학이 예배와 찬양 집회를 통하여 확대 재생산되는 것은 매우 큰 문제이다.

황하고 좌절하고 있다.

이유는 분명해 보인다. 청년 예배에서 에너지가 방출될 뿐 예배 참여자 내부로 수렴되지 않기 때문이다. 그런데 이런 문제점은 발산적 열광주의를 수용한 예배들이 공통적으로 드러내는 취약점이다. 발산적 열광주의는 인간의 내면을 강화시키기 힘들다. 발산적 열광주의는 참여자의 에너지를 외부로 방출시킴으로써 희열을 가져다주고 갈등을 해소시킨다. 게다가 중독성이 강하며 다분히 소모적이다.

또한 청년 예배가 문화적으로 안착해 있는 대중문화에도 문제가 없지 않다. 대중문화의 수용자로서의 대중에 대한 문화 연구가들의 입장들은 크게 두 가지로 나뉠 수 있다. 즉 대중을 주체적이고 비판적인 수용자이면서 저항성을 지닌 적극적인 생산자로 간주하는 입장과 대중을 우매하고 무비판적인 수용자로 규정하는 입장이 그것이다.[24]

이런 입장들을 염두에 두면 우리는 대중문화를 수용한 청년 예배의 참여자에 대해 이런 문제를 제기할 수 있다. 청년 예배가 예배 참여자를 주체적이고 성찰적인 주체가 되지 못하도록 하는 것은 아닐까? 그들이 인지적 차원에서 전혀 의식화되지 않고 그저 속물적 대중으로 양산되는 것은 아닐까?

청년 예배를 통해 종교적으로 사회화된 그리스도교 청년들이 사유 능력을 갖추지 못한 대량 소비 사회의 무비판적 소비 대중과 동일시되고 경쟁 사회에서 사회 경제적으로 배제된 계층이 되어 저항의 의지도 삶의 의지도 심지어 절망의 의지도 없는 경우가 될까 걱정이 앞선다. 그들이 청년 예배를 통해 무사유성으로 인도되고 아무런 생각이 없는 가운데 소위 복음이라고 지칭되는 마력의 힘에 이끌리는 시대의 속물들로 양산될까 걱정이 된다.

대개의 경우 예배 참여자들은 예배를 통해 일상과의 단절을 경험함으로써 다시 일상으로 돌아왔을 때 일상을 초월할 수 있는 힘을 얻게 된다. 하지만 청년 예배의 경우 대중문화에 포섭되어 있는 청년층이 예배를 통해 다시 대중문화를 모방하게 됨으로써 그들은 일상으로부터의 단절을 전혀 경험할 수 없게 된다. 대중문화적 요소를 받아들인 예배가 대중문화 홍수 속에 살아가는 예배자들에게 어떻게 단절의 순간을 제공할 수 있겠는가.

예배는 예배자로 하여금 형식적, 내용적 이질감을 경험하게 함으로써 비일상성을 제공해야 한다. 이런 의미에서 청년 예배가 예배자들로 하여금 비판성과 저항성이 전혀 없는 수동적 문화 수용자, 종교 문화의 소비자가 되게 하면서 그들의 곤궁한 삶의 조건들에 무감각한 아편 역할을 하고 있지는 않은지, 청년 예배가 그리스도교 복음의 진정성을 상실한 채 값싼 위로를 제공하는 종교적 키치로 전락하고 있지는 아닌지, 예배를 통해 예배자들이 그리스도인으로서의 정체성을 내면화하지 못하고 그리스도교적 사회 실천으로 나아갈 동기를 얻지 못하는 것은 아닌지 물어야 한다.

이미 앞에서 지적한 바와 같이 발산적 열광주의 예배로서의 청년 예배는, 종교성의 양태가 이미지적 양태로서 종교적 가르침보다는 종교적 체험에 의존해 있으며, 종교 지도자의 존재감이 드러나지 않는 문제를 지닌다. 다시 말해서 신앙적 가르침이 중요하게 다루어지지 않기에 그리스도교적 가치의 학습이 충실이 일어나지 않으며, 이와 아울러 사고 훈련과 의식화가 일어나지 않는 문제를 지닌다.

또한 청년 예배의 경우 신학 교육을 받은 그리스도교 지도자의 역할보다는 찬양 인도 중간에 유사 설교식의 메시지를 전달하는 찬양 인도자의 역할이 더 두드러진다는 데 문제가 있다. 대부분의 찬양 인도자들은 체계적인 신학 교육을 거치지 못한 사역자들이다. 이런 신학 교육의 부재가 청년 예배의 문제를 증폭시키고 있다.

평신도 찬양 인도자들의 등장은 교권 중심적인 지배 체계를 무너뜨리고 평등적 신앙 공동체를 지향한다는 면에서 긍정적으로 평가될 수 있다. 하지만 그것은 주관적 체험에 근거한 검증되지 않은 다양한 신앙 콘텐츠를 양산해낼 수 있는 위험성을 지닌다. 청년 예배를 통해 제공되는 신앙적 체험 혹은 그것에 근거한 신앙 콘텐츠는 신학적 관점에서 성찰되고 객관화될 필요가 있다. 이런 맥락에서 찬양 인도자의 신학 교육은 필수적이며, 찬양 인도자의 신학 교육이 청년 예배의 수준을 향상시킬 수 있을 것이다.

6. 나오는 말

신앙적 측면에서 예배는 그 자체로 목적이 되며 다른 무엇을 위한 수단으로 기능할 수 없다. 그럼에도 교육적 측면에서 예배가 가져오는 부가적 가치나 기능을 무시할 수 없다. 특히 그리스도교 의례로서의 예배가 보다 수준 높은 그리스도인, 보다 성숙한 신앙 후속 세대의 양성을 위한 사회화의 통로가 된다는 사실이 인정될 필요가 있다. 예배를 통해 예배 참여자들은 그리스도인으로 사회화되며, 그리스도인의 아비투스를 형성하기 때문이다.

이런 맥락에서 우리는 그리스도교적 가치를 지닌 성숙한 그리스도인의 아비투스를 형성하기 위해 예배를 보다 정교하게 구성할 필요가 있다. 다시 말해서 예배를 통해 젊은이들이 정치적으로 의식화되고, 무비판적 수용과 무사유성에로 인도하기 쉬운 대중문화와 단절되어야 한다. 이를 위해 젊은이들을 비판적 성찰을 할 수 있도록 훈련해야 하며, 에너지로 자신의 내면을 강화하는 수렴적 신비주의로 인도해야 한다.

수렴적 신비주의에서는 발산적 열광주의에서와 달리 몰입의 대상과 방향이 개인의 내면을 향해있다. 수렴적 신비주의에는 관상, 묵상 등의 다양한 방식의 경건 행위들이 존재한다. 수렴적 신비주의와 발산적 열광주의는 모두 몰입 과정 중에 신체적, 심리적, 사회적, 영적 차원이 혼연일체가 되며 반복적 언행에 의해 이런 혼연일체가 강화되는 경향을 지닌다. 하지만 전자가 심신의 수렴을 통한 균형과 평정을 추구하는 반면, 후자는 감정적 증폭과 집단적 발산의 양상을 보인다.

일반적인 차원에서 발산적 열광주의와 수렴적 신비주의 가운데 어느 것이 좋다고 확정 지을 수는 없다. 주어진 상황에 따라 양자에 대한 평가는 달라질 수 있기 때문이다. 그런데 지금의 한국 교회 상황을 염두에 두면 청년 예배가 발산적 열광주의보다는 수렴적 신비주의를 수용하는 것이 적절하다고 판단된다. 청년 예배를 비롯한 대부분의 한국 교회의 예배들은 발산적 열광주의에 경도되어 있기 때문이다. 그 결과 예배의 성찰성이 결여되어 있다. 이에 앞으로 청년 예배는 수렴적 신비주의를 어떤 형태로든 포괄할 필요가 있다.

한편 예배는 어떤 문화와 관련을 맺든지 그 안에 종말론적 관점을 유지해야 한다. 여기서 종말론적 관점이란 모든 문화를 상대화할 수 있는 시각을 뜻한다. 따라서 예배의 문화화에는 문화 비평적 입장이 결합되어 있어야 한다. 거대한 세속 문화의 흐름에 대해 가위눌리지 말고, 영합하지 않으면서 '아니다'라고 말하고, 미미하나마 그 흐름에 균열을 내고, 대안을 찾아나서는 자세가 필수적이다.[25]

그리스도교 예배가 세상의 문화와 경쟁할 필요가 있는가? 예배는 오히려 세상과 대조되는 문화 양태로서 의미가 있는 것이 아닐까? 예배학적으로 보면 본래 예배는 세상 혹은 세상의 문화가 절대적이 아님을 보여주는 대조 상징이다. 본래적 의미의 예배는 종말론적 계기를 내포하면서, 사회 경제적 강자의 이해관계가 어떤 방식으로든 관철되어 있는 세상의 문화를 상대화시킨다.

이런 의미에서 한국 교회는 예배의 구태성을 해결하기 위해 세속 문화를 좇을 필요가 없다. 설사 세속 문화를 수용한다 하더라도 뒤꽁무니를 좇아가는 방식이 아니라 비판적으로 받아들이는 방식을 채택해야 한다. 우리는 예배의 구태성을 문제 삼기에 앞서 예배가 대조 세계를 제대로 드러내고 있는지를 물어야 한다.

이런 맥락에서 비어리츠는 오늘날 그리스도교에서 시도되는 예배의 문화화를 비판한다. 그는 오늘의 문화를 체험 문화*로 정의하면서 예배의 문화화를 체험 문화에 대한 어떠한 이의도 제기하지 않은 채 그리스도교 예배를 체험 시장에 적응시키려는 시도로 파악한다.

그런데 문제는 체험 문화의 의례들이 상당한 정도로 시장화되어 있다는 데 있다. 비어리츠에 의하면 이런 시장화는 두 가지 의미를 지닌다. 첫째, 교회가 대중의 욕구에 굴복한다는 의미를 함축한다. 둘째는 교회가 의례 마케팅을 사용하면서 신자들을 기만한다는 의미를 지닌다. 이런 시장화의 결과 현대 교회에는 전승된 신앙적 진리와 실천이 아니라 그것들과 관련된 체험과 체험 가치만이 남게 된다. 이런 의미에서 그는 예배의 문화화를 예배의 속물화Verbiederung로 규정한다.[26]

비어리츠에 따르면 체험 사회에서 교회의 의무는 교회가 대안적인 삶의 가능성을 제시함으로써 대항 기호의 역할을 수행하는 것이다. 그는 예배도 대항 기호

---

* 비어리츠는 독일의 문화사회학자인 게하르트 슐체가 내세우는 체험 사회라는 개념을 빌어 현대 독일 문화를 체험 문화로 표현한다. 슐체에게 체험 사회란 제2차 세계 대전 이후의 변화된 독일 사회를 표현하는 개념으로 매우 포괄적인 의미를 담고 있지만 일차적으로 상품의 질과 기술의 완벽함보다는 디자인과 상품 이미지가 중요하게 작용하는 상품의 미학화를 그 특징으로 하고 있다. 슐체에 의하면 상품의 미학화는 단지 상품 시장과 서비스 산업의 시장에만 국한된 것이 아니라 삶의 전반에 관한 모토가 되어버렸다. 이런 사항에 관해서는 Gerhard Schulze, *Die Erlebnisgesellschaft, Kultursoziologie der Gegenwart,* (Frankfurt/New York 1997), 13~14쪽을 참조할 것.

의 역할을 수행해야 한다고 주장한다. 그에게 대항 기호의 역할은 세 가지 과제들을 수행함으로써 완성된다. 첫째, 그리스도교 예배는 다른 메시지들과 의미론적이고 실질적인 차이점을 지녀야 한다. 둘째, 그리스도교 예배는 변화되고 있는 주변 세계와의 관계에서 문화적 거리를 두면서 신앙을 표현하고 형상화해야 한다. 셋째, 그리스도교 예배가 근원과 본질에서 세속 문화에 대한 종말론적인 항변을 강조해야 한다.[27]

비어리츠의 이런 주장을 오늘 우리 청년 예배의 현상에 적용해보면 한국 교회는 지금 당장 청년들을 예배로 끌어모으는 자극적인 볼거리를 제공하는 대중문화적 요소의 도입을 중단하고, 대중적이고 소비적이며 자극적인 문화와 거리 두기를 시도하면서 신앙을 표현하고 형상화해야 할 것이다. 또한 교회는 청년 예배를 통해 오늘날 우리 사회에서 대세를 이루는 문화적 현상에 대해 무분별한 모방으로 일관할 것이 아니라 문화 비평적 시각을 견지해야 할 것이다.

이 책은 필자가 학위를 받은 후 우리말로 쓴 논문을 추리고 대폭 수정해서 묶은 논문집이다. 이 책을 출판하는 몇 가지 이유가 있다.

올해로 학위를 받은 지 10년이 되었다. 나름대로 여러 가지 역할을 하며 열심히 시간을 보냈지만, 그다지 생산적이지 못했다. 이렇게 지내다가는 묘비에 "어영부영하다가 내 이렇게 될 줄 알았다"라고 쓴 문인을 흉내 내게 될 것 같기도 했다. 한 개인으로 보면 크게 문제 될 것은 없다. 뿌린 대로 거두면 되는 것이기 때문이다. 그러나 사회적 존재로서의 나를 생각해보면, 시대와 상황 앞에, 그리고 학교와 교회 앞에 감당해야 할 나의 몫이 있다. 미미한 역할이나마 내게 주어진 책임이 있다는 자각의 소리가 더 이상 게으름을 용서치 않았다.

예배학은 다른 신학 분과에 비해 역사가 짧은 신생 학문이다. 따라서 학문적 방법론의 체계화가 미진한 상태이다. 예배학을 공부하려는 학생들은 늘어가는데 선배로서 좀 도와주고 싶었다. 선배와 선생이 있어서 좋은 점은 그들이 시행착오를 하지 않도록 도와주기 때문이다. 해야 할 공부는 많은데 축적된 것이 없어서 모두가 늘 처음부터, 바닥부터 공부해야 한다면 우리나라 예배학의 진보를 경험하기 어려울 것이다. 후학들이 멀리, 높이 갈 수 있도록 도움닫기 발판이 되면 좋겠다.

더욱이 독일에서 예배학을 공부한 학자가 극히 드문 상황에서, 또한 여성 예배학자 역시 매우 드문 상황에서 분명 필자가 후학들을 위해서 감당해야 할 역할이 있다고 느꼈다. 이 책을 통해 후학들이 다양한 시각으로 예배학을 연구할 수 있다는 확신을 얻게 되기를, 또한 그렇게 연구할 수 있기를 기대한다. 이를 통해 우리나라 예배학의 지형도를 한층 확대하는 데 일조할 수 있으리라 믿는다.

이 책의 출판에 대한 또 하나의 변이 있다면 나의 생각에 누군가 반응해주기를 바라서이다. 좀 비관적이고 냉소적이긴 하지만 인문학자들 사이에서는 이런 자조적 농담이 회자된다. 논문을 쓰면 1.5인만이 읽는다는 것이다. 1인은 논문 심사자이고 0.5인은 한 사람이 읽다가 그나마 끝내지 못하고 중도에 그만 둔다는 뜻이란다. 학자는 연구 업적을 쌓기 위해서 때를 얻든지 못 얻든지 글을 써내지만, 정작 남의 글을 읽고, 나아가 토론을 하는 일이 매우 드문 학계의 풍토를 표현하는 말일 것이다. 이에 이번에 출판하는 나의 글들이 널리 읽히고, 또 엄정한 비판도 주고받으며, 예배학에 관한 역동적 토론으로 이어지기를 기대한다.

1장

1) M. Josuttis, "Das Ziel des Gottesdienstes, Aktion oder Feier?" in: *Praxis des Evangeliums zwischen Politik und Religion*, (Muenchen, 1988), 144쪽.

2) P. Cornehl, Gottesdienst VII, *Theologische Realenzyklopedie* 14, (Berlin, New York, 1985), 79쪽.

3) M. Josuttis, 앞의 책, 149쪽.

4) J. Ziemer, "Gottesdienst und Politik – Zur Liturgie der Friedensgebete", in: R. Morath und W. Ratzmann, *Herausforderung: Gottesdienst*, (Leipzig, 1997), 181~199쪽.

5) M. Josuttis, "Gesetz und Gesetzlichkeit im Politischen Nachtgebet", *Evangelische Theologie* 33, (1973), 566쪽.

6) W. Schmithals, "Die Königsherrschaft Jesu und die heutige Gesellschaft" in: W. Schmithals / J. Beckmann, "Das Christuszeugnis in der heutigen Gesellschaft", EZS 53, (1970), 14쪽.

7) C. Grethlein, *Abriss der Liturgik*, (Gütersloh, 1991), 46쪽.

8) D. Soelle / F. Steffensky, *Politisches Nachtgebet in Koeln Bd. 2*, (Stuttgart, 1970), 7쪽.

9) D. Trautwein, *Lernprozess Gottesdienst, Ein Arbeitsbuch unter besonderer Beruecksichtigung der "Gottesdienst in neuer Gestalt"*, (Gelnhausen Berlin, 1972), 19쪽.

10) 앞의 책, 77쪽.

11) 앞의 책, 80쪽.

12) 앞의 책, 82쪽.

13) 앞의 책, 86쪽.

14) A. Lorenzer, *Das Konzil der Buchhalter. Die Zerstoerung der Sinnlichkeit. Eine Religionskritik*, Frankfurt a. M. 1981, 77쪽.

15) H.-C. Schmidt-Lauber, "Auf dem Weg zur Erneuerten Agende. Chancen und Problem der zweiten Liturgiereform nach 1945", in: H.-C. Schmidt-Lauber, *Die Zukunft des Gottesdienstes*, Stuttgart 1990, 117~118쪽.

16) 앞의 책, 117~118쪽; 6장 각주 (126쪽) 참조.

17) F. Fuger, "Inkulturation. Eine Herausforderung an die Moraltheologie", NZM 40, (1984), 180쪽.

18) K.-H. Bieritz, "Erlebnis Gottesdienst. Zwischen 'Verbiederung' und Gegenspiel: Liturgisches Handeln im Erlebnishorizont", *Wege zum Menschen* 48, (1996) 498쪽.

19) 앞의 책, 494쪽.

20) J. von Soosten, "Lebe wild und gefärlich! Kontraste und Kontakte: Erlebnisgesellschaften und Religion", *Liturgiesche Monatschrift* 34, (1995), 7, 19쪽.

21) K.-H. Bieritz, 앞의 책, 497쪽.

22) D. Stollberg, *Liturgische Praxis. Kleines evangelisches Zeremoniale*, Goettingen 1993, 9쪽.

23) 앞의 책, 17쪽.

24) 앞의 책, 91쪽.

2장

1) 헤르만 피셔 / 오성현 역, 《슐라이어마허의 생애와 사상》, (월드북 : 서울, 2007), 65쪽.

2) 앞의 책, 60쪽.

3) 앞의 책, 63쪽.

4) N. Schatull, *Die Liturgie in der Herrnhuter Brüdergemeinde Zinzendorfs*, (Narr Francke Attempo Verlag : Tübingen, 2005), 14쪽.

5) N. Hope, *German and Scandinavian Protestantism 1700~1918* (Oxford Univ. Press : New York, 1995), 238쪽.

6) 앞의 책, 240쪽.

7) 빌리암 나아겔 / 박근원 역, 《그리스도교 예배의 역사》, (대한기독교서회 : 서울, 2006), 183쪽.

8) 앞의 책, 188쪽.

9) Schautell, 앞의 책, 16~17쪽.

10) 빌리암 나아겔, 앞의 책, 187쪽.

11) 최신한, 《슐라이어마허, 감동과 대화의 사상가》, (살림출판사 : 서울, 2003), 11쪽.

12) 헤르만 피셔, 앞의 책, 23쪽.

13) 최신한, 앞의 책, 12쪽.

14) 목창균, 《슐라이에르마허의 신학사상》, (한국신학연구소 : 천안, 1997), 20쪽.

15) F. D. E. Schleiermacher, Briefe II, 22, 빌리암 나아겔 / 박근원 역, 《그리스도교 예배의 역사》, (대한기독교서회 : 서울, 2006), 188쪽, 재인용.

16) 앞의 책, 188쪽.

17) Schleiermacher / 최신한 역, 《종교론》, (살림출판사 : 서울, 2002), 17쪽.

18) 앞의 책, 16쪽.

19) 최신한, 앞의 책, 36쪽.

20) Schleiermacher / 최신한 역, 앞의 책, 33쪽.

21) 최신환, 앞의 책, 37쪽.

22) Schleiermacher, 앞의 책, 58쪽.

23) Schleiermacher, 앞의 책, 60쪽.

24) 최신환, 앞의 책, 40쪽.

25) 최신한, 앞의 책, 44쪽.

26) Schleiermacher, 앞의 책, 127쪽.

27) 최신한, 앞의 책, 45쪽.

28) C. Grethlein, *Abliss der Liturgik. Ein Studienbuch zur Gottesdienstgestaltung*, (Gütersloher Verlagshaus : Gütersloher, 1991), 63~64쪽.

29) C. Albrecht, *Schleiermachers liturgik* (Vandenhoeck & Ruprecht : Göttingen, 1963), 108쪽.

30) C. Grethlein, 앞의 책, 60쪽.

31) 헤르만 피셔, 앞의 책, 35쪽.

32) 최신한, 앞의 책, 45쪽.

33) C. Albrecht, 앞의 책, 107쪽.

34) F. 쉴라이에르마허 / 김경재 · 선한용 · 박근원 역, 《신학연구입문》, (대한기독교출판사 : 서울, 1983).

35) F. D. E. Schleiemacher, *Die Praktische Theologie nach den Grundsätzen der evangelischen Kirche im Zusammenhange dargestellt*, hg. von J. Frerichs, (Reimer : Berlin, 1850).

36) L. Jonas(Hrsg.), *Christliche Sittenlehre in Vorlesungen von F. Schleiermacher*, (Friedrich Andreas Berthes : Gotha, 1891).

37) 헤르만 피셔 / 오성현 역, 《슐라이어마허의 생애와 사상》 (월드북 : 서울, 2007), 175쪽.

38) C. Albrecht, 앞의 책, 16쪽.

39) 앞의 책, 11쪽.

40) 앞의 책, 17쪽.

41) F. D. E. Schleiermacher, 앞의 책, 129쪽.

42) 앞의 책, 129쪽.

43) 앞의 책, 129, 153쪽.

44) 앞의 책, 567쪽.

45) R. Stroh, *Schleiermachers Gottesdiensttheorie*, (Ber-

lin 1998), 38쪽.

46) 최신한, 앞의 책, 192쪽.

47) 최신한, 앞의 책, 193쪽.

48) D. Rössler, *Unterbrechungen des Lebens*, in: P. Cornehl, M. Dutzmann, A. Strauch(Hg.), In der Schar derer die da feiern, (Vandenhoeck & Ruprecht, G?ttingen, 1993), 35쪽.

49) 최신환, 앞의 책, 193쪽.

50) F. D. E. Schleiermacher, *Die christiliche Sitte nach den Grundsätzen der evangelischen Kirche*, hg. von L. Jonas, (Berlin, 1843), 509쪽.

51) 앞의 책, 510쪽.

52) 앞의 책, 513쪽.

53) D. Rössler, 앞의 책, 36쪽.

54) F. D. E. 앞의 책, 526쪽.

55) C. Albrecht, 앞의 책, 15쪽.

56) C. Grethlein, 앞의 책, 63쪽; C. Albrecht, 앞의 책, 72쪽.

57) 슐라이어마허 / 최신한 역, 《성탄축제》, (문학사상사 : 서울 2001), 126쪽.

58) 앞의 책, 128쪽.

59) 앞의 책, 172쪽.

60) 앞의 책, 138쪽.

61) 앞의 책, 137쪽.

62) F. D. E. Schleiermacher, *Praktische Theologie*, 71쪽.

63) D. Rössler, 앞의 책, 37쪽.

64) F. D. E. Schleiermacher, *Christliche Sitte*, 634쪽.

65) F. D. E. Schleiermacher, *Praktische Theologie*, 72쪽.

66) D. Rössler, 앞의 책, 38쪽.

67) F. D. E. Schleiermacher, 앞의 책, 70쪽.

68) 앞의 책, 70쪽.

69) C. Albrecht, 앞의 책, 16쪽.

70) F. D. E. Schleiermacher, *Christliche Sitte*, 528쪽.

71) 최신한, 앞의 책, 130쪽.

72) C. Grethlein, 앞의 책, 64쪽.

73) F. D. E. Schleiermacher, *Praktische Theologie*, 80쪽; C. Albrecht, *Schleiermachers Liturgik*, 17쪽.

74) F. D. E. Schleiermacher, 앞의 책, 109, 317쪽.

75) K. Horstmann, *Zur Kunst gottesdienstlicher Praxis*, JLH Jr.94/95, 35BD., 71쪽.

3장

1) B. C. Alexander, *Victor Turner Revisited. Ritual as Social Changes*, (Atlanta, 1991), 3쪽.

2) V. Turner, *From Ritual to Theatre. The Human Seriousness of Play*, (New York, 1982), 64쪽.

3) V. Turner, *The Drums of Affliction. A Study of Religious Processes among the Ndembu of Zambia*, (New York, 1968), 269쪽.

4) V. Turner, *Dramas, Fields, and Metaphors. Symbolic action in Human Society*, (New York, 1974), 24쪽.

5) R. Grimes, *Beginnings in Ritual Studies*, Revised Edition, (Columbia, 1995), 147쪽.

6) C. Bell, *Ritual. Perspectives and Dimensions*, (New York, 1997), 41쪽.

7) V. Turner, *The Forest of Symbols. Aspects of Ndembu Ritual*, (New York, 1967), 20쪽.

8) V. Turner, *Dramas, Fields, and Metaphors*, 78쪽.

9) C. Bell, 앞의 책, 39쪽.

10) V. Turner, *Schism and Continuity in African Society; a Study of Ndembu Village Life*, (Manchester, 1957).

11) V. Turner, *From Ritual to Theatre*, 11~12 ; 72쪽.

12) V. Turner, *Dramas, Fields, and Metaphors*, 37쪽.

13) V. Turner, *From Ritual to Theatre*, 68~69쪽.

14) 앞의 책, 110쪽.

15) V. Turner, *Dramas, Fields, and Metaphors*, 38쪽.

16) 앞의 책, 38쪽.

17) 앞의 책, 39쪽.

18) 앞의 책 39쪽 ; V. Turner, *From Ritual to Theatre*, 70~71쪽.

19) V. Turner, *From Ritual to Theatre*, 11쪽.

20) 앞의 책, 92쪽.

21) V. Turner, *Dramas, Fields, and Metaphors*, 41쪽.

22) V. Turner, *From Ritual to Theatre*, 75쪽.

23) V. Turner, *Dramas, Fields, and Metaphors*, 41쪽.

24) 앞의 책, 41쪽.

25) V. Turner, *From Ritual to Theatre*, 77쪽.

26) V. Turner, *Schism and Continuity in African Society: a Study of Ndembu Village Life*, (Manchester, 1957).

27) V. Turner, *From Ritual to Theatre*, 24쪽.

28) V. Turner, *Das Ritual, Struktur und Anti–Struktur*, (Frankfurt am Main, 1989), 95쪽.

29) 앞의 책, 95쪽.

30) V. Turner, *The Forest of Symbols*, 99쪽.

31) 앞의 책, 97쪽.

32) V. Turner, *From Ritual to Theatre*, 80쪽.

33) 앞의 책, 81쪽.

34) V. Turner, *The Forest of Symbols*, 95쪽.

35) V. Turner, *Dramas, Fields, and Metaphors*, 46~47쪽.

36) V. Turner, *Das Ritual*, 96쪽.

37) 앞의 책, 52쪽.

38) V. Turner, *Dramas, Fields, and Metaphors*, 202쪽.

39) V. Turner, *Das Ritual*, 129쪽.

40) 앞의 책, 29쪽.

41) V. Turner, *From Ritual to Theatre*, 49쪽 이하.

42) V. Turner, *Dramas, Fields, and Metaphors*, 111쪽.

43) B. Alexander, *Victor Turner Revisited: Ritual as Social Change*, (Atlanta, 1991), 42쪽.

44) V. Turner, *Vom Ritual zum Theatre*, 96쪽.

45) 서광선, 〈한국 그리스도교 문화의 자주화 방안〉, 《신학사상》, (60권, 1988), 41쪽 ; 정장복, 〈토착화 예배의 과제〉, 《기독교사상》, (395권, 1991), 7쪽 ; 박근원, 〈오늘의 예배론〉, (대한기독교서회, 1992), 180쪽 ; 김소영, 〈예배의 한국화 시도〉, 《목회와 신학》, (44권, 1993), 115쪽 ; 문성모, 〈예배에서의 한국 전통음악 : 수용이냐 극복이냐?〉, 《목회와 신학》, (76권, 1995), 82쪽 ; 문성모, 《민족음악과 예배》, (한들, 1995), 301쪽 ; 조기연, 《예배갱신의 신학과 실제》, (대한기독교서회, 1999), 151쪽 ; 239쪽.

46) 주강현, 〈민족문화와 문화제국주의〉, 《역사민속학》 제2권, (역사민속학회, 1992), 184쪽 ; 임재해, 《한국의 민속과 전통의 세계》, (지식산업사, 1991), 23쪽.

4장

1) 강돈구, 〈종교의례 연구의 경향과 과제〉, 《종교연구》 17호, 1999, 16쪽.

2) E. Babbie / 고성호 외 역, 《사회조사방법론》, (서울 : 도서출판 그린), 2002, 347쪽.

3. 앞의 책, 348쪽.

4) E. Babbie / 최명 역, 《사회연구의 철학》, (서울 : 법문사), 1987, 48쪽.

5) 김경동, 앞의 책, 569쪽.

6) D. E. Smith, *Institutional Ethnography*, Lanham, 2005, 43쪽.

7) 앞의 책, 43쪽.

8) E. Babbie, 《사회조사방법론》, 364쪽.

9) D. E. Smith, 앞의 책, 43쪽.

10) 사회문화연구소 편, 《사회조사의 연구방법》, (서울 : 사회문화연구소), 1996, 224쪽.

11) 오혜경, 《사회조사방법론》, (서울 : 아시아미디어리서치), 1998, 232쪽.

12) E. Babbie, 앞의 책, 353쪽.

13) 김우룡·장소원, 《비언어적 커뮤니케이션론》, (서울 : 나남출판), 2004, 504쪽.

14) 오혜경, 앞의 책, 227쪽.

15) 김경동 외, 《사회조사방법연구》, (서울 : 박영사), 1991, 246~248쪽.

16) 오혜경, 앞의 책, 230쪽.

17) 앞의 책, 230~231쪽.

18) 남춘모, 〈의례조사에서 관찰법의 의의와 한계〉, 한일종교연구포럼 운영위원회(편), 한일 종교포럼 제3회 국제학술대회 자료집 《종교와 의례》, 100쪽.

19) 양병화·강경원, 《사회조사분석사》, (서울 : 성안당), 2000, 432~424쪽.

20) 김경동 외, 《사회조사연구방법》, (서울 : 박영사), 1991, 553쪽.

21) 김경용, 《기호학이란 무엇인가》, (서울 : 민음사), 1994, 39쪽.

22) L. K. Dupre / 권수경 역, 《종교에서의 상징과 신화》, (서울 : 서광사), 1996, 77쪽.

23) F. Winzer, Praktische Theologie, Neukirchen-Vluyn, 1993, 51쪽.

24) 문화체육부, 《한국종교의 의식과 예절》, 1996, 33쪽.

25) 김철수, 〈신종교 의례조사의 시론〉, 한일종교연구포럼 운영위원회(편), 한일종교연구포럼 제3회 국제학술대회 자료집 《종교와 의례》, 71쪽.

26) E. Babbie, 《사회조사방법론》, 348쪽.

27) 앞의 책, 348쪽.

28) 남춘모, 앞의 책, 97쪽.

29) 김철수, 앞의 책, 75쪽.

30) V. Turner, The Forest of Symbols : Aspects of Ndembu Ritual, New York, 1967, 50~51쪽, 292쪽.

31) M. Ducey, Sunday Morning, New York, 1977, 85쪽, 101쪽, 106쪽.

32) 삿사 미츠아키, 〈현대 한국 기 수련단체에 관한 조사방법론상의 여러 문제〉, 한일종교연구포럼 운영위원회(편), 한일종교연구포럼 제3회 국제학술대회자료집 《종교와 의례》, 86쪽.

33) 김경동, 《사회조사방법연구》, 553쪽.

34) 강돈구, 앞의 책, 16쪽.

5장

1) Ulrike Wagner-Rau : Zwischen Vaterwelt und Feminismus. Eine Studie zur pastoralen Identitaet von Frauen, 1992 ; Hans-Guenter Heimbrock : Magie. Alltagsreligion und die Heilkraft des Glaubens. Etappen und Probleme theologischer und kulturwissenschaftlicher Magiediskussion, in : ders. / Heinz Streib (Hg.) : Magie. Katastrophenreligion und Kritik des Glaubens. Eine theologische und religionstheoretische Kontroverse um die Kraft des Wortes, 1994, 17~59쪽.

2) J. Beatie, Ritual and Social Change, in : Man, 1966, 66쪽.

3) Jean Umiker-Sebeok / Thomas A. Sebeok, Monastic Sign Languages, Berlin 1987, 91쪽 재인용.

4) M. Meyer-Blanck, Liturgie und Liturgik. Der Evangelische Gottesdienst aus Quellentexten erklaert, Guetersloh, 2001, 34쪽.

5) Celester Snowber / 허성식 역, 《몸으로 드리는 기도》, IVP, 2002, 31쪽.

6) H. Wenz, *Koerpersprache im Gottesdienst, Theorie und Praxis der Kinesik fuer Theologie und Kirche*, Leipzig, 1996, 14쪽.

7) 앞의 책, 18쪽.

8) 앞의 책, 20쪽.

9) 앞의 책, 33쪽.

10) 앞의 책, 34쪽.

11) 앞의 책, 52쪽.

12) 앞의 책, 56쪽.

13) A. R. Sequeira, Gottesdienst als menschliche Ausdruckshandlung, in: *Gottesdienst der Kirche. Handbuch der Liturgiewissenschaft*, Teil 3 Gestalt des Gottesdienstes, 1987, 21쪽.

14) H. Wenz, 앞의 책, 67쪽.

15) M. Josuttis, *Der Weg in das Leben. Eine Einfuehrung in den Gottesdienst auf verhaltenswissenschsftlicher Grundlage*, Muenchen, 1991, 166쪽; K. E. Mueller, *Das magische Universum der Identitaet*, 314쪽.

16) 앞의 책, 169쪽.

17) H. Wenz, 앞의 책, 90쪽.

18) 앞의 책, 84쪽.

19) H. Cox, *Das Feste der Narren. Das Gelaechter ist der Hoffnung letzte Waffe*, 1972, 69쪽.

20) T. Berger, *Liturgie und Tanz*, 1985, 27쪽.

21) C. Snowber, 《몸으로 드리는 기도》, IVP, 2002, 107쪽 이하.

6장

1) R. R. Ruether, *Women-Church, Theology and Practice of Feminist Liturgical Communities*, (Oregon, 2001), 3쪽.

2) 여성주의적 예배의 역사적 콘텍스트에 관하여는 J. R. Walton, *Feminist Liturgy, A Matter of Justice*, (The Liturgical Press, 2000), 14~31쪽 참조.

3) M. Josuttis, *Praxis des Evangeliums zwischen Politik und Religion, Grundprobleme der Praktischen Theologie*, (Muenchen, 1988), 143쪽 이하.

4) 앞의 책, 143쪽.

5) 앞의 책, 148쪽.

6) 앞의 책, 144쪽.

7) 앞의 책, 145쪽.

8) 앞의 책, 149쪽 ; F. Steffensky, *Politisches Nachtgebet in Koeln*, (Stuttgart / Berlin / Mainz, 1969), 쪽.

9) 앞의 책, 149쪽.

10) 앞의 책, 146쪽.

11) 한국여신학자협의회, 《새 하늘과 새 땅을 여는 예배》, (2003), 2쪽.

12) 앞의 책, 93쪽, 113쪽 이하.

13) 앞의 책, 48쪽, 169쪽 이하.

14) 앞의 책, 60쪽, 129쪽, 146쪽, 182쪽.

15) 앞의 책, 2쪽.

16) D. Stollberg, *Liturgische Praxis, Kleines evangelisches Zeremoniale*, (Goettingen, 1993), 22쪽, 91쪽.

17) 앞의 책, 3쪽.

18) 앞의 책, 3쪽.

19) M. Josuttis, "Der Gottesdienst als Ritual", in F. Winzer (hrsg.), *Praktische Theologie*, (Neukirchen-Vluyn, 1993), 51쪽.

20) 한국여신학자협의회, 앞의 책, 3쪽.

21) C. Grethlein, *Abriss der Liturgik, Ein Studienbuch zur Gottesdienstgestaltung*, (Guetersloh, 1991), 26쪽 이하, 43쪽 이하.

22) 한국여신학자협의회, 앞의 책, 3쪽.

23) J. -J von Allmen, 《구원의 축제》, (도서출판 진흥, 1993),

11쪽 이하.

24) M. Meyer-Blanck, *Liturgie und Liturgik, Der Evan-gelische Gottesdienst aus Quellentexten erklaert*, (Guetersloh, 2001), 34쪽.

24) M. B. Mcguire, *Religion : The social context*, 김기대, 최종렬 역, 《종교사회학》, (민족사, 1994), 155쪽.

25) J. R. Walton, *Feminist Liturgy, A Matter of Justice*, (The Liturgical Press, 2000), 34~35쪽.

26) 앞의 책, 3쪽 ; von Ute Knie (hrsg.), *Lass hoeren deine Stimme : Werkstattbuch Feministische Liturgie ; Modelle-Anregungen-Konzeptionen*, (Guetersloh, 1999), 65쪽.

27) 앞의 책, 38쪽.

28) 앞의 책, 37쪽.

29) 앞의 책, 43쪽 ; M. Procter-Smith, *In Her Own Rite : Construction Feminist Liturgical Tradition*, (Nashville : Abingdon Press, 1990), 36쪽.

30) J. Walton, *Feminist Liturgy, A Matter of Justice*, 46쪽.

31) 앞의 책, 46쪽.

32) M. Ducey, *Sunday Morning*, (New York, 1977), 112~113쪽.

33) 한국여신학자협의회, 앞의 책, 172쪽.

34) J. White, *Protestant Worship*, 김석한 역, 《개신교예배》, (기독교문서선교회, 1997), 341쪽, 351쪽.

35) 애찬에 대한 전통적인 견해에 관하여는 폰 알멩을 참조. J.-J. von Allmen, 《구원의 축제 : 그리스도교 예배의 신학과 실천》, (도서출판 진흥, 1993), 209쪽.

36) 한국여신학자협의회, 앞의 책, 183쪽.

37) 앞의 책, 183쪽.

38) 앞의 책, 147쪽.

7장

1) 이에 관해서는 C. Bell, *Ritual Theory Ritual Practice*, (New York, Oxford : Oxford University Press, 1992), 92쪽을 참조할 것.

2) 안선희, 〈빅터 터너(Victor Turner)의 의례이론의 예배연구에의 적용 : 사회극이론과 예배갱신의 사회문화적 함의를 중심으로〉, 《한국기독교신학논총》 32집 (2004), 257쪽, 264쪽, 268쪽.

3) 이에 관해서는 전요섭, 〈탈의식적 예배〉, 한국복음주의 실천신학회 편, 《복음주의 예배학》, (서울 : 요단, 2001), 301쪽을 참조할 것.

4) 이에 관해서는 V. Turner, *Dramas, Fields, and Meta-phors : Symbolic Action in Human Society*, (Ithaca, 1974), 39쪽 ; V. Turner, *From Ritual to Theatre, The Human Seriousness of Play*, (New York, 1982), 70~71쪽을 참조할 것.

5) 이에 관해서는 안선희, 앞의 책, 258쪽 이하를 참조할 것.

6) 김세광, 《예배와 현대문화》, (서울 : 대한기독교서회, 2005), 27쪽.

7) 이에 관해서는 전요섭, 앞의 책, 303쪽을 참조할 것.

8) 김세광, 앞의 책, 27쪽.

9) 이에 관해서는 김세광, 《예배와 현대문화》, 35쪽 ; 조기연, 《한국교회와 예배갱신》, (서울 : 대한기독교서회, 2004), 74~76쪽 ; 하정완, 《열린예배 매뉴얼》, (서울 : 나눔사, 2006), 113쪽 이하를 참조할 것.

10) 조기연, 앞의 책, 31쪽.

11) 이에 관해서는 정인교, 《예배학원론》, (서울 : 솔로몬, 1997), 222쪽을 참조할 것.

12) 조기연, 앞의 책, 69쪽.

13) 이에 관해서는 한홍, 〈한국적 상황에서의 열린예배〉, 《온누리신문》 2003년 11월 30일자를 참조할 것.

14) 조기연, 앞의 책, 69쪽.

15) 이에 관해서는 김애영, 〈여성해방적 예배의 추구, 양상

과 전망〉, 《제19차 한국여성신학 정립협의회 자료집》,
27쪽 이하를 참조할 것.

16) 한국여신학자협의회, 《새하늘과 새땅을 여는 예배》,
(2003), 26쪽, 52쪽, 75쪽, 98쪽, 137쪽, 159쪽, 182쪽,
243쪽, 258쪽.

17) 안선희, 〈여성주의적 예배서, 새 하늘과 새 땅을 여는 예
배에 대한 예배학적 고찰〉, 《신학과 실천》 10호, 2006,
192~193쪽.

18) 정인교, 《예배학원론》, 222쪽.

19) 조기연, 앞의 책, 82쪽.

20) 앞의 책, 33쪽.

21) 정인교, 앞의 책, 223쪽.

22) 김세광, 앞의 책, 33쪽 ; 전요섭, 앞의 책, 316쪽 ; 조기
연, 앞의 책, 78쪽.

23) 전요섭, 앞의 책, 316쪽.

24) G. Schulze, *Die Erlebnis Gesellschaft. Kultursozi-
ologie der Gegenwart*, (Frankfurt am Main : Campus Ver-
lag, 1997), 37쪽.

25) 앞의 책, 39쪽.

26. Armin Pongs, *In welcher Gesellschaft leben wir ei-
gentlich? I*, 김희봉 · 이홍균 역, 《당신은 어떤 세계에
살고 있는가?》, (서울 : 한울, 2003), 231쪽.

27) G. Schulze, *Die Erlebnis Gesellschaft. Kultursozi-
ologie der Gegenwart*, 283쪽, 291쪽.

28) 앞의 책, 292쪽, 300쪽.

29) 앞의 책, 163쪽.

30) 양동복, 《새로운 대중음악, CCM》, (서울 : 예영커뮤니케
이션, 2000), 24쪽.

31) 박양식, 《문화를 알면 사역이 보인다》, (서울 : 기독교연합
신문사, 2004), 174쪽.

32) 문화체육부, 《한국종교의 의식과 예절》, (서울 : 문화체육
부 종무실, 1995), 269쪽.

33) 김점옥, 《이제는 열린예배다》, (서울 : 하늘기획, 2002),

193쪽.

34) 앞의 쪽, 84쪽.

35) 앞의 쪽, 73~74쪽.

36) 정선기, 〈생활 양식과 계급적 취향〉, 《사회와 역사》 49
호, (2005), 221쪽.

37) 앞의 책, 47쪽.

38) P. Bourdieu, *La Distinction critique sociale Judge-
ment*, 최종철 역, 《구별짓기. 문화와 취향의 사회학》, (
서울 : 새물결, 2005), 114쪽.

39) 홍성민, 《피에르 부르디외와 한국사회 이론과 현실의 비
교정치학》, (서울 : 살림, 2004), 13쪽.

40) 앞의 책, 47쪽.

41) Bourdieu, 앞의 책, 114쪽.

42) 앞의 책, 114쪽.

43) 앞의 책, 115쪽.

44) 앞의 책, 115~116쪽.

45) 홍성민, 앞의 책, 48쪽.

46) Bourdieu, 앞의 책, 77쪽.

47) 앞의 책, 73쪽.

8장

1) 《희년예식서》 73쪽 서약과 《표준예식서》 90쪽, 93쪽 세례
후 기도에 표현되어 있음.

2) 이경혜, 〈산욕기 산모의 모성 역할에 대한 인식과 간호요
구에 대한 연구〉, 《대한간호학회지》 12, 67~79쪽.

3) 최의순, 오정아, 〈산욕기 산모의 산후 우울증에 영향을 미
치는 요인〉, 《여성건강간호학회지》 제6권 제3호, 360쪽.

4) 앞의 책, 367쪽.

5) 유은광, 〈산후 여성의 기능 상태에 관한 연구〉, 《여성간호
학회지》 제5권 제3호, 417쪽.

6) 최의순, 오정아, 앞의 책, 367쪽.

7) 이은숙, 〈산욕기 초산모가 지각한 사회적 지지와 어머니

역할 적응과의 관계연구〉, 《여성건강간호학회지》 제1권 제1호, 1995, 24쪽.

8) 앞의 책, 23~24쪽.

9) 반 갠넵(A. van Gennep), 전경수 역, 《통과의례》, (Les rites de passage, 1909 paris), 을유문화사, 1994.

10) 앞의 책, 7쪽.

11) 앞의 책, 148쪽.

12) B. Morris, *Anthropological Studies of Religion: An introductory Text*, Cambridge & London, 1987, 247쪽.

13) A. van Gennep, 앞의 책, 94쪽.

14) 앞의 책, 96~97쪽.

15) 앞의 책, 108쪽.

16) 앞의 책, 108쪽.

17) 앞의 책, 97쪽.

18) 이 여섯 가지의 기능에 대해서는 Y. Spiegel, *Der Prozess des Trauerns, Muenchen*, 1977, 103쪽 이하.

19) C. Grethlein, *Taufpraxis heute, Guetersloh*, 1988, 126쪽 이하.

20) J.N.D. 켈리, 《고대기독교교리사》, 맥밀란, 1985, 490쪽 이하.

21) 제임스 화이트, 《예배의 역사》, 쿰란출판사 1997, 64쪽.

22) A. van Gennep, 앞의 책, 108쪽.

23) 미르치아 엘리아데, 《이미지와 상징》, 까치글방, 2002, 165쪽.

24) 앞의 책, 165쪽.

25) H.-J. Thilo, *Die therapeutische Funktion des Gottesdienstes*, Kassel 1985, 126쪽.

9장

1) E. Durkheim, 이종각 옮김, 《교육과 사회학》, (서울 : 배영사, 1983), 71쪽.

2) 조용환, 《사회화와 교육》, (서울 : 교육과학사, 1997), 25쪽.

3) 앞의 책, 26쪽.

4) 장석만, 〈개신교의 선교와 배타성〉, 《철학과 현실》, 제75호 (2007), 68~69쪽.

5) 조용환, 앞의 책, 27~28쪽.

6) E. Byron Anderson, B. T. Morrill ed. *Liturgy and the Moral Self*, (Collegeville: The Liturgical Press, 1998), 8~9쪽.

7) D. Saliers, "Liturgy and Ethics: Something New Beginnings", in: E. Byron Anderson, B. T. Morrill ed. *Liturgy and the Moral Self*, (Collegeville: The Liturgical Press, 1998), 17쪽.

8) S. Langer, *Philosophy in a New Key: A Study in the Symbolism of Reason, Rite, and Art*, (Cambridge: Harvard Univ. Press, 1978), 289쪽.

9) C. Geertz, 문옥표 옮김, 《문화의 해석》, (서울 : 까치, 1998), 158쪽.

10) D. Saliers, 앞의 책, 15쪽.

11) A. Bieler, "Embodied Knowing", in: H.-G. Heimbrock, C. P. Scholtz (ed.), *Religion: Immediate Experience and the Mediacy of Research*, (Göttingen: Vandenhoeck & Ruprecht, 2005), 2~4쪽.

12) C. Bell, *Ritual Theory, Ritual Practice*, (New York: Oxford Univ. Press, 1992), 100쪽.

13) M. Johnson, 노양진 옮김, 《마음 속의 몸 - 의미·상상력·이성의 신체적 근거》, (서울 : 철학과 현실사, 2000), 35~36쪽.

14) M. Meyer-Blanck, *Liturgie und Liturgik. Der Evangelische Gottesdienst aus Quellentexten erklärt*, (Gütersloh: Kaiser, Gütersloher Verlagshaus, 2001), 34쪽.

15) 조성돈, 정재영, 《그들은 왜 가톨릭 교회로 갔을까?》, (서울 : 예영, 2007), 76쪽.

16) 앞의 책, 125~127쪽.

17) 이원규, 《한국교회의 현실과 전망》, (서울 : 성서연구사, 1996), 196쪽, 216쪽 ; 《한국교회 무엇이 문제인가?》, (서울 : 감신대출판부, 2002), 197쪽.

18) 이진구, 〈한국 개신교와 선교 제국주의〉, 《사회비평》 제33호 (2002), 187~188쪽.

19) G. Lakoff, M. Johnson, 노양진, 나익주 옮김, 《삶으로서의 은유》, (서울 : 박이정, 2008), 268쪽.

20) A. Bieler, 앞의 책, 53쪽.

21) D. Saliers, 이필은 옮김, 《예배와 영성》, (서울 : 도서출판 은성, 2002), 52~53쪽.

22) 앞의 책, 61쪽.

23) 앞의 책, 62쪽.

24) M. Picard, 최승자 옮김, 《침묵의 세계》, (서울 : 까치, 2007), 64쪽.

25) 앞의 책, 66쪽.

26) 백은미, 〈여성주의 페다고지를 위한 기독교 교육과정〉, 《성서 · 여성 · 신학》, (서울 : 한국신학연구소, 2005), 480쪽.

27) Roger Schutz, 안응렬 옮김, 《떼제의 규칙, 다양성 안에서의 일치》, (왜관 : 분도출판사, 1976), 29쪽.

28) D. Saliers, 이필은 옮김, 《영혼의 순례》, (서울 : 도서출판 은성, 2002), 135쪽.

29) 앞의 책, 136쪽.

30) 앞의 책, 137쪽.

31) 앞의 책, 137쪽.

32) 앞의 책, 136쪽.

33) J. W. Fernandez, *Persuasions and Performances. The Play of Tropes in Culture*, (Bloomington : Indiana Univ. Press, 1986), 20~23쪽.

10장

1) 이 현상에 대한 자세한 설명은 다음을 참조하라. 김세광, 〈한국교회 예배유형의 다변화에 따른 대안적 모색〉, 《신학과 실천》 15호 (2008 여름), 11~37쪽.

2) V. Turner, *Dramas, Fields, and Metaphors : Symbolic Action in Human Society*, (Ithaca, 1974), 39쪽; V. Turner, *From Ritual to Theatre. The Human Seriousness of Play*, (New York, 1982), 70~71쪽.

3) 안선희, 〈빅터 터너(Victor Turner)의 의례이론의 예배 연구에의 적용 : 사회극이론과 예배갱신의 사회문화적 함의를 중심으로〉, 《한국기독교신학논총》 32집 (2004), 258쪽 이하.

4) 안선희, 〈종교문화적 취향의 문제로서의 열린예배〉, 《한국기독교신학논총》 53집 (2007), 319쪽 이하.

5) 김세광, 《예배와 현대문화》, 35쪽 ; 조기연, 《한국교회와 예배갱신》, (서울 : 대한기독교서회, 2004), 74~76쪽 ; 하정완, 《열린예배 매뉴얼》, (서울 : 나눔사, 2006), 113쪽 이하.

6) 조기연, 앞의 책, 31쪽.

7) 정인교, 《예배학원론》, (서울 : 솔로몬, 1997), 222쪽.

8) 양정식, 〈현대 찬양경배예배의 이해와 개선점〉, 《신학과 실천》 22호 (2010), 331쪽.

9) 조기연, 앞의 책, 69쪽.

10) 한홍, 〈한국적 상황에서의 열린예배〉, 《온누리신문》 2003년 11월 30일자.

11) F. Fuger, "Inkulturation. Eine Herausforderung an die Moraltheologie", NZM 40 (1984), 180쪽.

12) 이 세 역사적 단계는 제12차 Societas Liturgica에서 논의되었다. 이에 관한 상세한 논의는 T. Berger, "Die Inkulturation der Liturgie", *Liturgiesches Jahrbuch* 39, (1989), 255~256쪽을 참조하라.

13) 같은 의견을 역사적 맥락에서 서술한 다음을 참조하라. 김순한, 〈서구 주요 개신교회 예배의 현황과 그 비교 연구〉, 《신학과 실천》 28호 (2011. 가을), 51쪽.

14) 돈 샐리어스 / 김운용 옮김, 《거룩한 예배》, (서울 : 예배설교아카데미, 2010), 292쪽.

15) 예배에서 영화 사용의 문제에 관해서는 다음을 참조하라. 김순환, 〈예배 안에서 영화사용의 의미와 한계〉, 《신학과 실천》 15호 (2008 여름), 39~71쪽.

16) 강영안 외, 《대중문화, 더 이상 침묵할 수 없다》, (서울 : 예영커뮤니케이션, 2004), 8쪽.

17) 미하일 칙센트미하이 / 최인수 옮김, 《몰입》, (서울 : 한울림, 2004), 87쪽.

18) 박종천, 〈몰입, 종교와 대중문화를 녹이다〉, 《종교문화연구》 15호 (2010), 118쪽.

19) 앞의 책, 116쪽.

20) 청소년 예배를 대상으로 같은 문제를 지적한 논문이 있다. 김금용, 〈한국교회 청소년 설교내용의 문제점과 그 대안에 대한 한 연구〉, 《신학과 실천》 15호 (2008 여름), 99~122쪽.

21) 앞의 책, 133쪽.

22) H. Whitehouse, *Modes of religiosity: cognitive theory of religious transmission*, (CA: Altamira Press, 2004), 74쪽.

23) 박종천, 〈종교와 마음: 인지종교학의 주제와 경향을 중심으로〉, 《철학탐구》 24집 (2008), 210쪽.

24) 돈 샐리어스, 앞의 책, 31쪽.

25) K.-H. Bieritz, "Erlebnis Gottesdienst. Zwischen 'Verbiederung' und Gegenspiel: Liturgisches Handeln im Erlebnishorizont", *Wege zum Menschen* 48, (1996), 498쪽.

26. 앞의 책, 494쪽.

27) 앞의 책, 497쪽.

참고 문헌

강돈구, 〈종교의례 연구의 경향과 과제〉, 《종교연구》 17호, 1999.

강영안 외, 《대중문화, 더 이상 침묵할 수 없다》, 서울 : 예영커뮤니케이션, 2004.

김경동 외, 《사회조사방법연구》, 서울 : 박영사, 1991.

김금용, 〈한국교회 청소년 설교내용의 문제점과 그 대안에 대한 한 연구〉, 《신학과 실천》 15호 (2008, 여름).

김세광, 《예배와 현대문화》, 서울 : 대한기독교서회, 2005.

_____, 〈한국교회 예배유형의 다변화에 따른 대안적 모색〉, 《신학과 실천》 15호, (2008 여름).

김소영, 〈예배의 한국화 시도〉, 《목회와 신학》 44권, 1993.

김순환, 〈예배 안에서 영화사용의 의미와 한계〉, 《신학과 실천》 15호 (2008 여름).

_____, 〈서구 주요 개신교회 예배의 현황과 그 비교 연구〉, 《신학과 실천》 28호, (2011 가을).

김애영, 《여성신학의 비판적 탐구》, 오산 : 한신대학교출판부, 2010.

김우룡 · 장소원, 《비언어적 커뮤니케이션론》, 서울 : 나남출판, 2004.

김점옥, 《이제는 열린예배다》, 서울 : 하늘기획, 2002.

김혜련, 《아름다운 가짜, 대중문화와 센티멘탈리즘》, 서울 : 책세상, 2007.

김홍중, 〈스노비즘과 윤리〉, 《사회비평》 제39호 (2008).

던 마르바 / 김병국 · 전의우 역, 《고귀한 시간 '낭비'》, 서울 : 이레서원, 2004.

대한예수교장로회 총회 교육부, 《표준예식서》, 서울 : 대한예수교장로회 총회, 1997.

뒤르껭(Durkheim, E.) / 이종각 역, 《교육과 사회학》, 서울 : 배영사, 1983.

뒤프레(Dupre, L. K.) / 권수경 역, 《종교에서의 상징과 신화》, 서울 : 서광사, 1996.

랑포드 앤디 / 전병식 역,《예배를 확 바꿔라》, 서울 : kmc, 2005.

로버트 웨버 / 김세광 역,《예배가 보인다 감동을 누린다》, 서울 : 예영커뮤니케이션, 2004.

_____ / 이승구 역,《기독교 문화관》, 서울 : 토라, 2008.

마크 존슨(Johnson, M.) / 노양진 역,《마음 속의 몸 – 의미 · 상상력 · 이성의 신체적 근거》, 서울 : 철학과 현실사, 2000.

막스 피카르트(Picard, M.) / 최승자 역,《침묵의 세계》, 서울 : 까치, 2007.

목창균,《슐라이에르마허의 신학사상》, 천안 : 한국신학연구소, 1997.

문성모,《민족음악과 예배》, 서울 : 한들, 1995.

문성모, 〈예배에서의 한국 전통음악 : 수용이냐 극복이냐?〉,《목회와 신학》76권, 1995.

미르치아 엘리아데,《이미지와 상징》, 서울 : 까치글방, 2002.

박근원,《오늘의 예배론》, 서울 : 대한기독교서회, 1992.

박양식,《문화를 알면 사역이 보인다》, 서울 : 기독교연합신문사, 2004.

박종균,《기독교와 대중문화 이해》, 서울 : 대한기독교서회, 2001.

박종천, 〈종교와 마음 : 인지종교학의 주제와 경향을 중심으로〉,《철학탐구》24집 (2008).

_____, 〈몰입, 종교와 대중문화를 녹이다〉,《종교문화연구》제15호 (2010).

배비(Babbie, E.) 얼 / 최명 역,《사회연구의 철학》, 서울 : 법문사, 1987.

_____ / 고성호 외9인 공역,《사회조사방법론》, 서울 : 도서출판 그린, 2002.

백은미, 〈여성주의 페다고지를 위한 기독교 교육과정〉,《성서 · 여성 · 신학》, 서울 : 한국신학연구소, 2005.

_____, 〈대중문화에 대한 미디어 리터러시와 청소년 교육목회〉,《한국기독교신학논총》58집 (2008).

부르디외 피에르 / 최종철 역,《구별짓기 : 문화와 취향의 사회학》, 서울 : 새물결출판사, 2005.

빌리암 나아겔,《그리스도교 예배의 역사》, 서울 : 대한기독교서회, 2006.

서광선, 〈한국 그리스도교 문화의 자주화 방안〉,《신학사상》60권, 1988.

샐리어스 단 / 김운용 역,《거룩한 예배》, 서울 : 예배설교아카데미, 2010.

샐리어스 돈 E. / 이필은 역,《예배와 영성》, 서울 : 도서출판 은성, 2002.

신혜경,《대중문화의 기만 혹은 해방》, 서울 : 김영사, 2009.

실레스터 스노우버,《몸으로 드리는 기도》, 서울 : IVP, 2002.

양동복,《새로운 대중음악, CCM》, 서울 : 예영커뮤니케이션, 2000.

양병화 · 강경원,《사회조사분석사 : 조사방법론》, 서울 : 성안당, 2000.

양정식, 〈현대 찬양경배예배의 이해와 개선점〉,《신학과 실천》22호 (2010 봄).

원용진,《대중 문화의 패러다임》, 서울 : 한나래, 2007.

조기연,《한국교회와 예배갱신》, 서울 : 대한기독교서회, 2004.

정인교,《예배학원론》, 서울 : 솔로몬, 1997.

오혜경,《사회조사방법론》, 서울 : 아시아미디어리서치, 1998.

유은광, 〈산후 여성의 기능 상태에 관한 연구〉,《여성간호학회지》제5권 제3호.

이경혜, 〈산욕기 산모의 모성 역할에 대한 인식과 간호요구에 대한 연구〉,《대한간호학회
지》제12권 제2호, 1982.

이원규,《한국교회 무엇이 문제인가?》, 서울 : 감신대출판부, 2002.

이원규,《한국교회의 현실과 전망》, 서울 : 성서연구사, 1996.

이은숙, 〈산욕기 초산모가 지각한 사회적 지지와 어머니 역할 적응과의 관계연구〉,《여성건
강간호학회지》제1권 제1호, 1995.

이정균,《정신의학》, 서울 : 일조각, 1990.

이진구, 〈한국 개신교와 선교 제국주의〉,《사회비평》제33호, 2002.

임재해,《한국의 민속과 전통의 세계》, 서울 : 지식산업사, 1991.

장석만, 〈개신교의 선교와 배타성〉, 《철학과 현실》 제75호, 2007.

장자끄 폰 알멘 / 박근원 역, 《구원의 축제 : 그리스도교 예배의 신학과 실천》, 서울 : 진흥, 1993.

정선기, 〈생활 양식과 계급적 취향〉, 《사회와 역사》 49권, 1996.

정이담 외, 《문화운동론》, 서울 : 공동체, 1985.

정인교, 《예배학원론》, 서울 : 솔로몬, 1997.

정장복, 〈토착화 예배의 과제〉, 《기독교사상》 395권, 1991.

제임스 화이트 / 김석한 역, 《개신교예배》, 서울 : 기독교문서선교회, 1997.

제임스 화이트 / 정장복 역, 《예배의 역사》, 서울 : 쿰란출판사, 1997.

조기연, 《예배갱신의 신학과 실제》, 서울: 대한기독교서회, 1999.

조기연, 《한국교회와 예배갱신》, 서울 : 대한기독교서회, 2004.

조성돈 · 정재영, 《그들은 왜 가톨릭교회로 갔을까?》, 서울 : 예영, 2007.

조용환, 《사회화와 교육》, 서울 : 교육과학사, 1997.

주강현, 〈민족문화와 문화제국주의〉, 《역사민속학》 2권, 1992.

최신한, 《슐라이어마허, 감동과 대화의 사상가》, 서울 : 살림, 2003.

최의순 · 오정아, 〈산욕기 산모의 산후 우울증에 영향을 미치는 요인〉, 《여성건강간호학회지》 제6권 제3호.

캐서린 벨(Bell, C.) / 류성민 역, 《의례의 이해》, 오산 : 한신대학교출판부, 2007.

켈리 / 김광식 역, 《고대기독교 교리사》, 서울 : 맥밀란, 1983.

클리퍼드 기어츠(Geertz, C.), 《문화의 해석》, 서울 : 까치, 1998.

판 겐넵(A. van Gennep) / 전경수 역, 《통과의례》, 서울 : 을유문화사, 1994.

퐁스(Pongs, A.) 아르민 / 김희봉 · 홍균 역, 《당신은 어떤 세계에 살고 있는가? 1》, 서울 : 한울, 2003.

프리드리히 쉴라이에르마허 / 김경재 · 선한용 · 박근원 역,《신학연구입문》, 서울 : 대한기
　　　　　　　　독교출판사, 1983.

＿＿＿＿＿＿＿＿＿＿ / 최신한 역,《기독교 신앙》, 서울 : 한길사, 2006.

＿＿＿＿＿＿＿＿＿＿ / 최신한 역,《성탄축제》, 서울: 문학사상사, 2001.

＿＿＿＿＿＿＿＿＿＿ / 최신한 역,《종교론》, 서울: 대한기독교서회, 2002.

피셔 헤르만, 오성현 역,《슐라이어마허의 생애와 사상》, 서울 : 월드북, 2007.

하정완,《열린예배 매뉴얼》, 서울 : 나눔사, 2006.

한국기독교장로회 총회,《희년예배서》, 서울 : 한국기독교장로회, 2003.

한국복음주의 실천신학회 편,《복음주의 예배학》, 서울 : 요단, 2001.

한국여신학자협의회,《새 하늘과 새 땅을 여는 예배》, 2003.

한국여신학자협의회 성서언어연구반 편,《한반도에서 다시 살아나는 여성시편》, 서울 : 여
성신학사, 2000.

한국실험심리학회 편,《인지심리학》, 서울 : 학지사, 2003.

한국철학사상연구회,《철학, 삶을 묻다》, 동녘, 2009.

한일 종교연구포럼 운영위원회 편,《종교와 의례》, 한일 종교포럼 제3회 국제학술대회 자
료집, 2005.

한자경,《명상의 철학적 기초》, 서울 : 이화여자대학교 출판부, 2008.

한홍, 〈한국적 상황에서의 열린예배〉,《온누리신문》, 2003년 11월 30일자.

홍성민,《피에르 부르디외와 한국사회, 이론과 현실의 비교정치학》, 서울 : 살림, 2004.

파크 앤디 / 김동규 역,《하나님을 갈망하는 예배인도자》, 서울 : IVP, 2009.

킴볼 댄 / 주승중 역,《하나님께서 영광 받으시는 고귀한 예배》, 서울 : 이레서원, 2008.

차명호, 〈상업적 영성 : 현대 기독교 문화화의 오류〉,《한국기독교신학논총》58집, (2008).

최성수,《대중문화 영성과 기독교 영성》, 대전 : 글누리, 2010.

칙센트미하이 미하이 / 최인수 역,《몰입》, 서울 : 한울림, 2004.

Albrecht, C., *Einfuebrung in die Liturgik*, Göettingen : Vandenhoeck & Ruprecht, 1995.

Albrecht, C., *Schleiermachers Liturgik*, Göettingen : Vandenhoeck & Ruprecht, 1963.

Alexander, B. C., *Victor Turner Revisited, Ritual as Social Changes*, Atlanta, 1991.

Anderson, E. Byron, Morrill, B. T. ed. *Liturgy and the Moral Self*, Collegeville : The Liturgical Press, 1998.

A. R. Sequeira, "Gottesdienst als menschliche Ausdruckshandlung", in *Gottesdienstder Kirche, Handbuch der Liturgiewissenschaft*, Teil 3, Gestalt des Gottesdienstes, 1987.

Bell, C., *Ritual : Perspectives and Dimensions*, New York : Oxford Uni. Press, 1997.

Bell, C., *Ritual Theory, Ritual Practice*, New York : Oxford Univ. Press, 1992.

Berger, T., *Die Inkulturation der Liturgie*, LJ 39, 1989.

Bieler, A., "Embodied Knowing", H.-G. Heimbrock, C. P. Scholtz ed., *Religion : Immediate Experience and the Mediacy of Research*, Göttingen : Vandenhoeck & Ruprecht, 2005.

Bieritz, K.-H. "Dass das Wort im Schwange gehe. Reformatorischer Gottesdienst als Ueberlieferungs- und Zeichenprozess", JLH, Bd. 29, 1985.

Bieritz, K.-H., Erlebnis Gottesdienst, Zwischen 'Verbiederung' und Gegenspiel : Liturgisches Handeln im Erlebnishorizont, WzM 48, (1996).

B. Morris, *Anthropological Studies of Religion : An introductory Text*, Cambridge & London, 1987.

Bugnini, A., *Die Liturgiereform*, Dt. Ausgabe, Freiburg I. Br, 1988.

Comehl, P., Gottesdienst VII, TRE 14, Berlin & New York, 1985.

Ducey, D., *Sunday Morning*, New York, 1977.

_____ , *Emeuerte Agende*, Vorentwurf, Hannover, 1990.

Fernandez, J. W. *Persuations and Performances, The Play of Tropes in Culture*, Bloomington: Indiana Univ. Press, 1986.

F. Goodman, *Der uralte Weg zum religioesen Erleben, Rituelle Koerperhaltungen und ekstatische Erlebnisse*, Guetersloh, 1996.

F. Steffensky, *Feier des Lebens, Spiritualitaet im Alltag*, 1984.

Fuger, F., Inkulturation, Eine Herausforderung an die Moraltheologie, NZM 40, 1984.

Grethlein C., *Taufpraxis heute*, Guetersloh, 1988.

_____ , *Abliss der Liturgik, Ein Studienbuch zur Gottesdienstgestaltung*, Guetersloh, 1991.

Grimes, R., *Beginnings in Ritual Studies*, Revised Edition, Columbia, 1995.

Heimbrock, H.-G., Streib, H., Hg., *Magie, Katastrophenreligion und Kritik des Glaubens, eine theologische und religionstheoretische Kontroverse um die Kraft des Wortes*, 1994.

Horstmann, K., Zur Kunst gottesdienstlicher Praxis, JLH Jr 94/95, 35 BD.

H. Wenz, *Koerpersprache im Gottesdienst, Theorie und Praxis der Kinesik fuer Theologie und Kirche*, Leipzig, 1996.

J. Beatie, "Ritual and Social Change", in Man 1, 1966.

Jean Umiker-Sebeok · Thomas A. Sebeok, *Monastic Sign Languages*, Berlin, 1987.

Josuttis, Die Erneuerten Agende und die agendarische Erneuerung, PTh 80, 1991.

Josuttis, M., Gesetz und Gesetzlichkeit im Politischen Nachtgebet, EvTh 33, 1973.

Josuttis, M., *Praxis des Evangeliums zwischen Politik und Religion, Grundprobleme der Praktischen Theologie*, Muenchen, 1988.

Jung, A. und Lim, C. H. (Hrsg.), *Malttugi: Texte und Bilder aus der Minjungkulturbewegung in Südkorea*, Heidelberg, 1986.

K. H. Bieritz, "Dass das Wort im Schwange gehe. Reformatorischer Gottesdienst als Ueberlieferungs- und Zeichenprozess," in JLH, 29, Band, 1985, 1986.

Lakoff, G., Johnson, M. / 노양진 · 나익주 역, 《삶으로서의 은유》, 서울 : 박이정, 2006.

Lange, E., Was nuetzt uns der Gottesdienst? in: E. Lange, *Predigen als Beruf*, Muenchen, 1982.

Langer, S. *Philosophy in a New Key: A Study in the Symbolism of Reason, Rite, and Art, Cambridge*: Harvard Univ. Press, 1978.

Lengeling, E. J., *Die Konstitution des zweiten vatikanischen Konzils ueber die heilige Liturgie*, Muenchen, 1965.

Lindner, H., *Gottesdienst als Fest, in: Seitz und Mohrhampt(Hrsg.), Gottesdienst und Oeffentliche Meinung*, Stuttgart, 1977.

Lorenzer, A,. *Das Konzil der Buchhalter. Die Zerstoerung der Sinnlichkeit, Eine Religionskritik*, Frankfurt, 1981.

Mcguire, M. B. / 김기대, 최종렬 역, 《종교사회학》, 서울 : 민족사, 1994.

M. Josuttis, *Der Weg in das Leben. Eine Einfuehrung in den Gottesdienst auf verhaltenswissenschsftlicher Grundlage*, Muenchen, 1991.

M. Meyer-Blanck, *Liturgie und Liturgik. Der Evangelische Gottesdienst aus Quellentexten erklaert*, Gütersloh: Gütersloher Verlagshaus, 2001.

Ritter, K. B., *Die eucharistische Feier. Die Liturgie der evangelischen Messe und des*

Predigtgottesdienstes, Kassel, 1961.

Rössler, D., Unterbrechungen des Lebens, in: P. Cornehl, M. Dutzmann, A. Strauch(Hg.), *In der Schar derer die da feiern*, Vandenhoeck & Ruprecht, 1993.

Ruddat, G., Feste und Feiertage VI, TRE 11, Berlin, New York, 1983.

Ruether, R. R., Women-Church, *Theology and Practice of Feminist Liturgical Communities Oregon*, 2001.

Schatull, N., *Die Liturgie in der Herrnhuter Brüdergemeinde Zinzendorfs, Narr Francke Attempo Verlag*, Tübingen, 2005.

Schleiermacher, F. D. E., *Der christliche Glaube nach den Grundsätzen der evangelichen Kirche im Zusammenhange dargestellt*, hg. von L. Jonas, Berlin, 1843.

Schleiermacher, F. D. E., *Die christliche Sitte nach den Grundsätzen der evangelischne Kirche im Zusammenhange dargestellt*, hg. von L. Jonas, Berlin, 1843.

Schleiermacher, F. D. E., *Die Praktische Theologie nach den Grundsaetzen der evangelischen Kirche im zusammenhange dargestellt*, F. Schleiermachers saemtliche Werke, Hrsg. von Jacob Frerichs, Erste Abteilung 13. Bd. Berlin 1850, Nachdruck, 1983.

Schmidt-Lauber, H.-C., Auf dem Weg zur Erneuerten Agende, Chancen und Problem der zweiten Liturgiereform nach 1945, in: ders., *Die Zukunft des Gottesdienste*, Stuttgart, 1990.

Schmithals, W., Die Koenigsherrschaft Jesu und die heutige Gesellschaft in: W. Schmithals / J. Beckmann, Das Christuszeugnis in der heutigen Gesellschaft, EZS 53, 1970.

Schulz, Fr., Gottesdienstreform im oekumenischen Kontext. Katholishe Einfluesse auf den evangelischen Gottesdienst. LJ 47, 1997.

Schutz, R / 안응렬 역, 《떼제의 규칙, 다양성 안에서의 일치》, 왜관 : 분도출판사, 1976.

Schulze, G., *Die Erlebnisgesellschaft. Kultursoziologie der Gegenwar*, Frankfurt & New York, 1997.

Smith, D. E., *Institutional Ethnography*, Lanham, 2005.

Soelle, D., Steffensky, F., Politisches Nachtgebet in Koeln Bd. 2, Stuttgart, 1970.

Stalmann, J., Gottesdienst als Gestaltungsaufgabe, Vom Strukturpapier zur Emeuerten Agende, PTh 77, 1988.

Steffensky, F. *Feier des Lebens. Spiritualität im Alltag*, Sttutgart : Kreuz Verlag, 1984.

Steffensky, F., *Politisches Nachtgebet in Koeln*, Stuttgart & Berlin & Mainz, 1969.

Stollberg, D., Liturgische Praxis, Kleines evangelisches Zeremoniale, Goettingen, 1993.

Stroh, R., *Schleiernachers Gottesdiensttheorie*, Berlin, 1998.

Trautwein, D., Lernprezess Gottesdienst, Ein Arbeitsbuch unter besonderer Beruecksichtigung der "Gottesdienst in neuer Gestalt", Gelnhausen Berlin, 1972.

Tumer, V., *Das Ritual, Struktur und Anti-Struktur*, Frankfurt am Main, 1989.

Tumer, V., *Dramas, Fields, and Metaphors : Symbolic Action in Human Society*, Ithaca, 1974.

Tumer, V., *Dramas, Fields, and Metaphors. Symbolic action in Human Society*, New York, 1974.

Tumer, V., *From Ritual to Theatre. The Human Seriousness of Play*, New York, 1982.

Tumer, V., *Schism and Continuity in African Society : a Study of Ndembu Village Life*, Manchester, 1957.

Tumer, V., *The Drums of Affiction. A Study of Religious Processes among the Ndem-*

bu of Zambia, New York, 1968.

Tumer, V., *The Forest of Symbols. Aspects of Ndembu Ritual*, New York, 1967.

von Soosten, J., *Lebe wild und gefaerlich! Kontraste und Kontakte: Erlebnisgesell-schaften und Religion*, LM 34, 1995.

von Ute Knie,(hrsg.), *Lass hoeren deine Stimme: Werkstattbuch Feministische Litur-gie: Modelle−Anregungen−Konzeptionen*, Guetersloh, 1999.

Walton, J. R., *Feminist Liturgy, A Matter of Justice*, The Liturgical Press, 2000.

Whitehouse, H., *Modes of religiosity: cognitive theory of religious transmission*, CA: Altamira Press, 2004.

Winzer, F., *Praktische Theologie*, Neukirchen−Vluyn, 1993.

Y. Spiegel, *Der Prozess des Trauerns*, Muenchen 1977, H.-J. Thilo, Die therapeutische Funktion des Gottesdienstes, Kassel, 1985.

Ziemer, J., Gottesdienst und Politik−Zur Liturgie der Friedensgebete, in: R. Morath und W. Ratzmann, *Herausforderung: Gottesdienst*, Leipzig, 1997.